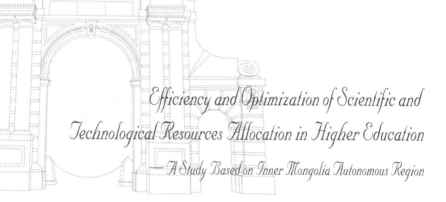

Efficiency and Optimization of Scientific and Technological Resources Allocation in Higher Education

——A Study Based on Inner Mongolia Autonomous Region

高等教育科技资源配置效率与优化

——基于内蒙古自治区的研究

李文龙 高金祥 ◎著

经济管理出版社
ECONOMY & MANAGEMENT PUBLISHING HOUSE

图书在版编目（CIP）数据

高等教育科技资源配置效率与优化：基于内蒙古自治区的研究/李文龙，高金祥著.—北京：经济管理出版社，2019.4
ISBN 978 - 7 - 5096 - 6387 - 5

Ⅰ.①高…　Ⅱ.①李…　②高…　Ⅲ.①高等教育—教育资源—资源配置—研究—内蒙古　Ⅳ.①G649.2

中国版本图书馆 CIP 数据核字（2019）第 024264 号

组稿编辑：王光艳
责任编辑：李红贤
责任印制：黄章平
责任校对：王淑卿

出版发行：经济管理出版社
　　　　　（北京市海淀区北蜂窝 8 号中雅大厦 A 座 11 层　100038）
网　　址：www. E - mp. com. cn
电　　话：（010）51915602
印　　刷：三河市延风印装有限公司
经　　销：新华书店
开　　本：720mm×1000mm/16
印　　张：14.25
字　　数：264 千字
版　　次：2020 年 5 月第 1 版　　2020 年 5 月第 1 次印刷
书　　号：ISBN 978 - 7 - 5096 - 6387 - 5
定　　价：68.00 元

目　录

第一章 绪论

一、研究缘起

（一）研究背景

1. 高等教育大众化的时代背景

我国高等教育正处在快速发展的重要时期，自 1998 年教育部《面向 21 世纪教育振兴行动计划》提出我国高等教育大众化发展目标，即 2010 年高等教育毛入学率提高到 15% 以来，高等教育经过近年的扩招，已经提前步入大众化时代。

高等教育大众化时代最明显的特征是规模大、样式多，具体来说，表现为社会对教育的投入多，高等教育的供给能力强，在办学模式、教育管理方法、培养人才的目标、质量评价标准等许多方面呈现出面向市场多样化发展的趋势。由于我国高等教育长期以来推行精英化教育，人才培养和科研开发活动都是在相对封闭的环境中小规模进行的，学术界过分强调知识的自我积累和发展以及受教育者的水平，不注重办学的经济效益，人为限制了高等教育的投入和发展规模，造成了高等教育资源的浪费、科研成果的闲置以及人才的结构性浪费。

因此，有必要深入开展区域高等教育资源优化配置问题的研究，使高等教育走出狭窄的办学空间，主动面向区域市场，以产业经营的视角研究区域社会需求，用市场供求规律、竞争规律和价值规律引导高等教育资源配置，以提高资源配置的经济效益和社会效益，促进大众化时代高等教育的可持续发展。

2. 知识经济崛起的社会背景

继以土地为基础的农业经济和以原材料、能源为基础的工业经济之后的一种新经济形态——知识经济的到来已势不可当。随着经济全球化的发展和知识经济的到来，知识在社会经济发展中的作用日益突出。科技资源作为知识创新、传播与应用的核心，对经济和社会发展的贡献作用越来越大。科学技术是第一生产力，科技资源是构成"第一生产力"的重要生产要素。在知识经济时代，科技资源必将成为重要的核心资源和宝贵的知识资本，成为经济发展的动力源。"知识经济"时代实质上是"科学技术是第一生产力"的时代。科学技术一直是人类社会生产力的重要组成部分，对生产力的发展、经济的增长和社会的进步起着极其重要的推动作用。在知识经济时代，这种推动作用更加凸显，因为知识经济时代，经济与社会发展的关键取决于知识生产的数量、质量和速度，即"知识生产率"，而知识本质上是科技活动的成果，因此，科技进步发展程度和科技创新能力直接影响和决定着知识创新水平，进而决定经济与社会发展。进入21世纪，以信息和通信为先导的新技术革命加快了科技进步，从根本上改变了世界经济增长的方式，经济竞争的制高点就是科学技术的竞争，尤其是高新技术及其产业的竞争。谁在科技尤其是高新科技上处于领先地位，谁就掌握着发展与进步的主动权。

3. 教育、科技与经济一体化的发展背景

中共十八届五中全会提出了"创新、协调、绿色、开放、共享"的五大发展理念，将"创新"理念放在五大理念之首，并认为"创新"发展是"十三五"时期经济结构实现战略性调整的关键驱动因素，是实现"五位一体"总体布局下全面发展的根本支撑和关键动力。创新发展的基础是科技知识的创新、传播和应用，高等教育在知识经济时代承担着知识创新、传播和运用的任务，为经济社会建设提供智力支持，是决定国民素质和竞争力的关键。"经济是主导，科技是关键，教育是根本"的一体化经济社会发展模式已被世界各国广泛认可。

经济、科技与教育彼此相互渗透和结合、相互依存和作用的三位一体趋势明显增强。科技成为经济可持续发展的原动力，其对经济增长的贡献率显著提高，人们正努力增加经济的科技含量，积极推进"经济科技化"。另外，科技行为日益市场化、科技要素不断商品化与科技商品积极产业化也有效推动着"科技经济

化"的进程。高等教育在知识经济条件下被推向经济活动的前台，其知识创造、储备、分配和转化的先导作用日益增强，并最终成为经济可持续发展的核心角色，提供无穷尽的智力支持。同时，企业与高校不断变化的新型产学研合作关系、高校投资主体的多元化趋势以及高等教育产业化格局的显现，也说明经济对教育的积极作用。

科技与经济、教育与经济之间关系的研究成果较为丰富，而关于科技与教育内在逻辑统一的探究却很少，况且高校，特别是研究型大学是科学研究的重要力量，是科技资源的重要产出地，是基础研究和高技术前沿领域原始性创新的主要基地，高校科技研究突破和新兴学科交叉成果不断催生代表产业发展方向的高新技术群体。因此，在高等教育与科技进步结合域上开展协同发展研究既是教育、科技与经济一体化整体研究的重要组成部分，又具有填补和完善研究的创新意义。

（二）国内外研究动态

1. 国外研究现状

国外并无高等教育科技资源的明确说法，但这并不意味着国外不关注高等教育科技资源方面的研究，且总体上来看，在高校科技资源研究方面，发达国家要早于我国，研究视角比较广，形成了不同发展模式下的较成熟的理论与方法。高等教育科技资源优化配置研究属于教育经济学研究的范畴。西方关于教育经济学的研究起步较早，代表性的论著有马克思的《劳动价值论》、西奥多·舒尔茨的《人力资本理论》。1962 年，英国的教育经济学家、伦敦鲁诺大学社会科学院院士 J. E. 韦锥发表了以《教育经济学》为书名的专著，标志着教育经济学的形成，随后又有许多经济学家对高等教育的经济学问题进行了深度探讨，具有很高的学术价值。综观国外教育经济学研究和发展现状，基本上可将其分为两大部分：一部分是探讨教育自身的经济效率和效益问题，即如何有效地分配和利用稀缺教育资源，提高教育资源的经济效益；另一部分是考察和探讨教育与社会、经济之间的相互关系，即社会能够为教育提供的资源总量，社会和个人在既定的社会经济条件下对教育的需求总量和需求结构的特征，以及教育在推动社会经济发展中的作用、动力机制、作用程度等。

国外关于高等教育如何优化资源配置、提高组织效率方面的研究，偏好实证分析和个案研究。例如，美国圣弗朗西斯科大学的 John F. Ryan 在《高校经费与学生毕业率相关性分析》一文中，运用最小二乘法建立多元线性回归模型，定量分析了学生毕业率与学生入学成绩、民族、年龄、性别、学校规模、隶属关系、教学经费支出、学生科研经费支出、支持学生职业发展的服务支出、学校公共管理支出等 13 个自变量之间的关系，结果表明，学生毕业率与教学经费支出、学生科研经费支出正相关，与支持学生职业发展的服务支出和学校公共管理支出负相关，据此提出今后高校经费应多向教学和科研方面倾斜的资源优化配置策略。国外还有些学者运用 DEA 方法来评价高校运行效率以优化教育资源配置。1994年，Sinuany – Stern 等运用 DEA 方法构建模型，评价了 Ben – Gurion 大学 21 个学院的相对运行效率，该模型以学院运营经费支出和教师薪资作为输入指标，以专利收入、出版物数量、毕业学生数、科研项目获奖数目作为输出指标。Breu 和 Raab 运用 DEA 方法对美国公立大学相对效率进行评价分析，其建立的评价模型输入指标包括具有博士学位头衔的教师占全体教师的百分比、师生比、生均教育经费支出、学生平均入学成绩和生均学费五个指标，输出指标包括学生毕业率和新生就学率两项指标。此外，Hooshang Izadi 等运用随机前沿面法来研究高等教育资源优化配置。

国外经济学家对教育科技资源配置的研究可归纳为以下几点：

第一，教育投资是最有效的投资。英国著名经济学家马歇尔（Alfred Marshall，1842—1924）在其代表作《经济学原理》中提出：对教育的投资，是最为有效的投资，即在所有资本投资中，最有价值的投资就是对人投资而形成的人力资本的投资。舒尔茨（Schultz，1956，1959）对美国 1929 ~ 1957 年教育投资的成本和收益率进行了估算，他把资本分解为物质资本和人力资本两部分，并通过计算一定时期内因教育水平提高而增加的教育资本存量和教育资本收益率来测量教育的经济效益。两位经济学家被誉为人力资本理论的创始人。

第二，个人的教育投入能够产生经济效益和社会效益。多林格和皮奥里等认为，劳动力市场不是统一的，而是划分为不同层次的，教育是将人们分配到不同劳动力市场层次的重要手段，即一个人受教育的水平高低在很大程度上决定着他将进入哪个层次的劳动力市场，承担何种岗位的工作。因此，教育对个人的经济价值在于它是决定一个人在何种劳动力市场工作的重要因素，即劳动力分层理论。在任何一种情况下，雇主愿意对教育程度较高的工人支付较高的工资，这一事实说明了教育确实产生了经济与社会效益。

第三，教育对经济发展具有贡献。关于教育对经济增长作用的研究最早可以追溯到古典和新古典经济学。威廉·配第（William Petty）把"技术"列为生产要素，并认为"技术"是通过教育和训练获得；亚当·斯密（Adam Smith）将人的才能看作固定资本的一部分，而"学习一种才能，须受教育，须进学校，须做学徒，所费不少"，建议由国家"推动、鼓励甚至强制全体国民接受最基本的教育"；弗里德利希·李斯特（Friderich List）认识到智力方面的成果对经济发展的促进作用，认为"一个国家的最大部分消耗，是应该用于后一代的教育，应该用于国家未来生产力的促进和培养的"；阿尔弗雷德·马歇尔（Alfred Marshall）强调教育对经济发展的重要性，主张经济生产的要素除土地、资本、劳动力外，应该再加上教育的因素，认识到教育对国家或个人的经济意义，强调教育投资的个人和国家利益，并且认为教育应该由国家投资。这些教育经济思想虽然并不十分系统和完善，但是在当时的历史条件下已经是难能可贵了。对教育促进经济增长进行系统研究的还要首推人力资本理论，20世纪50年代，在寻求经济增长的原因时，经济学家们发现教育在经济增长中的巨大作用，人力资本理论就是强调教育对经济增长的这种作用，并将其分为内部作用及外溢作用。卢卡斯（1988）把教育对经济的内部作用定义为"个人的人力资本对其生产力（率）的作用"；哈夫曼与沃尔夫（Haveman R. H. & B. L. Wolfe，1984）对当时的研究成果做了总结，把教育的外溢作用分为12项：教育能够提高子女的品质（指受过教育的父母知道如何使其子女身体更加健康、会潜移默化地影响子女认识能力的提高、懂得使其子女接受高级教育、能够指导其子女对职业性质进行选择及影响其子女未来收入等）、接受教育的家庭成员在家庭内部劳务生产中懂得如何提高劳动生产率、接受过教育的人懂得如何改善自身的健康、接受过教育的人懂得如何改善配偶与家庭成员的身体健康、接受过教育的人懂得如何降低生育率、接受过教育的人在消费选择时能够提高选择效率、接受过教育的人在处于劳动力市场双向选择时能够全面考虑提高效率、接受过教育的人在婚姻选择时更具效率、接受过教育的人在理财方面能够提高储蓄率、接受过教育的人能够降低犯罪率、接受过教育的人在社会中能够提高社会和谐度、接受过教育的人能够促进技术进步与技术传播。许多当代研究者在前人成果的基础上进行了进一步的研究并做出了重要贡献。卢卡斯（Lucas，1988）和贝克尔（Beeker，1990）在对教育与经济增长关系的研究上做了开创性的工作，他们创立了一个很规范的分析框架；卡拉波罗斯

（Psacharo Poulos，1994）等学者对不同国家教育投资收益率进行了研究计算，并建立了对教育投资收益率进行评价比较的指标体系。他们试图通过技术进步对经济增长进行解释，以说明教育影响的力度，进而强调正规的学校教育和职业培训等对人力资本进行投资的重要性。卢卡斯认为，在经济全球化的情况下，技术之所以没能流向贫穷国家，其原因在于这些贫穷国家没有能力进行足够的人力资本投资，因而阻碍了技术流入。总之，专家学者们关于高等教育对经济增长作用的研究，概括起来主要有两个方面的重要结论：一是人力资本投资促进了经济增长，即人力资本投资额与经济增长之间呈现正相关关系；二是对正规学校教育的投资对人力资本积累不但必要，而且重要，对正规学校教育的投资推动了技术的进步和产品的更新。

在 20 世纪，亚洲发展奇迹现象引起了世界广泛的关注，经济学家们探索研究了各国尽管政治环境不同但经济却均具有相同的强劲增长动力的原因，研究的结论主要有："如果一国或地区拥有稳定的政治环境，则教育投资是经济快速增长的决定性因素"（Kimand Lauand Mc Mahon，1998）；巴罗（Barro，1991）对 98 个国家的研究发现，入学率与经济增长之间呈正相关关系，期初人均 GDP 对入学率的影响可以忽略不计，当入学率稳定时，人均 GDP 增长与期初的 GDP 呈负相关的关系；罗默（Romer）也强调人力资本投资在经济社会中的重要作用；同时，纳尔逊和菲尔普斯（Nelson & Phelps）也认为，由于初期高水平的人力资本而引起的劳动力创造性的思维，使经济增长能力得以提高；在教育经济领域进行广泛而深入研究的卡拉波罗斯认为，不发达国家小学教育投资回报率要比发达国家高；Esim 通过研究也得出相同的结论，她对发展中亚洲国家（韩国、马来西亚和泰国）进行了研究，发现初等教育对经济发展具有关键性作用；麦克马洪（Mc Mahon）也进行了类似的研究，认为小学和初中教育对东亚经济发展的突出成就起到了关键作用；Kimand Lau 认为，技术进步与人力资本之间存在着弱相关的关系，即不同层次的教育对于不同基础的经济增长促进作用存在着差异。以上研究证明，教育对于经济增长的促进作用与各国家和各地区经济成熟的程度和经济发展水平相联系，也就是说，在不同国家和地区，经济发展水平上的差异导致教育对经济增长的促进程度不同，或者在同一国家和地区，不同层次的教育对经济增长的促进程度存在差异。

第四，高等教育资源市场化配置。柯尔曼（Jos Koelman）认为，高等教育资源市场化配置有三种形式：第一种形式为高校完全自治，这样可以市场供求关系配置资源，使资源配置具有倾向性和灵活性。第二种形式为资助方式的转变，尤其是政府资助方式的转变，即从功能预算向行为目标预算转变。以上两种观点的主流思想是一致的，即都主张市场导向，表现为高等教育市场特征，即经营主义特征。第三种形式为"准市场"的形成，即以"具有竞争力的独立的提供者"来取代政府垄断，通过建立一个开放的市场结构、制定足够的激励措施、提供关于教学和研究质量的信息，形成具有竞争性的高等教育资源市场配置方式。

2. 国内研究现状

国内关于教育经济效益方面的研究始于 20 世纪 80 年代。在此之前，由于中国实行的是高度集中的计划经济管理，高等教育作为政府的一个职能部门，在教育资源的获得和使用方面以及人才培养方面都完全按照政府的计划行事，其主要职能是为各行各业培养合格的人才，而不是作为独立的组织需要考虑运行过程及未来发展的经济效益和社会效益。十一届三中全会以后，中国开始实行有计划的市场经济体制改革，教育经济效益方面的研究才逐渐引起国内学者的关注。1979年，全国教育科学规划会议提出建立我国的教育经济学；1980 年 8 月，中央教育科学研究所在北京召开了全国教育经济学研究工作交流会，在于光远、许涤新、董纯才等著名经济学家和教育家的积极倡导下，我国的教育经济学研究领域正式确立。此后，理论界的学者陆续翻译出版了一批外国名著，其中主要有英国经济学家希恩的《教育经济学》、英国经济学家布劳格的《教育经济学导论》、美国经济学家舒尔茨的《人力资本投资》、美国教育经济学家科恩的《教育经济学》和《西方教育经济学流派》等。这些著作的出版，填补了中国教育经济学研究的空白，使国内学者深入了解了西方市场经济国家教育发展的理论和实践。但这一时期的研究始终停留在理论层面上，而且多是借鉴性质的研究。随着中国市场经济的发展和不断完善，特别是 1978 年以后，党中央确立了发展社会主义市场经济的目标，高等教育作为计划经济时代的最后一座堡垒，在政府机构改革和国有企业市场化改革的洪流中被彻底攻破。高等教育开始了艰难的管理体制改革，一大批高等教育领域的理论工作者和实践工作者围绕着改革进程中存在的某一方面的问题进行了深入、细致的研究，研究成果空前丰富，其中与本论文研究相关，涉及高等教育资源优化配置及区域高等教育发展方面的文章、著作也有很多。其研究内容大致可分为以下几类：

（1）从国家宏观层面上提高高等教育资源投入整体效益的观点。从全国的角度考虑如何优化高等教育资源的配置、提高高等教育的整体效益。首先，不少学者在建立以市场机制为导向的高等教育管理体制的观点上达成共识；其次，提出高等教育资源的所有权应与经营权分离（吴菲菲，2006）；最后，一些学者认为高等教育大众化初期应实施"倾斜两头，开放中间"的发展策略，可以提高高等教育资源投入的整体效益（樊继轩，2005）。"倾斜两头"即政府应把精力和财力重点投入到九年制义务教育和重点大学的建设中去，"开放中间"即开放义务教育之后的高中教育、中职教育、高职高专教育，大力发展民办教育。重点大学应退出无序竞争的大众化教育市场，着重于尖端人才的精英教育；公立非重点大学可推广"国有民办"的改革体制；民办高校和转制后的"国有民办"高校将担负起普及大众化高等教育的重任。吕昭河（2002）深入探讨了市场体系和价格机制引入到我国高等教育资源配置中产生的影响，并分析了中国加入 WTO后，高等教育资源配置所面临的问题。夏丽萍、杨雅清、许丽英、宋华明等对市场机制与高等教育资源优化配置的关系也进行了深刻的论述。

（2）从微观层面上提高高校资源投入经济效率和效益问题的研究，即如何有效地分配和利用稀缺教育资源，提高教育资源的经济效益。比较有代表性的如：张跃分别从高等教育人力资源、财力资源和物力资源优化配置的角度出发，利用边际成本—效用分析法建立高校办学经济效益评价模型，阐述了高校办学经济效益的实现条件，但没有利用建立的评价模型对我国高校办学经济效益进行实证分析；邵争艳运用了 DEA 的有关理论和方法，建立了中国区域高等教育资源配置的具体评价模型，得出了高校办学规模效率是影响综合效率的主要因素的结论。

（3）高等教育资源投入对经济发展产生效益的研究。国内不少学者致力于高等教育资源投入产生经济效益的研究。史仕新等（2005）在对舒尔茨、罗默、卢卡斯等的研究进行评价和批判的基础上，综合教育对经济发展的直接与间接贡献，对教育经济功能进行深入分析，构建了一个教育促进经济发展的作用机制的理论模型。该模型将教育系统本身的增加值视为教育对经济增长的直接贡献，同时认为教育对经济增长的间接贡献是通过人力资本实现的，而人力资本又通过两个途径对经济增长发挥作用，一是人力资本作为生产要素对经济增长的促进作用，二是人力资本通过促进技术进步而促进经济增长。在进行理论研究的同时，很多研究者也对教育在经济增长中的作用进行了大量的实证分析。蔡增正（1999）利用世界上 194 个国家和地区的数据，对低收入国家、中等收入国家及工业化国家三种样本分别进行估计，考察了教育在 1965～1990 年对经济增长的贡献，结论表明，教育对经济增长的贡献巨大，同时发现教育对经济增长的作用在经济发展的过程中表现为先弱、后强、最后略有降低的趋势。李文彬、赵大立（2001）采用中国30个省、市、自治区1977年的截面数据，陆根尧（2002）采用中国东部地区15个省、市1982~1990年的序列数据，将教育水平作为人力资本的衡量指标从劳动力投入中分离出来，使之成为一个单独的影响因素，运用柯布—道格拉斯生产函数进行实证分析，结果发现，劳动力的教育水平对经济增长的影响比劳动力投入数量的影响更大。周英章、金戈（2001）运用协整检验和格兰杰因果检验对我国教育投资和实际经济增长之间的内在关系进行实证分析，结果证明，我国教育投资与实际经济增长之间存在着明显的互馈关系，并在长期内稳定地存在着协同互动的均衡关系。王金营（2001）运用比较分析的方法，通过对中国和印度两国的有效劳动投入模型和人力资本投资与固定资产投资影响模型的计量估计和检验，得出人力资本投资对于各自国家的经济增长有积极的拉动作用的结论，从而认为政策上应特别注重改善各自国家的各级教育资本即人力资本积累的主要途径，使教育资本投资和积累成为经济发展的真正"引擎"，促进经济走上良性发展道路。姚益龙和林相立（2005）以区域数据为基础，利用柯布—道格拉斯生产函数，对广东、上海、浙江3个省市教育对经济增长的贡献进行测算，结果表明，在3个省市中，教育对经济增长都具有显著的积极影响。唐祥来（2006）采用内生经济增长理论和Lucas生产函数，对我国大陆地区经济增长与教育发展水平之间的关系进行了实证验证，结果在证明了教育对经济增长具有促进作用的同时，还发现了教育投资与经济增长之间存在结构差异，高等教育对于发达地区经济增长的促进作用明显，而中等教育和初等教育对中等发达地区和欠发达地区经济增长的作用显著。总之，研究者们从理论和实证两个方面充分论证了教育对经济增长具有促进作用，这些研究成果为国家进行教育投资的重要性和必要性提供了依据。

近年来，对教育与经济发展关系的研究越来越得到人们的关心和重视，很多学者从不同的角度对二者的关系进行了研究。无论从世界范围来看，还是从我国的情况来看，经济发展的地区差距普遍存在，造成这种差距的原因是多方面的。但是，古今中外，经济高速增长都是因重视教育、发展教育而产生的新技术、新工艺、新发明、新创造转换成势不可当的新生生产力的结果。由于高等教育能够为经济发展提供高级专业人才和高端技术，所以其在经济发展中的战略地位更是重中之重。袁岳驷等从区域产业结构与教育结构关系的角度研究了教育与经济的

关系；陈浩等对教育投入对中国区域经济增长的贡献进行了计量分析；叶茂林对
1990～2000 年高等教育对我国东部与中西部地区经济增长的贡献进行了比较研
究，得出了高等教育发展的差距及其引起的人力资本水平的差距是产生东部与中
西部地区经济发展不平衡的主要因素；慕静根据新经济增长理论、人力资本理论
及经济学理论，借鉴西方经济学中柯布—道格拉斯（Cobb - Douglas）生产函数
模型，研究了高等教育可持续发展的经济效应，充分论述了可持续发展高等教育
的消费效应，并且阐述了可持续发展高等教育消费与经济增长之间的关系。

通过对以上文献资料进行阅读和总结，可以得出以下结论：高等教育与经济发
展有着密切的关系，二者相互依赖、相互影响、相互制约。学者们对二者之间的这
种相互关系已取得普遍共识，但对高等教育科技资源配置研究仍存在以下不足：

一是缺乏从区域中观层面研究高等教育资源优化配置问题。国内关于高等教
育资源优化配置的文献，要么是从国家层面，要么是从高校层面来研究的，研究
视角还停留在以往的思维模式中，没有随着高等教育宏观管理体制改革的推进而
变化，缺乏区域层面即省区高等教育资源优化配置方面的研究。因而，当前国内
这些有关高等教育资源优化配置方面的研究成果不能很好地指导省区政府统筹管
理地区高等教育进行优化配置。

二是缺乏对高等教育资源配置现状的实证研究。国内大多数学者对高等教育
资源配置现状进行评价分析时，往往只是罗列一些数据由点及面地泛泛而谈，评
价结果缺乏客观性和准确性，这使得相关方面的文章在论述高等教育资源配置现
状、形成原因及对策建议时，三块内容之间互相割裂，没有形成内在的有机联
系，研究成果缺乏系统性。少数学者尝试着利用定量分析方法对高等教育资源配
置现状进行评价，但整体来看，研究的深度不够，有的只是构建了评价模型，并
未对其进行实际应用，有的利用博弈论方法定量地提出了某种资源优化的方案。
高等教育资源配置现状的评价分析是研究资源优化配置问题的核心，如果不能通
过科学的方法来评价、分析高等教育资源配置现状及存在的问题，就不可能提出
合理的、令人信服的高等教育资源优化配置对策，整个研究工作就像建立在沙滩
上的楼阁，缺乏根基。

三是缺乏以优化区域高等教育资源配置为核心来研究区域高等教育的发展。
国内关于高等教育区域化的文章大多是将优化区域经济结构作为研究的中心和出
发点，来探讨地区高等教育如何优化资源配置、改善专业结构等来适应地区经济
发展的问题。还有一些学者本着教育推举公平的原则，分析了区域高等教育资源

配置差异的问题。很少有文章着眼于省区政府统筹管理地区高等教育的新体制，深入研究区域高等教育如何优化资源配置、提高配置效益的问题。

二、研究目的与内容

（一）研究目的

本书通过评价内蒙古自治区高等教育科技资源优化配置现状，分析影响内蒙古自治区高等教育科技资源配置效率的因素，评价内蒙古自治区高等教育资源配置效率，提出了符合内蒙古自治区高等教育资源优化配置的对策和相关制度，旨在促进内蒙古自治区高等教育能本着服务区域经济、满足区域民众需要的原则，最大限度地提高办学经济效益和社会效益，减少教育资源浪费，提高教育服务质量，形成与区域经济发展相适应的、有特色的区域高等教育系统。本书的研究具有以下目的：

一是对推进中国高等教育体制改革具有重要意义。高等教育经过近几年的改革和发展，已基本形成了"中央和省级人民政府两级管理，分工负责，以省级人民政府统筹为主，条块有机结合"的新体制。本书通过对内蒙古自治区高等教育科技资源配置现状进行评价，分析了改革中存在的问题，探寻了进一步优化区域教育资源配置的途径，提出了建立新型区域高等教育治理机制，发展跨区域高等教育协作机制的措施。这项研究对进一步推进高等教育体制改革具有重要理论意义。

二是对实现我国高等教育的可持续发展具有重要意义。我国"入市"之后，高等教育面临着国际化和大众化的双重挑战。一方面，高等教育国际化使国外高等教育机构能够大批进驻中国，利用成熟的教育产业运营模式进行资源配置，这会造成大批优秀学生、优秀教师的流失和大量教育资金的流出；另一方面，高等教育大众化刺激了社会对高等教育大规模、多样化的需求，高等教育除了不断扩大产出规模外，还必须在办学模式、教育手段、功能定位、服务及教育产品结构等方面满足人们个性化的需求。但是，由于我国高等教育长期以来实行计划经济管理，一方面办学模式单一、办学体制僵化、教育机构冗员严重、教育资源利用率低，存在着严重的浪费现象；另一方面教育经费投入不足，严重制约了高等教育的发展和规模的扩大，导致高等教育供求的失衡。我国高等教育面临的这些矛盾和困境严重威胁着它的生存和发展。本书着眼于内蒙古自治区政府对高等教育的统筹管理，重点研究了内蒙古自治区高等教育实现科技资源优化配置的机理，将高等教育纳入区域经济发展当中，在开放的社会经济环境下，通过市场机制的作用，调节教育资源在高等教育产业内部以及其他产业部门之间合理、有效地流动，加速高等教育面向市场进行组织和制度创新，实现高等教育在规模、速度、质量和结构方面的协调发展，优化高等教育资源配置。本书的这些研究对实现我国教育产业的可持续发展具有重大现实意义。

三是对促进内蒙古自治区高等教育可持续发展具有重要意义。内蒙古自治区科技教育事业已取得了显著成就，但在发展过程中仍然存在着一些矛盾和问题。一方面，计划经济烙印明显，资源配置不合理，教育资源在产学研中分离运行，联系不紧密，缺少互动支持，"大而少，小而全"的割据现象明显；另一方面，高等教育中科技资源长期未得到有效开发和充分利用。长此以往，必将在深层次制约内蒙古自治区高等教育的可持续发展，并阻碍内蒙古自治区全面建设小康社会的进程。高等教育科技资源优化配置正是解决以上问题的关键环节，对推动高等教育与科技资源的互补双赢、促进高等教育可持续发展具有重要的理论研究意义和实践应用价值。

（二）研究内容

首先，本书紧密结合当前内蒙古自治区科技、教育与经济社会发展的现状，在科技进步新跨越、高等教育大繁荣、经济社会可持续大发展的深刻历史背景下，重点研究了内蒙古自治区高等教育科技资源的配置问题。本书在认真梳理和分析了相关基础理论和研究成果的基础上，以高等教育科技资源及其配置系统作为认识的逻辑起点，从理论上系统分析了高等教育科技资源配置系统的构成及运行机制，形成了比较完整的高等教育科技资源系统框架，并通过比较研究，明确界定了研究对象，即内蒙古自治区高等教育科技资源配置系统。

其次，本书紧紧围绕内蒙古自治区高等教育科技资源优化配置的目标体系，引入数据包络分析（DEA）方法，建立了内蒙古自治区高等教育科技资源配置的评价模型，具体包括 DEA 方法中传统 C^2R 与 BC^2 相结合的综合效率评价模型、仅有输出的多目标 DEA 质量效益评价模型、结合评价决策单元过剩的 DEA（NEW）规模收益评价模型、带有"偏好锥"C^2WH 的结构效益模型，并从综合效率视角评价了内蒙古自治区高等教育科技资源配置的现状。根据评价的结果，深入分析了内蒙古自治区高等教育科技资源配置存在的问题。

最后，提出相应的对策与建议。本书所提出的对策建议相对规范完整、系统全面，对实现内蒙古自治区高等教育科技资源的优化与整合、提高资源利用率和综合效益具有较好的借鉴意义，对提高内蒙古自治区高等教育科技资源配置效率、提升高等教育质量与水平、促进内蒙古自治区高等教育又好又快发展具有一定理论指导意义，对推动高等教育与科技资源互补双赢、走内涵式发展道路、实现教育规模与效益的共同增长，并最终促进高等教育发展具有一定的实践应用价值。本书的研究框架详见图 1-1。

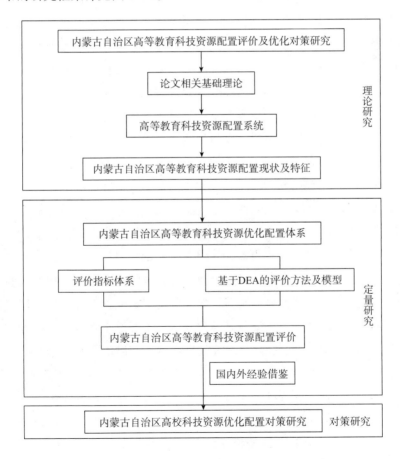

图 1-1 本书的研究框架

三、研究方案

（一）研究思路

本书共分为三部分：理论定性研究、定量评价分析和对策研究，共八章。

第一部分为理论定性研究，包括第一章至第五章。第一、二、三章以对高等教育科技资源及其配置系统的界定为认识的逻辑起点，以对内蒙古自治区高等教育科技资源配置特点的归纳为承启点，层层深入，从理论上明确了研究对象。第一章是绪论，主要介绍了研究背景、国内外研究动态、研究目的及意义，并提出了研究的总体研究思路及框架、研究方法等。第二章是概念界定及理论基础，主要介绍了与所研究内容密切相关的高等教育资源理论、科技资源理论、高等教育科技资源优化配置理论，并分析了各个理论对研究的指导和借鉴意义。第三章是我国高等教育科技资源配置概况，以认识我国高等教育科技资源的基本属性作为逻辑起点，首先详细介绍了我国高等教育科技资源配置现状，并由此引出了我国高等教育科技资源配置系统的概念，其次对我国高等教育科技资源系统的结构、功能、特征、环境以及配置系统的运行机制和配置目标体系进行深入分析，从而形成了比较完整的高等教育科技资源配置系统的框架，为内蒙古自治区高等教育科技资源配置研究奠定了坚实的理论基础。第四章是内蒙古自治区高等教育发展现状及问题辨析，对内蒙古自治区高等教育发展现状及发展中存在的问题进行了深入分析。第五章是内蒙古自治区高等教育科技资源配置系统分析及评价指标体系构建。这一章是对第三、四章研究的深入，基于理论基础与我国高等教育科技资源配置现状及内蒙古自治区高等教育发展现状，归纳内蒙古自治区高等教育科技资源配置基本特征，寻找高等教育科技资源配置状态"替代性指标"，探求其影响因素，从而建立内蒙古自治区高等教育科技资源配置评价体系。

第二部分为定量评析分析。包括第六章、第七章。这部分以定量评价研究为重点，应用 DEA 方法及相关评价模型定量分析了内蒙古自治区高等教育科技资源配置在综合效率、质量效益、规模收益和结构效益等方面的情况，客观指出了存在的问题。本部分首先以内蒙古自治区高等教育科技资源配置现状分析为基础，详细阐述了本书所选择的具体评价方法——DEA 方法的主要考虑和基本依据，其次介绍了基于 DEA 模型的高等教育科技资源配置的评价思路，最后利用 DEA 方法建立起评价模型，从而有效实现了由理论研究向实证分析的过渡。第六章是内蒙古自治区高等教育科技资源配置现状评价分析，对内蒙古自治区高等教育科技资源配置现状进行评价，并根据评价结果，分析内蒙古自治区高等教育科技资源配置中存在的问题。

第三部分为对策研究，即第八章。本章根据内蒙古自治区高等教育科技资源优化配置的定量评价及结果分析，从建设有利于高等教育科技资源优化配置的外部运行环境、完善有利于高等教育科技资源优化配置的内部运行机制和优化高等教育科技资源配置的目标体系三个方面提出了进一步优化内蒙古自治区高等教育科技资源配置的对策及建议。

（二）研究方法

1. 文献资料查阅法

文献资料查阅法是最基本也是本书使用最多的研究方法，贯穿了整个研究过程。本书的研究一方面将通过对相关文献资料的收集、整理和分析，运用高等教育资源理论、科技资源理论、资源配置等相关理论和分析方法，对内蒙古自治区高等教育科技资源配置的基本概念和研究范畴进行重新界定，并通过配置体制与机制的机理分析，构建起内蒙古自治区高等教育科技资源配置研究的理论分析框架；另一方面通过文献查阅，研究了解国内外在本领域的研究现状和发展动态，比较科技资源配置效率评价的各种理论与方法，然后重点剖析内蒙古自治区高等教育科技资源管理运行机制，对内蒙古自治区高等教育科技资源配置相关政策法规进行系统梳理和评价，对内蒙古自治区高等教育科技资源产权制度及管理体制在科技资源配置效率中的作用机理、影响因素与关联效应等进行深入分析。

2. 实地访谈和座谈

实地访谈和问卷调查是从事经济学研究的一种主要的研究方法。本书的研究力图通过访谈、座谈等方式，对内蒙古自治区高等教育科技资源配置的情况进行实地调查研究。实地调查分以下四个层面展开：一是对政府科技资源管理部门进行访谈、座谈，对各部门提供的相关资料进行梳理，了解政府部门在科技资源配置过程中的角色、功能、行为及其对资源配置效率的影响；二是对科技资源所在的科研院所及大专院校进行实地访谈，剖析其在科技资源配置过程中的二重性角色、职责、行为及其对配置效率的影响；三是对科技资源配置的微观层面——项目研究课题组和科技人员开展实地调研，了解课题组和科技人员对当前科技资源配置体制和机制的认知与评价及政策需求等；四是通过召开学术研讨会和专家座谈会，不断将相关研究结论提交本领域的专家学者进行交流和研讨，并依据专家的宝贵意见进行修改和完善。通过规范的理论分析与实证调研相结合，深入剖析内蒙古自治区高等教育科技管理体制的基本架构、科技资源配置的主要方式及其实际运行效果。

3. 数学模型法

本书的研究中实证分析部分数据量庞大，拟根据历年《中国科技统计年鉴》《内蒙古统计年鉴》及其相关统计数据，采用纵向动态时序变化与横向静态区域比较相结合的方法进行。具体来讲就是将 DEA 方法的 C^2R 模型和 BC^2 模型结合起来，刻画内蒙古自治区高等教育科技资源配置效率。数学模型方法的使用，使评价结果更全面，真实反映了内蒙古自治区高等教育科技资源配置状况。

4. 典型案例研究法

对于一些不可量化的因素，如在不同主客体和生产力水平及人力资源状况等条件下，不同国家、地区和研究机构甚至是不同的项目研究课题组在高等教育科技资源配置中的行为模式不尽相同，研究者难以控制这一复杂的行为过程，因而不能从大样本的实证研究中得到充分的反映。对此，本书的研究选择美国、加拿大和日本及国内典型地区和研究机构，就其在高等教育优化科技资源配置方面的成功经验开展典型案例研究，帮助我们剖析政府、研究机构、项目团队和科技人员等各利益相关主体在科技资源管理与配置中的决策行为及影响因素，还原事情本质，全面了解复杂的社会经济现象。本书的案例分析将从以下两个层面展开：一是国外的科技资源配置体制从多个角度开展比较研究，归纳提炼出其在科技资源配置中的主要做法和成功经验，以及对我国科技资源管理体制和配置机制的启示；二是对国内高等教育科技资源配置的典型情况进行案例解剖，通过实地调查获取相关资料，并就科技资源配置的相关情况进行案例剖析，探讨不同主体在资源配置方面的成功与得失，为本书研究提供参考素材。

第二章 概念界定及理论基础

一、高等教育资源理论

（一）高等教育资源的概念

什么是高等教育资源？翻遍现有的大型工具书《辞海》和《中国大百科全书》教育卷，也未能找到相关的词条和解释。可见，高等教育资源是现代高等教育面向市场经济的产物。

资源，据《辞海》解释，就是资产的来源，泛指社会财富的源泉。其一般概念定义为人类从事各种活动、谋求自身发展的基础。资源是相对主体而言的，一般指天然的财源，经济学把资源主要看作"在一定的技术经济条件下，自然界中可被人类用于生产和生活的一切物质"；从社会生态学的范畴看，它被定义为对人类或非人类有用或有价值的所有组合的集合，包括自然资源、人力资源、信息资源、时空资源和制度资源，从形态上划分，其中自然资源属于硬资源，其他资源被称为软资源或社会资源，这是资源的泛化。在诸多资源中，人力、物力、财力、时间、空间、信息等资源对管理者来说最重要。

教育资源是一个移植的概念，也是一个随社会变迁而不断演进的概念。教育作为人类重要活动之一，教育资源是学校进行教育活动、谋求教育发展的基础，是在教育过程中所投入的一切要素和条件的总称，不仅包括教育领域通过社会总资源配置所取得的所有人力、物力、财力等经济资源，还包括信息、技术、文化、课程、制度等资源。

高等教育资源是进行高等教育活动、谋求高等教育发展的基础。从高等教育资源的使用价值来看，其可被定义为高等教育组织所拥有的使用于高等教育活动事业，提高受教育者人力资本或价值的各种资源综合。在众多的社会资源中，高等教育资源是一种重要的资源，这种资源是自然资源、人力资源、技术资源以及其他非自然资源的综合，这种综合性资源能对培养高层次人才，促进高等教育事业发展、促进高等教育机制正常运行起到重要作用。高等教育资源包括以实体形式为内容的有形资源和以价值为内容的资金及以无形价值为内容的社会资源，是高校各项事业得以高效率运行的各类资源的总和，是高等教育活动赖以进行所必需的人力、物力、财力及相关资源的总称，扩展为社会学意义来理解，高等教育资源通常是指维持、组成、参与并服务于高等教育系统的资源。

（二）高等教育资源的类别

　　高等教育资源是一个综合性的概念，又是一个开放的概念，其内涵在不断地变化着，如何进行分类的问题是对高等教育资源认识的进一步深化。国内学者因认识水平的不同，依据不同的分类标准对其进行了各种归类。武汉大学的陈太平依据不同资源在高等教育活动中的功能及不可替代性，将其分为七类，即财力资源、物力资源、人力资源、学科专业资源、信息资源、市场资源、声望资源。内蒙古科技大学的张炯等为了便于分析，将高等教育的主要资源分为人力资源、财力资源、物力资源、时间资源、空间资源、管理资源、科技资源、信息资源八类。华中师范大学的宋华明等认为，高等教育资源是一个具有特定内涵的范畴，既包括人力、财力、物力等有形资源或硬资源，也包括思想、办学理念、管理制度、校园文化等无形资源或软资源。康宁将高等教育资源分为人力、物力、财力和制度力。冯爱玲将高等教育资源分为以下九类：①财力资源，是以货币形态表现的高等教育资源，也被称为高等教育投资。从来源来分，包括国家和各级政府的财政拨款、社会融资捐资、校办产业收入、高校科研成果转化和提供社会服务的收入、学生学费；从使用角度划分为教育经常费和教育基本建设费两部分。②物力资源，是以实物形态存在的高等教育资源，包括场地、设施、仪器设备、文献资料等。③人力资源，包括学生、教师、教学辅助人员、党政管理人员、工勤人员，存在于人体中，具有创造社会财富的能力，人的智慧、才能、经验、精力都包容在其中，具有支配性、成长性、自控性、社会性、消耗性等，是高等教育资源的主体。④时间空间资源，是指高校可支配用于组织教育教学活动的时间、空间。空间作为一种活动场所、教学环境，从常规范围来说，总是受到一定容量的限制，但它的特点是可以重复使用，随着现代教学理念的延扩，教育空间在特定条件下也可拓展。⑤信息网络资源，上海理工大学的孙绍荣在《教育信息学》中指出，从信息理论来看，教育过程是信息的发送、传递、接收、加工和存储的过程，高校要学会运用信息指导教育活动，同时要通过网络享用国内外优质教育资源。目前所倡导的教育信息化的特点是在教学过程中广泛应用电脑多媒体和网络通信为基础的现代化信息技术，其表现为教材多媒体化、资源全球化、教学个性化、学习自主化、活动合作化、管理自动化和环境虚拟化。⑥学科专业、课程资源，这些资源是培养人才的载体。⑦组织文化、校园精神资源，这是无形的教育资源，是组织中的个体产生倾向性行为的驱动力。⑧管理资源，这种资源体现在高等教育运行的过程之中，是一种高度智慧及艺术性的计划、协调、指挥、监督、组织等的综合体。⑨学校的社会声望，这是高等院校的无形资产，对高等院校发展具有重要影响。

本书以前人研究为基础，将高等教育资源分为人力资源、财力资源和物力资源三大类。

1. 高等教育人力资源

一般而言，人力资源是蕴藏在人身上的劳动能力，但这种劳动能力是无形的，界定人力资源应从其数量、质量、总量等方面的属性进行分析。作为一个经济学范畴，人力资源有其数量概念，人力资源的数量是指人力资源载体的数量，是以个人为单位的。人力资源的质量是指在内外因共同作用下形成的、蕴藏在人力资源的载体内的、在某一时期所表现出来的相对稳定的质的规定性，包括人力资源载体的知识水平、能力水平、素质水平等方面。

对高等教育资源中的人力资源可以有狭义和广义两种理解。狭义地讲，高等教育的人力资源是指高校所拥有的具有一定数量和一定教学科研或管理水平的教学科研人员、教辅人员和教育行政管理人员，在高校实行后勤社会化改革以后，高校后勤的工勤服务人员不包含在高等教育人力资源之中。这里，高等教育人力资源既体现为一定的数量，即高校所拥有的教学科研教辅人员数量以及教学行政管理人员所具有的总的教学水平、科研水平和管理水平的总和，也体现为一定的质量，表现在高校教学水平、高校教学教辅及管理人员的工作能力以及在人才培养过程中的贡献程度上。高校在办学过程中充分利用人力资源，就是在人才培养过程中充分发挥每一个教育工作者的作用。

广义地讲，高等教育的人力资源不仅包括一定数量和质量的教育工作者，还包括一定数量和质量的求学者，即大学生和研究生。求学者因为接受高等教育没有进入生产体系而停留在教育体系之中，因此，教育体系内的人力资源，同时包括了不同求学者在教育过程中所用劳动时间的供需关系，充分利用高等教育的人力资源也就应当包含受教育者在提供一定的劳动时间，即学习时间之后，尽可能获得较大的教育成果。

2. 高等教育财力资源

高等教育的财力资源是高等院校所获得的用于学校运行的以货币形式体现出的各类教育投入，是高等院校办学的最基本保障。在收支平衡的情况下，高等教育的财力资源也是高等教育人力、物力等资源消耗的货币反映。

高等教育财力资源的形成主要源于以下五个方面：一是国家和地方对高等教育的财政拨款。对于大多数公办高校而言，这是高校获得教育投入的主渠道。二是社会集资捐资。包括用于教育的社会税收、教育费附加以及一般意义上的社会集资捐资。三是学生家庭和个人投资。受教育者的家庭和个人投资已成为高校财力资源的一个重要组成部分。据估计，我国高校学杂费即受教育者个人高等教育投资占高等教育成本的 10% 左右，住宿费收费标准已与市场价格基本持平。四是学校自身投资。高校校办产业、后勤实体的净收入中上缴学校部分以及高校对社会的教学服务、科技服务的收入是学校自身投资的主要来源，一定程度上补充了高校教育经费的不足。五是社会资金。通过兴办民办高校或民办二级学院投资高等教育。

由于高等教育财力资源的实质是高等教育所获得的各类教育投入，因此要丰富高等教育的财力资源，就是要想方设法多渠道地吸引和追求各个方面对高等教育的投资。又由于高等教育财力资源是人力资源和物力资源消耗的货币体现，因此，充分利用财力资源也就是要求高等教育将财力合理地分配在人力资源、物力资源及其他资源的消耗上，使其发挥最大效益。

3. 高等教育物力资源

高等教育的物力资源是高等教育在教育过程中物质资料方面的直接实物条

件，是高等教育投资的物化形式，是高等教育的物质基础。高等教育的物力资源由两大部分组成：一是学校的固定资产，二是学校在教学科研运行过程中使用的材料和低值易耗品。

高校的固定资产包括三个方面：一是共用固定资产，包括土地、房屋建筑、活动场地等；二是教学科研用固定资产，包括教学科研仪器设备、图书资料、电教网络设备、各种软件、教学用具等；三是工作生活用固定资产，包括水电设备、炊事设备、运输工具、各类家具、印刷打印设备、医疗设备等。

高校的材料与低值易耗品，是指物力资源中各种原材料和价值在规定金额内的物品，或是使用年限短（如不满一年）、容易消耗的物品，如水电、燃料、教学科研用的各种原材料、试剂、低值仪器设备、各种杂用品以及设备修理等。充分利用高校物力资源，就是要在保证教育教学质量的同时，使高校的各类固定资产和材料、低值易耗品最大限度地发挥作用。

（三）高等教育资源的特点

1. 稀缺性

从资源的本性来看，稀缺性是高等教育资源最为明显的特性，表现为两层含义：一是指作为资源的高等教育本身是稀缺的，如学校数量的有限性难以满足人们接受高等教育的需要，高等教育规模的有限性使许多希望接受高等教育的人被挡在高等学校大门之外等；二是指使教育得以进行的各种资源是稀缺的，直接的表现是教育经费的短缺以及缺乏保证教育活动有效运作的制度安排。高等教育稀缺性是由中国教育资源绝对意义上的总量短缺和现有教育体系内部在宏微观资源配置上的无效性以及在微观资源利用上的低效性引起的。

2. 专业性

从高等教育自身的特点来看，高等教育是建立在普通教育基础上的专业性教育。以培养各种专门人才为目标的这种专业性的特点，决定了高等教育资源大多不是一种普遍适用的资源，而是与一定的专业领域相结合的专用性资源。

3. 综合性

从高等教育资源的概念和内容来看，高等教育资源是高等教育得以发展的各类资源的综合。

4. 多用性和增值性

从高等教育的功能来看，高等教育资源既可用于人才培养，也可应用于科学研究和提供社会服务，具有多用性。部分高等教育资源在为社会提供服务的过程中可以提高利用率，并获得一定的报酬使资源总量增值。

5. 整体性和不可分割性

高等教育资源是高等教育过程中特定的情境下相互联系、相互作用的共同体，某些资源的运用一次至少须采用一个单位，不能因为对其需求不及一个单位而将其分割使用。例如，教室、礼堂、图书馆的兴建只能以一间为单位，不能因学生人数少而只建半间。高等教育资源存在不可分割性，如新校区建设时不可能将原来校区的不可动资产分一部分过去。

（四）高等教育资源整合

1. 高等教育资源整合的含义

相对于资源整合，西方社会学有社会整合（Social Integration）一词，它的含义是指由各种不同因素的差异而产生的矛盾，通过协调作用，使之消除分离状态，达到融合统一的过程。它可促使社会成员间遵守相同的行为规范，具有共同的价值观念，加强各阶层间的相互依赖和功能上的互补作用。从管理学和经济学上来理解"整合"，无论是"整"，还是"合"，都是个动态的概念；还是一个对原有的现状进行"修复"的概念，整合的本质就是对已处在分离状态的事物或现状的一种重塑。

参照教育资源的理解以及社会整合的含义，教育资源整合就是调整、协调、优化与重组教育资源，具体来说，是指采取一系列的方法和手段，对各种潜在的和可能的教育资源进行开发，对现存的教育资源进行结构性的优化配置和重组，以挖掘其潜能的系统工程。具体到经济学和管理学方面，本书认为，教育资源整合就是对已有的教育资源进行重新配置，以保证教育资源得到最理想的利用效率，属于教育资源配置范畴。

大量占有资源是规模化经营的前提和基础，资源整合是保证资源高效调用的有效手段。首先，通过对教育资源进行分类整理能使零散的资源有序化，这是教育资源高效调用的基础。但是，占有了教育资源并不意味着它就能被顺畅地使用和方便地调用，这就需要制定出明确的规定，建立起一个有效的保障、协调机制，才能保证教育资源的使用效率大大提高。教育资源并非占有越多越好，资源的整理维护本身就耗财、耗力、耗时，资源过多也会造成使用时的无所适从，因此要定期对教育资源进行清理，及时把那些过时的和与现状不相适应的教育资源清理掉，才能最大限度地降低教育资源的维护成本，进而提高经济效益。

2. 高等教育资源整合的内涵

高等教育资源整合是一种创新，不是高等教育资源各构件简单的叠加，而是一个非线性的系统优化问题，是一个系统工程，系统通过整合可以产生各构件都不具有的新性质、新功能、新效果和新效益。整合的关键在于一个"合"字，各子系统整合成一个有机整体，就产生了单体所不具备的性质和功能，即亚里士多德分析整体和组成部分之间关系时提出的"整体大于各部分的和"的论断，整合可以把这种论断形象地表述为："1＋1＞2"。

系统论认为，局部最优不能保证系统最优。高等教育资源整合的基本思路就是将高等教育资源视为一个系统，通过对系统各要素的加工与重组，使之相互联系、相互渗透，形成合理的结构，实现整体优化、协调发展，其目的就是使现有的资源相互配合与协调，优化其配置，使之发挥整体最大功能，达到整体最优，实现整体最大效益。

在战略思维的层面上，高等教育资源整合是系统论的思维方式，就是要通过组织、协调和配置把高等教育内部彼此相关却彼此分离的资源，把高等教育外部既参与共同的使命又相对独立的资源整合成一个为高等教育服务的系统，起到"1＋1＞2"的效果。

在战术选择的层面上，高等教育资源整合就是优化配置的决策，就是根据高等教育的发展战略和需求对有关的资源进行重新配置，并寻求高等教育资源配置与社会对高等教育需求的最佳结合点，目的就是要通过组织制度安排和管理运作协调来提高高等教育资源的效用和高等教育的服务水平。

高等教育系统不是一个封闭的系统，它与其他社会部门之间保持着能量、信息或资源的交换。高等教育资源与其他领域所需要的资源具有"同源性"，均是从社会总资源配置中获得的。因此，高等教育资源整合首先是高等教育如何参与社会总资源的分配，其次是这些高等教育资源如何在高等教育系统内部的重新分配问题。在高等教育产业运作过程中，社会资源配置是开放的、动态的，不存在一个封闭的教育资源体系，对高等教育资源整合的研究实际上是从高等教育产业的角度探讨高等教育资源优化配置的问题。

由此可见，高等教育资源整合就在于通过对现有高等教育资源进行组织、协调，科学配置、优化重组，形成合理的结构，实现整体优化，使内部相互渗透、相互联系，发挥整体功能，获得整体的最大效益，这同时也是对高等教育资源进行整合的目的所在。

二、科技资源理论

（一）科技资源的概念、内涵与特征

1. 科技资源的概念

国内外众多学者对科技资源概念及要素进行了系统的研究，我国学者对科技资源及科技资源配置的研究开始于 20 世纪 90 年代后期，其中部分学者对科技资源概念的定义如表 2 - 1 所示。科技资源主要是指科技活动中所涉及的人力、财力、物力等硬件要素以及信息、组织和管理制度等软件要素的总称或其中某些要素的集合。而从现实角度看，科技资源主要包含了科技财力资源、科技人力资源、科技物力资源、科技信息资源四大类。科技政策和组织制度及法律法规等相关要素，则构成了科技资源有效配置的制度和法律保障。

2. 科技资源的内涵

根据各方面研究，科技资源的内涵主要包括以下三个层面：第一，科技资源是服务于科技活动、创造科技成果的基础源泉；第二，科技资源是从功能和目标的角度提出来的，是一切服务于科技活动的自然和社会资源的总和，即其中部分内容属自然资源，部分内容属社会资源；第三，科技资源具有经济性和社会性，一方面是因为科技活动涉及资源的投入产出以及资源配置的种种问题，与经济活动息息相关；另一方面是因为科技活动都是具有社会属性的科技人员采用其他相关科技资源进行的创造活动，目的是促进社会发展进步，因此具有社会属性。综上所述，科技资源就是为了增强人类对自然和社会的认识，推动人类科技和社会发展的一切资源要素的集合。

表2-1　国内部分学者对科技资源概念的定义

研究者	科技资源的概念	科技资源的要素
周寄中 （1999）	是科技活动的物质基础，是创造科技成果、推动整个经济和社会发展的要素集合	包括科技人力资源、科技财力资源、科技物力资源和科技信息资源四个方面
朱付元 （2000）	是由科技资源各要素及其次一级要素相互作用而构成的系统	包括科技人力资源、科技财力资源、科技物力资源、科技信息资源以及科技组织资源等要素的总和
师萍等 （2000）	将科技资源体系作为一个独立的系统划分为科学技术所形成的坚实核心、专业技能系统、技术市场和制度界面四个部分	将科技资源体系划分为4个组成部分：①科学、技术所形成的坚实核心；②专业技能系统；③技术市场；④制度界面
丁厚德 （2005）	在知识经济时代，科技资源在生产要素资源中起主导作用，它是形成社会财富最重要的资源	科技资源包括科技人才、科技活动资金、科学研究实验（试验）装备、科技信息汇集于科技活动单位（大学、研究院所、企业、科技服务机构），联合发挥有机的、系统的作用
孙宝凤等 （2006）	能直接或间接推动科学技术进步从而促进经济可持续发展的一切资源	包括一般意义的劳动力、专门从事科学研究的人员、资金、科学技术存量、信息、资源等
钟荣丙 （2006）	广义上是指与科技相关的所有自然资源和社会资源；从狭义上是指直接影响科技进步和发展的自然资源和社会资源	包括人力资源、实物资源、资金资源、信息资源和制度政策资源
刘玲利 （2007）	基于系统论的视角，将科技资源视为一个整体，并指出其对科技活动的支撑作用的实现有赖于科技财力资源、科技人力资源、科技物力资源、科技信息资源等各类资源相互间的协调、配合、共同作用	包括基础性核心科技资源要素子系统和整体功能性科技资源要素子系统。其中，基础性核心科技资源要素子系统由科技人力、科技财力、科技物力和科技信息四类资源要素构成；整体功能性科技资源要素子系统则包括科技市场、科技制度和科技文化三类资源要素

科技资源的经济属性主要表现在以下四个方面：一是高增值性。科技资源融入了人类的智力劳动成果，往往能对经济生产和社会发展产生巨大的促进作用，甚至是革命性的变革，因而与其他资源相比，科技资源往往能够带来远远超出投入的回报。二是边际收益可变性。对科技资源的投入必定产生相应的收益，但科技资源的边际收益是可变的。这种可变主要表现为：相同的科技资源投入总量采用不同的配置组织，其边际效益不同；将相同的新增科技资源投入到不同的既有科技条件上，其边际收益是不同的；在一定的科技条件基础上，持续增加某种科技资源的投入，其边际收益将呈波动变化。正是由于科技资源边际收益的可变性，科技资源的优化配置才成为可能，而且十分必要。三是长效性。长效性主要表现在科技资源的生产、使用和作用三个方面。首先，科技资源的产生从最初的基础资源投入到最终经济效益的产生需要经历一个较长的过程；其次，科技资源在使用的过程中不会产生损耗，可以长期重复使用；最后，优秀的科技成果对社会的发展具有长远影响。四是外部性。科技资源不同于传统的资源，它具有公共物品的属性。公共科技资源投入产生的科技成果具有非排他性和溢出效应，能够为整个社会带来正的外部效应，但同时，外部性也会导致"免费乘车者"或"逃票人"的问题产生，最终导致科技资源供给的不足。

科技资源的社会属性主要表现在以下三个方面：一是累积性。科技资源是人类经过长期智力劳动，不断地创新和沉淀形成的，是智慧的结晶。同时，科技活动是在前人研究成果的基础上进行的再创新和新发展，其所产生的知识和技能可以作为一种资源被人类不断地传承和发展。因此，与其他资源相比，它具有可积累性和可传承性。二是开放性。互联网的普及和要素流通渠道的拓展，以及科技资源要素区域共享机制的建立，都使科技知识要素的传播突破了原来时间和空间上的限制，不仅提高了流动速度，使科技资源成为一种全球性的资源，而且在这种开放和发展过程中，科技资源自身也不断地积累、发展和丰富。三是外溢性。科技资源的跨越性表现在科技落后的国家可以通过引进、消化和技术合作产生技术溢出效应，从而丰富本国的科技资源，实现科技资源要素的跨越式发展。

3. 科技资源的主要特点

科技资源作为资源的一部分，除了具有资源的全部特征外，还具有明显的经济属性和社会属性。不仅如此，作为一种特殊的资源，科技资源还具有一些独有的特点。

（1）科技资源的流变性。流变性是来自物理学的概念，指的是在外力的作用下，液体由于不能承受剪切力，不能保持其外形的稳定而发生流动和变形的特性。同样，在不同的客观条件下或在科技研发活动的不同阶段，科技资源存在的形态也会有所不同。我们把同一类科技资源在不同条件下所表现的不同形态称为科技资源的流变性。在现实中，这种流变性表现为科技资源在不同管理阶段或不同部门存在的不同形式，如科技财力资源，在财政部表现为预算，在科技部表现为预算加项目，在科研单位表现为项目加资金。对流变性的认识有助于我们从纷繁复杂的科技资源存在形态中把握科技资源的本质。

（2）科技资源的衍生性。科技资源的衍生性是指在科技研发活动组织、管理和实施的过程中，一种科技资源衍生出其他科技资源的现象。例如，科技经费属财力资源，但科研单位为了实现研究目标，就会通过经费的投入，组织相应的科研队伍，购置相应的仪器设备，从而将财力资源转化为人力资源和物力资源。

（3）科技资源的系统性。科技资源的系统性是指各类科技资源的存在一定以其他资源的存在为基础，即没有其他科技资源的存在，单一的资源不可能成为科技资源。换言之，科技资源一定是组织围绕科技活动并基于不同资源的组合才能存在。科技资源的系统性表现为资源之间的紧密关联性和严格依存性、资源配置与组合的系统性、科技资源效益发挥有赖于资源之间的有机组织等。

（4）科技资源的再生性。科技资源的再生性是指一种科技资源在一定的科技研发活动中不仅作为投入要素而被消耗，而且可以通过适当的研发活动进行增值、扩展和完善。因此，科技资源往往在研发活动开始时是基础和条件，而在一个阶段的研发活动终了时又变成科技研发成果。例如，科技人力资源在科研活动过程中是必要的投入，并有客观的消耗，但通过科研活动实践必定可以培养人才，壮大研究队伍，即由投入要素变成了产出成果。再如，科研活动一般都应以一定的信息资源为基础，而科技信息资源既是科研活动的投入，也是科技创新活动的成果，因为大量的科技活动成果最终往往是以科学数据和科技文献等信息资源的形式呈现出来。

（5）科技资源的层次性。不同科技资源必存在于一定的科技资源系统中，但是，在一定的封闭条件下，不同类型科技资源在资源系统中的地位和作用并不相同。同时，虽然科技资源具有流变性、衍生性、再生性等特点，但不同资源的衍生和再生能力并不相同。因此，科技资源是有层次的。根据不同类型科技资源在科研活动中的地位和作用，以及衍生和再生能力的大小，可将科技资源分为以下三个层次：第一层次是人力资源，"人力资源是第一资源"，因为人力资源是科研活动的主体，没有科技人力资源，其他资源的投入都没有意义。同时，只要有了人力资源，其他一切资源都可以创造出来。第二层次是财力资源，因为在具有一定科技资源基础的条件下，财力资源不仅是开展科研活动的重要保障，是稀缺资源，也是衍生能力和再生能力仅次于人力资源的一种资源。通过进入资源市场，财力资源可以购买所需的信息资源和物力资源，并为科技活动人员提供必要的工作条件和生活保障。第三层次是物力和信息资源，这两类资源的流变性最小，而且均可由前两类资源衍生而来。

4. 科技资源的分类

科技资源由科技人力资源、科技财力资源、科技物力资源和科技信息资源四大基本要素构成。

（1）科技人力资源。科技人力资源指的是从事科技活动的人员，包括直接从事科研活动的人员以及为科研活动提供相关支持活动的人员，是最具主观能动性和创造性的科技资源，也是唯一一种具有自我学习和自我完善能力的资源。在科研活动中，科技人力资源可以通过不断学习来提高自身素质，从而使科技资源质量不断得到改善。科技人力资源除了直接从事科技研发活动的研究人员外，还包括科技管理人员、科技辅助人员以及科技推广与技术服务人员。

（2）科技财力资源。科技财力资源指的是开展科技活动的经费，是进行科研活动的基础。在计划经济时代，科技财力资源指的就是政府的财政拨款和单位的自有资金。进入市场经济时代之后，随着经济活动的复杂化，科研单位和高校获得科技财力资源的方式变得更加多样化。除了政府的财政拨款，它们还可以接受企业研发资金投入、社会的捐赠以及通过金融机构进行融资等，科技财力资源也由最初的财政拨款和单位自有资金发展为政府的财政拨款、单位自有资金、企业资金、金融机构贷款以及各类社会捐赠资金等多种形态。当前，政府的财政科技拨款和企业研发资金投入是我国科技财力资源最重要的两种来源渠道。

（3）科技物力资源。科技物力资源指的是用于科技活动的一切有形物资资源，主要包括进行科研活动的原材料、仪器、设备以及基础设施等，是进行科研活动的物质基础。随着科技的发展，科技物力资源的内容变得更加丰富，科研仪器设备也变得更加精密，大量新的仪器设备投放到科研活动中，有效地提高了科技资源的研发效率。

(4) 科技信息资源。科技信息资源指的是科技成果等知识形态的资源，它是科技成果的主要表现形式之一。随着时间的推移和科研活动的不断深入，科技信息资源的内容会更加丰富，质量会不断提高。相对而言，科技信息资源是一种无形的资源，现实中它主要包括期刊文献、数据以及专利等几种形态。

（二）科技资源配置的内容与方式

1. 科技资源配置的概念及内涵

科技资源配置，是指在特定的时空条件下，科技资源管理主体按照一定的方式方法将拥有被处置权的科技资源各要素，包括人力、财力、物力、信息等，按适当的组合分配到特定对象和各种不同发展方向上去的过程与结果，即科技资源在不同科技活动主体、学科领域、科技计划、行业部门和时空分布之中的分配与组合。因此，科技资源配置在内容上分为规模、结构和机制三个方面。

科技资源配置系统可以划分为配置主体、客体、对象以及配置手段和机制。在系统中，系统各要素之间不断进行着物质和信息的交流，相互影响和相互作用。其中，科技资源配置机制处于基础性地位，它决定了科技资源配置主体、客体和对象之间的关系，同时通过科技资源配置的主体、客体和对象对配置机制进行反馈，不断完善科技资源配置机制。科技资源配置主体在系统中处于核心地位，它将科技资源对象分配给科技资源配置客体。科技资源配置客体则需要不断将科研活动的信息反馈给主体，接受主体的监督，而科研活动的最终结果是获得科技产出成果，这时候科技资源配置客体又形成了新的对象。

从所处管理层级和作用范畴看，科技资源配置主体可分为宏观、中观和微观三个层次。其中，宏观资源配置主体也可被称为科技资源的调控管理主体，中观和微观资源配置主体也可被称为科技资源配置执行主体。调控管理主体是指中央政府和各级地方政府中的科技资源管理部门。这些部门的主要职责是按照市场经济和科技活动自身的规律对科技资源进行分配、管理、调控、评估、组合等。具体而言，就是根据国家和地方经济社会发展的战略目标及其对科技发展的需求，通过制订具体的科技政策和科技计划，运用竞争机制和择优分配方法，将科技资源在不同的科技活动执行主体如高等院校、科研机构和企业等，以及领域和地区之间进行合理分配，以实现行业之间、地区之间和不同科技领域之间的均衡发展。执行主体则包括高等院校、科研机构、企业和课题组，它们是进行科技活动的实体，是科技资源配置的基础层次，也是运行层次。它们通过将各种科技资源在不同客体之间进行分配来实现科技资源的最优配置。

科技资源配置的客体指的是科技资源的承接者和使用者，包括高等院校、科研机构、科技型企业和课题组等。因此，科技资源配置的执行主体在一定程度上可以转化为配置客体。一方面，他们可以通过自主申报、委托承担以及其他竞争方式来申请获得科技资源项目，在这种情况下，他们是科技项目的承担者，是科技资源配置的客体；另一方面，他们也可以通过在内部对获得的科技资源进行再次分配来提升科技资源利用效率和促进自身创新能力建设，在这种情况下，他们又转变成为科技项目的委托者，是科技资源配置的主体。

科技资源配置的对象即各类科技资源要素，一般包括科技财力资源、科技人力资源、科技物力资源、科技信息资源四个方面。一般地，在科技资源配置过程中，各配置对象实质上是以不同类型资源，以一定的规模、结构、质量而存在，并通过特定的形态和载体来实现配置结果。

2. 科技资源配置的内容

科技资源配置的内容主要是指科技资源配置主体通过各种手段将不同的科技资源——科技人力资源、财力资源、物力资源和信息资源等配置到科技资源承接者中去的过程，具体可分为科技资源配置的规模、结构和机制三个方面。

（1）科技资源配置的规模。科技资源配置的规模是指一个国家在一定时期内科技资源要素配置的总量和强度。它由一个国家在一定时期所拥有的科技人力资源、科技财力资源、科技物力资源和科技信息资源的总量构成。科技资源配置的规模在很大程度上决定了一个国家或地区的科技发展水平，一个国家或地区科技资源配置规模的大小往往反映了他们对科技活动投入的重视程度，并在一定程度上决定了这一国家或地区的知识创新与技术创新的水平和质量。科技资源配置规模与政府的各种政策、行为有重要联系，政府往往通过制定各种科技政策和计划，在宏观上对科技资源的规模进行调控。科技资源配置达不到一定规模，就不能取得规模效应，在现代科技竞争中将会处于被动地位。

（2）科技资源配置的结构。科技资源配置的结构是指在科技活动过程中各种现实的科技资源在不同方向上的分配和使用比例。按其分配的不同方向，资源配置的结构可分为以下四类：①地区结构，即各种科技资源在不同地区的分配和布局，包括全国各个地区之间的分配结构、不同省市之间的分配结构以及农村和城市之间的分配结构。②行业结构，即各种科技资源在不同行业之间的分配与布局，表现为科技资源在农业、工业和服务业以及更进一步细分的行业之间的分配结构。③客体结构，指各种科技资源在不同科技资源配置客体（科技资源配置的承接者）之间的分配与布局，即各种科技资源在不同的企业、科研机构和高等院校等之间的分配结构。④学科结构，即各种科技资源在不同学科之间的分配与布局。在宏观层面上表现为科技资源在基础研究、应用研究和商业开发研究之间的分配结构，在微观层面上表现为科技资源在生物科学、物理科学、化学以及信息科学等具体学科的分配结构。科技资源配置结构决定了科技资源的使用效率。不合理的资源配置结构将会造成科技资源的浪费。只有当科技资源在不同方向上都能保持一个合理的结构，并且使科技资源与其他种类的社会资源都形成有机组合时，才能促进整个社会的科技进步和经济发展。

（3）科技资源配置的机制。科技资源配置机制是指配置主体运用经济、行政、法律和技术等手段，对科技资源进行科学规划、有效开发、合理配置和高效利用，以使科技资源有效支撑科技创新活动，从而最终实现组织战略目标的过程，其中包括对科技活动进行激励、分配、协调、规范和引导等行为。科技资源配置机制规范了科技资源配置过程中的秩序，减少了不确定性，从而为科技资源要素提供足够的稳定性，起到基础性作用。有效的科技资源配置机制能提高科技资源使用效率，节约成本，保证科技产出。

3. 科技资源配置的主要方式

科技资源的配置方式是指科技资源各要素（即科技人力资源、财力资源、物力资源和信息资源）由分配达到组合的运行模式，分为计划配置、市场配置和混合配置三种类型。自新中国成立以来，在社会经济的不同发展时期，针对不同的科技管理体制和科技发展需求，这几种科技资源配置方式都曾发挥过重要的作用，且各种配置方式往往会交替出现或同时存在。

（1）科技资源的计划配置。科技资源的计划配置是指中央政府从全国科技发展的需要出发，综合考虑各地区、各部门和各学科的实际情况，通过制订指令性的科技资源配置计划，对资源进行全局性规划和统筹分配。在这种模式下，全社会的科技资源要通过在行政权力、行政层次和行政机制种种力量约束下的计划指令来实现。计划配置模式是以政府为主导，为推动国家科技发展和资源合理布局而实行的调控手段，也是当前我国科技资源配置的主要模式，它对于促进我国科技发展起到了很好的宏观调控作用。但是，由于管理制度存在缺陷，使科技资源计划配置模式在调动科研主体积极性、提高科研效率方面的能力不足。因此，在以政府为主导的资源配置模式中，也需要发挥市场的基础性配置作用。

（2）科技资源的市场配置。科技资源的市场配置机制指的是在市场规律作用下，科技资源在各行业、各部门、各领域和各地区之间的组合与应用。在这一过程中，各个科技活动主体会按照自身利益最大化和供求原则，对自身资源进行合理化的配置，从而生产出具有经济价值的科研成果。这也是大多数科技活动执行主体，尤其是企业、高校和专业技术开发机构进行科技实践活动时所采取的资源配置的主要方式。市场配置模式的优点在于各个科技活动主体可按照市场规律对科技资源进行自主配置，尽可能地使自身科技资源配置处于最优的状态。但对基础性科研成果来说，由于其具有公共物品的特性，若单纯依靠市场模式进行配置，则会导致基础性科研成果的严重不足。

（3）科技资源的混合配置。混合配置是政府计划与市场需求相结合的混合型资源配置方式，是能够合理搭配计划配置和市场配置两种模式、弥补各自不足的一种科技资源优化配置模式。一个完善的经济体制，应该是市场配置方式和计划配置方式的有机结合。在微观上采用市场配置模式，由经济规律指导资源配置，充分调动起各个科研主体的积极性，提高科技资源配置的效率。在宏观上采用计划配置模式，对全社会的科技资源进行合理分配，使不同地区、不同学科的科技均衡发展，有效弥补市场配置模式的不足之处。例如火炬计划，即是以市场为导向的国家指导性科技计划，1988 年开始实施，其资金投入主要以银行贷款和企业自筹为主。又如，国家自然科学基金计划也是采用了市场招标、竞争获取的方式来实现对国家科技财力资源的优化配置。

国际上科技资源配置的模式主要有三种类型：一是"自由市场经济"的美国模式，这种模式认为市场力量是促进包括科技在内的经济发展的决定因素，政府只能起次要作用；二是"社会市场经济"的德国模式，该模式认为既不能完全任由市场配置科技资源，也不能让政府过多干预，政府应"尽可能只给予必要的干预"；三是"社团市场经济"的日本模式，日本模式又称行政管理导向型市场经济，即由政府直接投资公用事业，为私人投资创造条件，并通过各种优惠政策来引导私人投资的科技资源配置模式。这三种资源配置模式的共同点在于它们都认为科技资源的配置方式应该以市场经济为主、政府计划为辅，区别在于政府在资源配置中的职能和所起到的作用。现阶段，我国经济社会发展正处于加速转型期，经济运行体制实行的是以市场经济为主体的混合运行模式，而科技资源配置所涉及的范围广、层次深、强度大，这就决定了我国现阶段必须实行以市场与计划混合配置为基础的指导性科技资源配置模式，但其具体配置体制则应在考察国际社会科技资源配置模式的基础上，结合我国的经济发展实际创造性地选择和使用，本书将在后面相关章节进行详细研究和分析。

三、高等教育科技资源优化配置理论

（一）高等教育科技资源优化配置理论的基本概念

所谓高等教育科技资源配置，是指对稀缺的高等教育科技资源进行分配和使用，以解决教育服务的产出规模、结构和提供方式等问题。按照教育资源配置主体和影响范围，教育资源配置可以分为以下三个层次：宏观层次方面，国家统筹安排有限的高等教育科技资源并将其分配于不同地区；中观层次方面，一定的区域如经济区域、省级行政区域、地市级行政区域将区域内的教育资源分配于辖区内不同的地区，使教育资源流向最能获得经济效益和社会效益的地方；微观层次方面，高校对其拥有或控制的教育资源进行合理组织和充分利用，以发挥其最大效益。本书研究的区域高等教育科技资源优化配置属于中观层面的资源配置问题。

（二）高等教育科技资源优化配置的内涵

资源优化配置通俗地讲是指投入与产出或成本与收益之间实现了最大比例关系，它体现了经济学中效率的概念。这里的产出或收益，指的不是任意的物品，而是能够为人们提供满足的有用物品，从经济学的角度看，最终的产出就是人们的满足即效用。而投入或成本，从一般意义上说，就是在一定的科学技术条件下生产一定产品所需的经济资源，包括劳动力资源和物资资源。资源优化配置体现在以下两个方面：第一个方面是"资源使用效率"，其含义是指一个生产单位、一个区域或一个部门如何组织并使用稀缺资源，使之发挥最大作用，获得最大价值的产出；第二个方面是"资源分配效率"，是指如何在不同生产单位、不同区域与不同行业之间分配有限资源，即如何使每一种资源能够有效地分配到最适宜的使用方向上去。这两个方面的效率是微观配置和宏观配置关系，并且两者互相影响。总的来看，资源分配不当会使微观主体资源利用效率降低；反之，如果微观主体效率较高就能增加经济资源总量供给，为资源进一步合理分配创造条件。

（三）高等教育科技资源优化配置的标准

帕累托最优原则是衡量社会资源优化配置的普遍标准，高等教育领域的资源配置问题也不例外。帕累托最优是指这样一种情况：所考察的经济已不可能通过改变资源的配置，在其他人的效用水平至少不下降的情况下，使任何别人至少一个人效用水平有所提高。帕累托无效率是指经济还可能在其他人效用水平不变的情况下，通过重新配置资源，使一个或一些人的效用水平有所提高。在帕累托无效率的情况下，若进行了资源重新配置，确实使某些人的效用水平在其他人的效用不变情况下有所提高，这种重新配置就称为帕累托改进。帕累托改进中，由于没有一个人状况变坏而使某些人状况变好，因此，意味着社会福利得到了改进。资源配置若达到了帕累托最优标准，也就实现了优化状态。

（四）高等教育科技资源优化配置的方式

由谁来决策"生产什么，如何生产、为谁生产"等一系列问题，涉及资源配置方式的问题。所谓资源配置方式，是指决定社会在稀缺资源之间进行选择的经济体制和运行机制，它会直接影响资源配置的效果。受经济体制的影响，现代高等教育科技资源配置方式可以分为两种类型：计划模式和市场模式。根据高等教育科技资源优化配置的内涵和标准，我们来分析这两种方式对教育资源配置的效果。高等教育属于非义务教育，具有准公共产品的性质。具体来讲，高等教育在消费上具有排他性，在高等教育机会有限的情况下，一个人受到高等教育就排斥了另一个人受教育的机会；高等教育具有外在的社会效益，一个人受到高等教育，不仅本人可以受益，他人也可以受益。单纯依靠市场机制调节高等教育供需，对资源进行配置，既有优势，也有不足。

市场机制在调节高等教育科技资源配置过程中发挥的作用表现为以下两个方面：①劳动力市场的需求信号是个人投资高等教育的重要依据，也是高等学校专业设置、培养层次和规模的重要决策基础，同时还是引导高等教育科技资源实现优化配置的重要信息，高等教育投资的经济效益通过劳动力市场表现出来。在完全竞争的劳动力市场上，当某种层次或专业的人才供不应求时，其价格上升；反之，价格下降。尽管人才的价格信号对于已经毕业的学生是滞后的，而对于即将入学的学生又过于超前，但通过劳动力市场的历史价格信号进行预测，是受教育者决定是否接受高等教育和选择何种专业的重要依据。尽管劳动力市场价格信号不是高等教育决策的唯一依据，但它仍然是高等学校调整培养的专业、层次和数量等的重要依据，是高等教育科技资源进行分配和调整的重要依据。②通过学费调节高等教育的供给和需求。由于高等教育收取一定数量的学费进行成本补偿，当某种层次或专业的需求增加时，开办该层次或专业的高等学校的学费增加，一定程度上能弥补政府投资的不足、扩大教育投资渠道、增加对高等教育的供给，从而更好地满足个人接受高等教育的需要。反之，当某种层次或专业的需求减少时，学费收入会减少，从而减少高等教育的供给。

但是，市场机制配置高等教育科技资源也存在着严重的缺陷。首先，高等教育的供求均衡不能完全利用市场价格来实现。高等教育市场不是一个理想的竞争市场，消费者难以确定其应支付的价格。有两种高等教育的未来收益个人难以把握：一是个人的非经济收益，二是外部收益即社会收益。高等教育的个人经济收益可以通过就业表现出来，但对于外部收益和个人的非经济收益，个人难以把握其大小。高等教育收益的不明确，使个人难以确定其应支付的价格。另外，不能简单地将学费作为调节高等教育的供求均衡的指示器。由于高等教育存在外部收益，高等教育遵循的是一种成本原则，学费不是投资高等教育的唯一手段，甚至不是主要手段。高等教育的成本原则不是追求利润最大化，而是在利润为零的条件下实现教育供求平衡。教育均衡价格仅表现为一种成本价格，学费仅是成本价格的一部分。可见，高等教育的供求均衡不能完全通过市场价格手段来实现。其次，市场调节高等教育供需会造成"利富不利贫"的局面。高等教育按市场供求进行收费，其排斥性和选择性增强了。由于收入的差别，穷人和富人对高等教育的需求曲线不同，但却要在相同的高价下购买，穷人得到的教育明显比富人的少。高等教育对个人的未来起决定性作用，贫家子弟和富家子弟在不同的起跑线上参与竞争，不利于教育发挥促进社会公平的作用。

政府通过确定高等教育投资规模，实现高等教育科技资源配置的宏观调控。政府通过制定高等教育投资的法律、法规，实现高等教育投资和资源配置的规范化和法制化。同样，采用政府计划体制对高等教育进行资源配置也会有利有弊。政府计划配置高等教育科技资源的作用主要表现在以下三个方面：①从社会收益出发投资高等教育。高等教育投资不仅是社会经济发展的重要源泉和基础，也是社会政治、文化进步的前提。高等教育投资为社会带来巨大的经济、政治及文化利益。这些利益，除具有较高的社会效益之外，对个人来讲则可能无关紧要，或者说并不能给个人带来较高的收益或满足。如果任由市场价格机制进行供需调节，将会产生供给不足。政府应依据高等教育带来的社会收益的大小进行投资，以弥补市场投资的不足，提高教育资源配置的社会效益。②对贫困学生提供资助。高等教育不仅具有培养人才的功能，而且具有选拔人才的功能。政府通过建立赠予及贷款制度，依照个人家庭经济能力的差异，设立不同的条件，帮助学生解决求学的经济困难，有利于实现教育推进社会公平的作用，提高教育资源的使用效率。③实现高等教育的宏观调控，促进高等教育投资规范化和法制化。政府通过制定高等教育学费标准和确定政府高等教育投资规模，实现高等教育科技资源配置的宏观调控。政府通过制定高等教育投资的法律、法规，实现高等教育投资和资源配置的规范化和法制化。

然而，政府计划配置高等教育科技资源也有缺陷。首先，政府包揽高等教育，往往会造成高等教育投资的严重不足，影响高等教育科技资源的配置能力和效率。政府对高等教育的投资规模取决于政府的财政支付能力。当今世界许多国家高等教育共同面临的主要问题是财政困难，政府对高等教育的投资远远不能满足个人对高等教育的需求。造成这种状况的主要原因有两个：一是入学压力增加，二是公共收入日益短缺。一方面，个人接受高等教育的需求增加；另一方面，公共财政吃紧，又要应付日益扩大的社会开支，增加高等教育投资的困难很大。这样，政府包揽高等教育，势必造成高校经费供给严重不足，影响高等教育科技资源配置效果。其次，政府集中管理高等教育科技资源的分配和运用，往往缺乏应有的灵活性，难以适应个人和社会对高等教育发展的需要。高等教育的需求十分复杂，难以确定，同时影响高等教育科技资源配置的因素又很难掌握和预测。受现实社会经济活动复杂性及信息获得不充分等因素的制约，政府配置高等教育科技资源往往会引起高等教育的发展与实际需要相脱离。我国目前高等教育的专业设置与劳动力市场需求脱节，其原因就在于此。最后，政府投资高等教育也存在低效率的问题。高等教育投资与一般的项目投资不同。一般项目投资的效率可以通过项目周期内的投资收益进行准确评估。高等教育投资收益具有多样性、间接性和长期性，其投资效率难以测定和考核。而政府用于高等教育的投入又是主要依靠行政手段无偿征收的国民收入，这使政府对高等教育投资的安排缺乏强有力的预算约束，同时又难以进行监督控制，且政府不会像个人和企业那样主动追求高等教育投资的效率和效果。另外，在目前高等教育投资缺乏必要的、可靠的考核依据和标准的情况下，政府无偿拨款给各高等院校难免会存在盲目、随意、低效率分配教育资源的倾向和弊端，同时也会使各高等院校只重视争取投资而不重视投资的效率。

由于市场配置和计划配置高等教育科技资源各有利弊，总的来说，若要实现高等教育科技资源优化配置，就应按照"两害相权取其轻，两利相权取其重"的原则，采取计划和市场相结合的混合配置方式，以市场配置为主、政府适度干预为辅对高等教育科技资源进行有效配置。经济学理论和各国实践表明，尽管市场配置存在失灵，但它较之计划配置更科学、更理性，市场配置使经济系统具有自组织、自演化能力，而计划经济是一种组织系统，需要借助外力推动才能发展。另外，从计划经济体制的生成来看，计划经济是模仿市场经济发展的某一阶段形成的，它本身并不是一个与市场经济迥然不同的经济体系，它模仿了市场经济的分工和专业化，却抹杀了市场经济主体之间的内在经济联系，计划经济这种先天缺陷决定了计划配置不可能对社会资源起到基础性配置作用，它只能成为一种辅助手段灵活地促进市场机制更好地发挥对资源配置的基础作用。

鉴于此，当代西方市场经济国家都采取以市场调节为基础、辅之以政府干预的混合配置方式作为优化高等教育科技资源配置的方式。由于各国的政治、经济、文化的历史发展和现实存在背景的不同，西方国家高等教育这种混合式资源配置方式总体上又分为集中型、分散型、复合型三种，三者的差别及比较如表2-2所示。

欧洲大陆一些国家高等教育科技资源配置方式大体上属于集中型，以法国为代表。教育经费中政府财政经费占绝对优势，在整个20世纪八九十年代，法国高等教育经费占财政的比重高达90%以上，高等教育科技资源由国家计划分配，招生专业与数量、教育经费的分配由国民教育部统一安排。高等学校多为公办，私立学校很少。在这种模式下，虽然政府努力避免高等教育的"学术自治"传统受到市场的影响，但是，高等教育在强大的市场经济体制下不可避免地带有市场调节的性质。

表 2 - 2   不同国家高等教育资源配置方式比较

体制性质	市场经济	市场经济	市场经济
体制类型	集中型	复合型	分散型
高校所有制	国家为主	多种形式并存	地方与私立相结合
学校性质	自治	自治	自治
调节机制	国家力量强	国家力量 + 市场机制	市场力量强
采用该配置方式的典型国家	法国	英国、德国、日本	美国

资料来源：陈列：《市场经济与高等教育》，《教育研究》1994 年第 4 期。

美国高等教育市场调节明显，资源配置属于分散型。州政府是州立院校经费的主要提供者，私立学校由私人利益集团提供主要经费，市场竞争渗透进美国高等教育系统的每一个细胞。招生、教学、科研项目的争取、教师的聘任与晋升、学校声誉地位的沉浮、教育经费的筹措、毕业生就业等都免不了激烈的竞争，以至于克拉克指出，"在世界上几个先进国家的高等教育系统中，美国的高等教育系统是最缺乏组织的，几乎完全是一种相互之间自由竞争的市场"。美国各级政府高等教育财政经费只占高等教育总经费的 45% 左右，大部分经费需各高校通过市场方式来筹措。近年来，联邦政府通过与高校订立科研合同的方式，加强了对高校的干预。

在集中与分散两极之间分布着一些高等教育上既体现国家控制又有市场竞争的国家，如日本、英国、德国。这类国家在政府与高校之间存在着一种缓冲的组织或力量，协调高等教育的资源配置，其中多数国家正在进行市场化改革。例如，英国在 20 世纪 80 年代末就开始取消对高等学校经费"一揽子包干"的办法，代之以协商和订立合同，政府就经费的数量、用途、效果等方面提出要求，鼓励高校之间展开竞争。日本国会和文部省通过教育计划和财政审批对高等教育总量进行控制，学校经费由设立者提供，国立、公立、私立大学经费分别由中央、地方和法人组织负担。各类高校均参与社会服务，面向市场多渠道筹措办学经费。近年来，日本高等教育明显地出现"私营化"的趋势，私立大学已占高等教育的 28%。德国联邦政府在法律上没有高等教育职能，州政府拥有高等教育决策权和管理权。德国高等教育长期以来由各级政府提供全部经费，其内部缺乏竞争。20 世纪 90 年代以后,《竞争是提高高等教育科技资源配置效率、促进办学活力的重要动力》的观点被德国各界广泛接受,如前联邦教育与科学部部长莫勒曼谈到,要在高等教育内引入竞争机制,强化高等教育的财政自主权。

　　总体上说,以市场调节为基础、辅之以政府干预的混合配置方式代表了世界各国高等教育科技资源优化配置的主流发展模式。

第三章　我国高等教育科技资源配置概况

一、我国高等教育科技资源配置现状

（一）高等教育资源总量不断增加

1. 高等教育经费投入持续上升

教育经费是一个国家或地区在一定时间内用于教育事业发展的收入与支出的总和，在我国通常包括国家财政性教育经费、社会团体与公民个人办学经费、社会捐资和集资办学经费以及学杂费等。教育经费是教育事业发展的前提和基础，随着经济发展水平的不断提高，近年来我国政府投入到教育领域的经费持续上升，2015 年，全国教育经费达到 36129.19 亿元，比 2003 年的 6208.27 亿元增长了 6 倍，教育经费增长明显。2003～2015 年全国教育经费投入情况及变化趋势分别如表 3-1 和图 3-1 所示。

表 3-1　2003～2015 年全国教育经费投入情况

年份	教育经费（亿元）
2003	6208.27
2004	7242.60
2005	8418.84

续表

年份	教育经费（亿元）
2006	9815.31
2007	12148.07
2008	14500.74
2009	16502.71
2010	19561.71
2011	23869.29
2012	27695.97
2013	30364.72
2014	32806.46
2015	36129.19

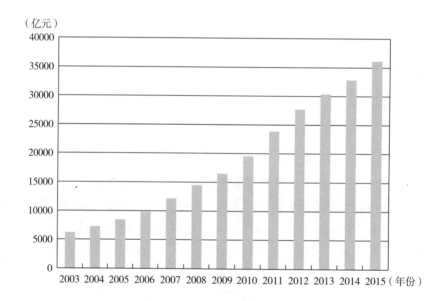

图 3 - 1　2003 ~ 2015 年全国教育经费投入变化趋势

国家财政性教育经费占国内生产总值（GDP）的比重是衡量一个国家教育经费基本状况的重要指标。随着经济发展水平的不断提高，国家逐渐加大了财政性教育经费投入，投入总额及其占 GDP 的比重都有了很大程度的提高（见表 3 - 2、图 3 - 2）。2003 ~ 2015 年国家财政性教育经费投入情况如表 3 - 2 所示。

表 3-2　2003～2015 年国家财政性教育经费投入情况

年份	国内生产总值 （亿元）	国家财政性教育经费 （亿元）	国家财政性教育经费占 国内生产总值比重（%）
2003	117252.00	3850.62	3.28
2004	159878.00	4465.86	2.79
2005	183084.80	5161.08	2.81
2006	21087.00	6348.36	3.10
2007	249529.90	8280.21	3.31
2008	300670.00	10449.63	3.47
2009	340507.00	12231.09	3.59
2010	401202.00	14670.07	3.65
2011	473104.00	18586.70	3.92
2012	518942.10	22236.23	4.28
2013	568845.20	24488.22	4.30
2014	636463.00	26420.58	4.15
2015	676707.80	29221.45	4.31

资料来源：《中国教育事业统计年鉴》（2003～2015 年）。

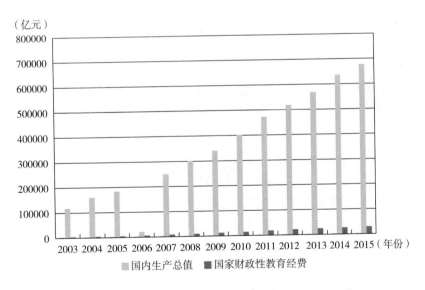

图 3-2　2003～2015 年全国教育经费投入情况示意图

可以看到，2010年，国内生产总值为401202.00亿元，比2003年的117252.00亿元增长了242.17%，国家财政性教育经费为14670.07亿元，比2003年的3850.62亿元增长了280.98%，国家财政性教育经费增长速度高于国内生产总值增长速度38.81个百分点。总体来看，自高等教育进入大众化阶段以来，财政性教育经费占GDP的比重呈逐年上升的趋势，截至2015年，财政性教育经费占GDP的比重达到4.31%，比2003年的3.28%高出1.03个百分点，突破了教育经费占GDP比重的4%的目标。

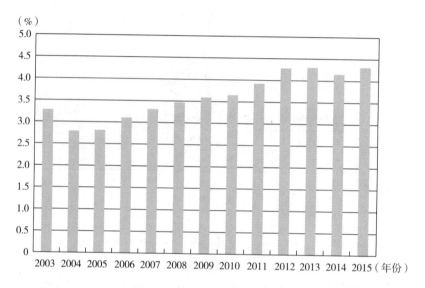

图3-3　2003~2015年全国财政性教育经费占国内生产总值比重示意图

高等教育经费是投入到高等教育领域、用于培养高级专门人才的货币表现，包括公共教育经费，企业、个人及国外提供的教育资金、贷款及援助等。高等教育数量的快速增长、质量的保证和提高都必须以高等教育经费为前提和基础。近年来，为满足经济社会发展对高素质劳动力的需求，国家加大了对高等教育经费的投入力度，高等教育经费不断增加。如表3-3所示，2015年，高等教育生均预算内教育事业费为18143.57元，比2003年的5772.58元增长了314.30%，高等教育生均预算内公用经费为8280.08元，比2003年的2352.36元增长了352.00%，高等教育经费投入增长明显，高等教育经费总额、生均预算内教育事业费和生均预算内公用经费都有很大程度的提高（见图3-4）。

表 3 – 3　2003～2015 年高等教育经费投入情况

年份	经费总额（亿元）	生均预算内教育事业费（元）	生均预算内公用经费（元）
2003	1754. 32	5772. 58	2352. 36
2004	2128. 74	5552. 50	2298. 41
2005	2550. 23	5375. 94	2237. 57
2006	2938. 87	5868. 53	2513. 33
2007	3634. 18	6546. 04	2596. 77
2008	4210. 23	7577. 71	3235. 89
2009	4645. 00	8542. 30	3802. 49
2010	5629. 00	9589. 73	4362. 73
2011	6620. 32	13877. 53	7459. 51
2012	6855. 78	16367. 21	9040. 02
2013	7158. 60	15591. 72	7899. 07
2014	8820. 36	16102. 72	7637. 97
2015	9518. 00	18143. 57	8280. 08

资料来源：《中国教育事业统计年鉴》（2003～2015 年）。

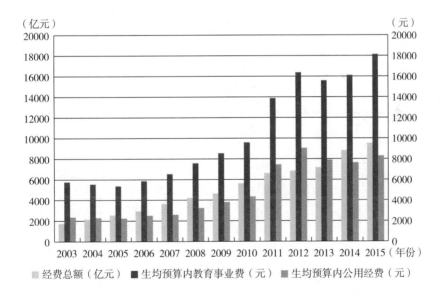

图 3 – 4　2003～2015 年高等教育经费投入情况示意图

2. 高校师资队伍不断壮大

近年来，我国高等教育事业蓬勃发展，截至 2015 年，已有普通高校 2560 所，比 2003 年的 1552 所增加了 1008 所；普通高校在校生 2625.00 万人，比 2003 年的 1108.56 万人增加了 1516.44 万人，高等教育规模不断扩大（见表 3-4）。为满足日益发展的高等教育需要，高校师资队伍的数量和质量也得到了很大提高（见图 3-5）。如表 3-4 所示，2015 年，普通高校教职工总人数达到 236.93 万人，比 2003 年的 145.26 万人增加了 91.67 万人；专任教师为 157.26 万人，比 2003 年的 72.47 万人增加了 84.79 万人。同时，为了提高高校师资队伍的质量，国家相继实施了硕士课程进修、同等学力学位申请、教育硕士、脱产学习、高层次创造性人才工程、高校青年教师奖、骨干教师资助计划、21 世纪教育振兴计划等多项措施鼓励教师进修、加强师资培训、奖励教师创新，教师队伍的整体素质有了显著提高，教师队伍呈现出年轻化、高学历化的趋势。高校师资队伍数量的快速增加和质量的不断提高对高等教育的大力发展起到了极为重要的作用。

表 3-4　2003~2015 年普通高校教职工情况

年份	普通高校（所）	在校生（万人）	教职工（万人）	专任教师（万人）
2003	1552	1108.56	145.26	72.47
2004	1731	1333.50	161.07	85.84
2005	1792	1561.78	174.21	96.58
2006	1867	1738.84	187.26	107.60
2007	1908	1884.90	197.45	116.83
2008	2263	2021.02	205.10	123.75
2009	2305	2144.66	211.15	129.52
2010	2358	2231.79	215.66	134.31
2011	2101	2309.00	220.48	139.27
2012	2442	2391.00	225.44	144.03
2013	2491	2468.07	229.63	149.69
2014	2529	2547.70	233.57	153.45
2015	2560	2625.00	236.93	157.26

资料来源：《中国教育事业统计年鉴》（2003~2015 年）、《全国教育事业发展统计公报》。

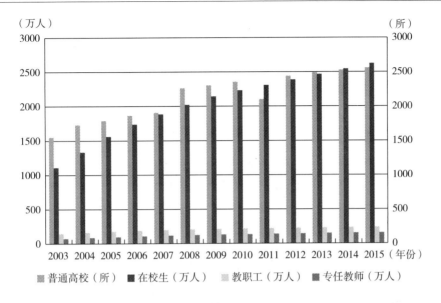

图 3-5　2003~2015 年普通高校教职工情况示意图

3. 高校基础设施大力发展

基础设施是维持高校日常教学科研、学习生活顺利进行的必备条件，是反映学校办学规模和办学条件的重要因素，一般包括校舍、建筑物、图书资料、教学科研仪器设备、实验室及实习基地、固定资产等以实物存在的资源。随着高等教育招生规模的不断扩大，接受高等教育的学生人数大幅增加，高校之间的竞争也越来越激烈。为满足日益增加的全日制在校生规模的需要，改善办学条件，优化学习环境，吸引优秀生源，各高校把大量的人力、物力用于基础设施建设与维护，基础设施水平有了很大提高。2003 年以来，高等院校的基础设施快速发展，教学条件不断改善，校园面积、教学科研仪器设备、图书资料及固定资产总值等都有了飞速发展。与 2004 年相比，2008 年高等学校校舍面积、图书资料、科研仪器设备总值、年末固定资产总值分别增长了 15.37%、126.19%、78.16%、93.75（见表 3-5）。截至 2010 年底，高等学校校舍面积已达到 74604 万平方米，教学科研仪器设备总值达到 2279 亿元，各项基础设施与以往相比均有大幅度提升。飞速发展的高等教育基础设施建设创造了良好的教学科研环境，为高等教育质量的提高和办学规模的扩大奠定了坚实的物质基础。

表3-5　2004~2008年普通高校基础设施情况

年份	校舍面积 （平方米）	图书资料 （万册）	教学科研仪器 设备总值（万元）	年末固定资产 总值（万元）
2004	1224484366	102223.37	10179372.62	46614015.00
2005	1316815318	156417.36	12168359.06	57830276.06
2006	1416946513	176255.82	14240757.55	69522606.94
2007	1412521696	205958.22	16073750.61	81466057.21
2008	1412747076	231196.99	18135877.46	90314821.86

（二）高等教育资源配置方式日益合理

新中国成立以来，受高度集中的计划经济体制和高等教育管理体制的影响，我国高等教育资源采取计划配置的方式，即政府根据国民经济和高等教育的发展需要制订统一的高等教育资源配置计划，依靠行政手段在不同地区和高校之间对高等教育的人力、财力、物力资源进行统一配置。这种方式能够根据经济社会发展需要，在短时间内将高等教育资源调配到最需要的地区和高校，促进高等教育的发展，但也造成了部分地区和高校依赖心理严重，自由竞争意识淡薄，不利于高等教育资源利用效率和高等教育质量的提高。随着商品经济的发展，政府也对高等教育管理、投资体制进行了一定的改革，市场成为高等教育资源配置的重要力量。高校通过向市场输送合格"产品"、向经济组织出售科研成果、向社会提供有偿服务等方式获取运行经费，社会急需、具有市场竞争力、能产生直接经济效益的院校、学科门庭若市，高等教育资源大量流入这些高校和学科。这种配置方式有利于地区和高校重新审视自己的办学理念和发展方向，根据实际情况重点发展一批特色院校和专业，积极参与市场竞争，但由于市场配置片面追求经济利益的最大化，其不利于地区和高校的均衡发展。受经济发展水平的制约，政府对高等教育资源的投入是有限的，不能完全满足日益发展的高等教育的需要，政府对高等教育资源配置的作用有所减弱。政府投入的有限性和社会对高等教育资源需求的无限性推动了政府角色由以往的主导管控向引导监督转变，由以往对高等教育系统的支持转变为对消费者的支持。政府的过度干预不利于高等教育资源的优化配置，但由于市场资源配置的趋利性，若把配置权力全部交给市场同样是有害的，于是，政府一方面把部分高等教育资源让渡给市场配置，另一方面强化了国家对高等教育资源配置的宏观调控，以保证国家目标的实现，形成了计划与市场配置相结合的高等教育资源配置方式。我国高等教育资源配置由计划配置方式向计划与市场相结合配置方式的转变，既能充分发挥市场资源配置的基础性作用，提高高等教育资源的利用效率，又能积极利用政府宏观调控对高等教育资源的调节作用，保证不同地区、高校之间高等教育的协调可持续发展。

（三）高等教育资源配置目标向效率优先、兼顾公平转变

由于高等教育资源稀缺性与人们对高等教育资源需求无限性之间的矛盾，必须慎重考虑高等教育资源配置的公平与效率问题。在教育资源有限的条件下，是把有限的教育资源平均分配给全国高校，着重投入薄弱高校缩小高校之间的差距，还是优先发展重点大学、重点学科，加快高等教育学术水平的提高，培养一批高科技高质量专门人才，然后带动全国高等教育水平的提高，必须做出合理选择。在传统高等教育管理体制下，政府是高等教育资源配置的主体，高等教育资源配置优先考虑公平，政府按照计划在全国范围内统一划拨高等教育资源，各高校享受的待遇是相同的。这种资源配置方式有利于公平的实现，但却忽视了各校的实力和发展潜力，使不同层次、不同水平的高校都处于一种仅可维持的低效运作状态，不利于高校办学积极性和高等教育质量的提高。随着知识经济时代的到来，社会对高素质人才的需求不断增多，国家急需建设一批重点大学、重点学科，快速提升高等教育质量，满足人才竞争的需要，高等教育资源配置的目标逐渐转变为效率优先、兼顾公平。为了顺利实现效率优先的高等教育资源配置目标，国家先后实施了"211""985"工程，加大了对重点院校、重点学科的拨款力度和政策支持，使这些院校能够集中优势资源快速发展，争取早日达到世界一流水平。同时，为了兼顾高等教育资源配置的公平性，政府也把中、西部地区和一些特殊行业的高校纳入"211""985"工程，2006年更是实施了教育部质量工程，以项目为重点进行资源配置，为一些优势学科和特色专业提供资助，给一部分弱小但有自己办学特色的地方高校带来了发展机遇。

二、我国高等教育科技资源配置机制分析

我国高等教育资源优化配置是一个涉及目标、环境、动力和运行机制等多种因素在内的动态变化过程。这些因素相互作用，共同影响着我国高等教育资源配置的流向、流速和最终配置效果。

系统理论认为，系统是指相互联系、相互制约的各要素组成的具有一定结构和功能的整体。我国高等教育系统作为我国社会系统的一个子系统，具有一般系统的基本特征，即由一定要素组成，具有一定的结构和功能，独立于周围环境而存在，同时又具有开放性特征，不断地与环境进行物质、能量和信息的交换。具体来说，我国高等教育系统是指与我国高等教育资源配置过程相关的组织、机构和实现条件所组成的网络体系，它是由国内若干高校、我国政府及教育部门、若干肩负高等教育信息咨询和评估监督的机构组成。我国高等教育系统与周围环境相互作用，系统内各行为组织在各种力量的推动和拉动作用下，能动地响应环境的变化，不断制定和调整我国高等教育发展战略，协调高等教育与我国环境的关系，推动我国高等教育资源优化配置。

明确我国高等教育资源优化配置的目标是分析我国高等教育资源优化配置这一复杂运动过程的逻辑起点。《中国教育改革和发展纲要》指出，高等教育要适应加快改革开放和现代化建设的需要，积极探索发展的新路子，使规模有较大发展，结构更加合理，质量和效益明显提高；高等教育的发展要坚持走内涵发展为主的道路，努力提高办学效益。党的十八届五中全会又提出了实现"十三五"时期发展目标，破解发展难题，厚植发展优势，必须牢固树立并切实贯彻创新、协调、绿色、开放、共享的发展理念。我国高等教育系统作为我国社会大系统的一个子系统，同样要遵循科学的发展观，根据《中国教育改革和发展纲要》的指示精神，协调好质量、规模、结构、效益等方面的关系，实现我国高等教育健康、快速、可持续发展，这是我国高等教育资源优化配置的根本目的。为了实现这一目的，当前我国高等教育资源优化配置的目标是在保证我国高等教育质量的条件下，适度扩大规模、优化配置结构、提高资源配置的效率和公平程度，实现我国高等教育资源配置效益的全面提升。

第一，保证质量。质量是高等教育生存和发展之本。坚持在一定质量标准范围内发展高等教育，是实现我国高等教育资源优化配置目标的一个重要方面。因此，必须处理好质量与高等教育资源配置规模、结构、效率等几方面的关系。不能以牺牲高等教育质量的方式片面地追求大规模、高效率。高等教育资源配置规模、结构、效率与质量之间存在着辩证统一的关系，它们之间互相影响、互相制约、相互作用、相辅相成，只有从各地高等教育的实际出发，科学地统筹好这几方面的关系，才能顺利实现我国高等教育资源优化配置的目标。

高等教育的质量一般是指高等教育提供的服务（包括教学、科研和社会服务三个方面）满足社会需求的程度。学生质量是衡量高校办学质量的重要方面，随着科学技术和经济的飞速发展，社会需要多样化、高素质的人才来满足发展的要求，因而就出现了多种多样的质量评价标准。但无论这些质量标准如何变化，有一条是不变的，那就是高等教育培养的人才、创造的科研成果、提供的社会服务必须与地区经济建设和社会发展相适应。我国的创新能力、经济发展水平与高等教育质量有着密切联系，高等教育的发展若没有质量作为保证，一味地追求大规模、高速度的数量型增长，长期来看会影响地区经济和社会的发展能力，进而影响高等教育的可持续发展。因而，保证高等教育质量是我国高等教育资源优化配置的首要目标。

第二，适度扩大规模。经济学理论认为，经济组织存在着适度规模的问题。一个经济组织，当其规模较小时，生产的成本高而利润低；当其规模扩大时，单位费用将随之下降；当其规模达到一定水平后再扩张，单位费用又会上升。其中，成本随着规模扩大而下降时的规模就是适度规模。教育经济学研究结果表明，高等教育作为一种知识产业，同样存在着适度规模。规模过小或过大都会降低高等教育的效益。当前，我国各地区高等教育都处在规模扩张期，表现为占地面积越来越大、在校生数量越来越多、专业设置不断增多。但根据科学的理论和实践来看，高等教育的发展规模不是越大越好，而是必须与市场需求相匹配，与办学资源相匹配，只有适度地发展高等教育规模，才能提高效益。

首先，高等教育的发展规模要与我国发展和市场需求相匹配。总体上讲，我国高等教育所处的社会是在不断发展的，这就决定了高等教育必须不断发展。发展是硬道理，是不断满足我国民众日益增长的对高等教育需求的唯一途径。但这种发展必须坚持科学的发展观，在制定我国高等教育发展规模时，应立足于当地的客观环境，使其与我国经济和社会发展相协调。

其次，高等教育的发展规模要与办学资源相匹配。办学资源包括教育经费、师资力量、教学条件、住宿条件、实验室建设、图书资料等教育资源。教育资源充足是保证办学质量的必要条件，资源匮乏必然造成教育质量下降，影响资源配置效益的提高。有些教育资源的形成需要相当长的时间，如高水平的师资队伍，因此，高等教育的发展规模要适度，要按照教育的发展规律，制定与办学资源相匹配的发展规模。

第三，优化配置结构。产业经济学研究表明，经济组织存在范围经济现象。范围经济是指企业通过合理安排生产、经营几种相关的产品或服务而引起的节约。范围经济的发生，是因为一个企业内部几种产品的生产可以分享共同的信息、机器、设施、管理、财务、营销等，多角化经营大大提高了企业资源的利用程度，进而有利于提高企业的效益。范围经济理论在高等教育产业中同样适用。现代高等教育肩负着教学、科研和服务社会的多重任务，高等教育的这些职能之间彼此相关，且都是基于知识的服务，都需要消耗大量的专业性人力资源、资金和科研设施，这些为实现范围经济创造了条件。可见，我国高等教育完全可以通过优化教育投入、产出结构，实现范围经济，获得结构效益，这对于中国这样一个教育资源匮乏、人口众多的发展中国家举办"大教育"意义重大。

我国高等教育资源配置的投入结构主要包括：①资源品种结构，即不同类型高等教育资源内部品种的比例关系。高等教育资源大体上可分为人力、财力、物力三大类型。根据职能不同，人力资源内部又可细分为教授、副教授、讲师、助教、教辅人员、行政人员等几种，人力资源内部资源品种的比例关系，直接影响到高等教育人力资源功能的发挥和最终的产出能力。同理，财力资源可以根据资本的来源和使用方向进行细化，物力资源可以根据功能不同进行品种分类。高等教育资源在纵深方向的分类比例会直接影响到教育产出的层次、结构、形式和总量。②资源组合结构，即不同类型资源的搭配关系。合理的人力、财力、物力资源组合能大大节约总的资源投入，提高资源配置的效益。③资源分布结构，即我国高等教育资源在国内的分布比例。通过实施我国高等教育均衡发展战略，积极、稳妥地发展"城市大学"，走高等教育地方化道路。

我国高等教育资源配置的产出结构主要包括：①层次结构，即高等教育办学层次的比例关系。高等教育层次结构不合理，导致"高才低用"，即所谓的"过度教育"，"过度教育"既造成教育投资的浪费，又压抑了人们积极性和创造性。中国作为一个发展中国家，尤其需要把数量、质量与结构效益统一起来。②学科结构，即高等教育内各学科的比例关系。不合理的科类专业结构，产生的后果就是"学非所用""用非所学"，有些行业人才堆积，有些行业人才奇缺，即结构性失业，既造成教育投资的浪费，也阻碍经济社会的发展。③形式结构，即高等教育在培养人才、发展科学和服务社会等方面的比例关系。高等教育的形式结构直接关系到我国高等教育功能的实现以及自身与我国社会的协调、可持续发展。高等教育的教学、科研和服务社会的职能是彼此联系的，高等教育如果脱离知识的生产和应用，单纯地依靠传播知识来培养人才，必然会影响人才培养的质量，另外，高等教育如果不注重教学职能，就会丧失其存在的意义。我国高等教育必须将科研、服务和育人的职能有机地结合在一起，才能使培养人才的水平在理论学习和实践锻炼中得到提高，才能以高素质的人才为载体，促进地区科技创新，带动我国经济结构调整和升级，实现我国高等教育与地区经济和社会的良性互动及可持续发展。

第四，实现效率和公平的均衡提高。研究我国高等教育资源优化配置问题的最终目的是实现我国高等教育的可持续发展。就我国高等教育发展而言，效率和公平存在于高等教育发展的内在逻辑之中，是我们无法回避的两个概念，同时也是我国高等教育资源优化配置过程中不断追求的主要目标。效率和公平的概念分别归属于经济学和社会学两个不同的范畴。效率在经济学上是指投入与产出之间的比例关系。在我国高等教育资源配置方面，提高效率则表现为在一定的我国高等教育人力、财力和物力投入条件下，一是有更多社会需要的拔尖人才脱颖而出，有更多的适龄青年达到高级通才应具备的思想品德素养、科学文化素质和健康的体质，从而带动全民族文化素质与文明程度的普遍提高；二是有更多数量和更高效益的科研成果、技术成果的经济效益与理论成果的社会效益的产生；三是高等教育资源有更多的增值，极大地推动地区经济、文化和社会的发展。公平在社会学上是指对资源的占有、使用和分配的一种评判标准和价值尺度。我国高等教育资源配置实现公平则体现为我国对高等教育资源的占有、使用和分配结果合理、均衡，具体可划分为起点公平、机会公平和结果公平三种状态。

我国高等教育在资源优化配置的过程中，提高效率与推举公平之间并非两极对立、此消彼长，而是存在着既矛盾又互动的关系。从现实和表面来看，公平和效率之间存在着矛盾，其根源在于有限的供给能力与公平需求之间的矛盾。一方面，教育的公平性原则要求政府均衡地配置公共教育资源，为各地高等教育的发展提供公平的竞争机会和竞争条件，满足我国高等教育发展的基本需要。另一方面，我国作为一个发展中大国，财政投入有限，教育资源匮乏，为了迎接国际竞争的挑战，保证国家和民族长远发展的需要，必须举全国之力，优先发展高等教育资源禀赋好的地区，提高高等教育资源的配置效率。这样一来，就出现了在公平和效率之间"鱼和熊掌不可兼得"的两难选择。但是从长远和本质来看，公平和效率之间存在着相辅相成、相互促进的关系。保证公平是提高高等教育资源配置效率的前提条件和根本目的，提高效率是维护高等教育公平的基本手段和物质保障。公共教育资源在我国配置的公平程度，与提高我国高等教育资源配置效率的动力系统密切相关，即同我国高校的积极性和创造性相关，离开了资源配置的公平性条件，长期来看，会挫伤微观主体的能动性，降低高等教育资源的配置效率。提高效率的目的是增加高等教育资源的投入规模，扩大高等教育的供给能力，实现我国高等教育的均衡发展，为更多的人提供公平的就学机会，如果我国高等教育资源配置缺乏效率，必然会影响高等教育的资源投入，那么即使低水平的公平也难以维持。由于高等教育公平与效率之间存在着矛盾性和互动性并存的复杂关系，高等教育改革过程中，只要制度调节有力、政策导向正确，就会使两者呈现出兼容共生、均衡提高的局面。

总之，优化我国高等教育资源配置，实现我国高等教育的可持续发展，必须在公平竞争、优胜劣汰的机会公平的原则下，在相对均衡的资源配置条件下，努力扩大我国高等教育的规模，优化高等教育资源的配置结构，保证高等教育的产出质量，提高高等教育的投入产出效率。只有实现我国高等教育资源配置过程中的质量、规模、结构、效率和公平的均衡发展，才能避免我国高等教育在大众化发展阶段出现顾此失彼的局面。高等教育资源优化配置的任何一个目标都关系到地区经济的发展、我国创新能力和竞争力的提高以及构建和谐社会和国家振兴等宏伟目标的实现。因此，有必要将我国高等教育子系统纳入社会大系统当中，审慎地通盘考虑，处理好我国高等教育资源配置过程中质量、规模、结构、效率和公平之间的关系。

三、影响我国高等教育资源优化配置的环境分析

环境是直接或间接地影响某一客观事物发展的各种因素所组成的客观状态，

是主体赖以生存和发展并对主体发生作用与影响的各种内外部因素的总和。相对于主体而言，围绕或存在于某一主体外的各种因素组成的外部世界称为该主体的外部环境，由主体的内部因素所组成的内部世界称为内部环境。

（一）影响我国高等教育资源优化配置的外部环境分析

从构成要素上来看，影响我国高等教育资源优化配置的外部环境主要是由地理环境、政治环境、经济环境、人口环境等要素构成的，这些要素既单独与教育发生相互关系，也作为一个整体与教育发生关系，而且它们相互之间也发生相互关系，并有可能影响到教育的发展。下面分别对这些环境因素及其对我国高等教育系统的影响进行分析。

1. 地理环境对我国高等教育系统的影响

地理环境对我国高等教育系统的影响可以从不同角度进行分析。从影响的性质方面看，地理环境对我国高等教育系统有积极影响，也有消极影响。一般而言，优越的地理环境易于提供良好的基础服务设施，如便利、快捷的交通和通信服务网络，加速资金、物资和人力资源的流动和会聚，形成大量分散资源在我国空间上的聚集。目前，我国正在形成的几大经济区，如长江三角洲、珠江三角洲和京津塘地区都处在地理环境比较优越的地区，资源的频繁流动和不断聚集为我国高等教育的发展提供了良好的"外部规模经济"环境，有利于我国高校资源与社会资源形成共享，降低高等教育系统的资源消耗。而相对不利的地理环境，对资源的吸附能力有限，有可能制约高等教育的发展，增加我国高校的办学成本。从影响的方式来看，地理环境对我国高等教育存在着直接影响和间接影响两种，但从整体来看，更多地体现为间接影响。地理环境总是先作用于该地区的物质生产活动，进而作用于经济、政治、文化活动，然后作用于教育活动。地理环境对高等教育的影响是微妙而复杂的，研究我国高等教育资源优化配置问题，必须充分注意这一点。

2. 政治环境对我国高等教育系统的影响

政治环境是人们在长期的社会生活和实践中形成的各种政治思想、理论、价值观念等所组成的特定氛围，其核心是政治文化。所谓政治文化，按阿尔蒙德的观点，是一个民族在特定时期流行的一套政治态度、信仰和感情，是由本民族的历史和现在社会、经济、政治活动进程所形成。政治环境作为影响我国教育发展的外部环境的构成因素，对我国教育发展的影响是深刻而直接的。首先，不同的社会政治环境对高等教育的社会地位、教育资源的分配、教育内容等有着深刻影响；其次，不同的政权组织方式对高等教育的管理、教育制度的建设等存在着不同的影响，如集权制与分权制对教育制度的影响就极其显著；最后，不同的政治思想、统治策略等会影响中央对高等教育方针、政策的制定，形成本国的高等教育政治环境。教育政治环境对我国高等教育的发展影响是直接的、深刻的、普遍的、权威的，因此必须充分重视。

3. 经济环境对我国高等教育系统的影响

经济环境是影响我国高等教育发展的最直接、最深刻的因素之一，为我国高等教育的发展提供了基础的"物"的条件，是我国高等教育发展的物质基础。我国高等教育系统是我国社会系统的一个子系统，与我国大系统存在着资金、物资、人才和信息的流动和交换关系。特别是经过近几年的高等教育体制改革，高等教育管辖权从中央过渡到地方，由省级政府统筹管理，更加强了高等教育系统与我国大系统的联系，表现为我国经济的发展水平会影响我国高等教育的发展速度、规模和水平。我国经济结构的变化，会影响高等教育结构的变化。因此，高等教育在面向我国发展的过程中，必须充分注意我国经济环境的变化，使自身与环境协调发展。只有这样，经济环境才能为我国高等教育系统的发展提供充足的物质给养和巨大的发展空间，促进高等教育提高办学的规模经济效益和范围经济效益。

4. 人口因素对我国高等教育系统的影响

人的存在是高等教育存在的必要前提，因而，我国人口同样是影响我国高等教育发展的重要因素之一。这种影响表现如下：首先，我国受教育人口的规模决定着我国高等教育的规模；其次，我国人口的年龄结构、素质水平、文化水平对我国高等教育也存在影响；最后，我国人口分布影响着我国高校的分布。从这几个方面的影响可以看出，我国人口是我国高等教育发展必须考虑的重要因素之一，我国教育必须充分考虑人口的变化，根据不同时期我国人口的数量、年龄层次、受教育的水平和专业方向等制定符合实际的高等教育发展战略，确保高等教育的培养规模，优化我国高等教育资源配置。

上述四种因素构成我国高等教育存在与发展的外部环境的主要因素，不仅从不同侧面深刻地影响着我国高等教育的资源优化配置，而且相互作用，有机组合成一个整体的外部环境，共同影响着我国高等教育资源的配置效果和效率。因此，在研究我国高等教育资源优化配置的机理时，必须充分考虑外部环境的影响。

（二）影响我国高等教育资源优化配置的内部环境分析

内部环境不是影响我国高等教育资源优化配置的主要因素，而是外部环境长期影响高等教育发展所形成的特定状态。但是在短期内，特定的内部环境会制约我国高等教育的发展，影响其配置效益。因此，必须给予足够的重视。本书将影响我国高等教育资源优化配置的内部因素分为制度性因素、教育资源禀赋因素和功能性因素等类型，并对它们的影响进行分析。

1. 我国高等教育制度性因素

制度性因素包括我国高等教育方针、政策、法规及相关制度等。制度性因素是决定我国高等教育宏观管理体制和运行机制、规范我国高等教育行为的根本性因素。在特定的教育环境里，建立什么样的教育制度，制定什么样的教育方针、政策、法规，对我国的高等教育活动将产生根本性的影响。制度性因素不仅影响我国近期的高等教育资源配置状况和配置效率，同时还会影响我国资源向高等教育系统流动的速度和方向，进而影响远期的高等教育资源配置效率。

2. 我国高等教育资源禀赋因素

我国高等教育资源禀赋状况是指投入到我国高等教育系统中用于高等教育服务的各种资源的数量、质量和组合的状况。我国高等教育资源具体包括人力资源、物力资源和财力资源等，这些资源的充裕程度、质量水平以及结构组合等禀赋状况直接影响到我国高等教育资源的配置效率和优化状态。不同时期受历史、政策和地区经济发展水平等因素的影响，呈现出不同的高等教育资源禀赋，教育资源禀赋的差异又会导致高等教育资源配置状态的差异和配置效率的不同。

3. 我国高等教育功能性因素

功能性因素主要指我国高等教育系统所发挥的作用和职能，如培养人才的功能、服务社会的功能、科技创新的功能、知识交流的功能等。功能性因素对教育资源配置的影响源于教育功能的发挥度，教育功能发挥的好坏以及满足社会需要的程度直接影响着高等教育的发展水平和配置效率。我国高等教育功能不能满足社会发展需要时，大量的资源就可能流向其他国家的高等教育系统，这将限制我国高等教育的发展，不利于我国高等教育实现优化配置。例如，广州、深圳等地区，由于高等教育起步较晚，难以充分发挥高等教育的各项功能，于是许多人到北京、上海等地区求学，或到这些地区寻找科技合作伙伴，这在一定程度上限制了当地高等教育的供给，降低了资源配置的规模经济效益。

（三）我国高等教育资源优化配置的动力分析

如果说环境是我国高等教育系统赖以生存和发展的支撑体系，那么来自我国高等教育系统内外的各种动力则是促进其资源优化配置的引擎。根据伯顿·克拉克的观点，国家权威、学术寡头及市场是三股影响各国高等教育形态及发展方向的主要力量。从我国高等教育系统来看，影响其资源优化配置的主要力量也是如此，即政府、我国市场和高等教育。政府既包括中央政府也包括地方政府，代表的是社会的集体意志；我国市场更多地体现了与我国高等教育产业联系紧密的企业和个人的意愿；高等教育充分体现了我国高校的意愿。三支力量按照"力的平行四边形"规则进行分解形成合力，共同推动着我国高等教育资源的优化配置。

1. 全球化影响下的政府再造运动的推动作用

20世纪80年代以来，世界各国和地区的高等教育都经历了程度不一的市场化，强调让竞争与价格机制引导高等教育机构响应市场的需求，以增强教育供给的弹性，提高资源配置效率。各国的高等教育改革之所以呈现出一种相似的聚合走向，与全球化影响下的政府再造运动有密切关系。

通信和运输系统的发展加速了人力、资本、科技、信息和商品在世界范围内的流动和动态整合过程，本地和外地、国内与国外、地区与全球之间的界限日益模糊。全球化的开放性、自由选择性和资源配置高效性的特征必然会在世界范围内营造出一个人们无法逃避的高度竞争的环境。政府早期基于行政隶属关系设计的官僚体系根本无法应对瞬息万变的全球化经济环境，国家和地区为了维护和提高自身在全球市场的竞争力，纷纷响应全球化提出的经济、效率与效能三方面的要求，进行政府再造运动。这场运动突出表现为限制政府规模的扩大，简化行政，推动地方分权，建立小而有效的政府，转变政府在福利和社会服务方面的角色，由原来的服务主要提供者变成监控者，提高公共资源运用的效率和效益。高等教育是政府公共服务的重要组成部分之一。在传统的政府行政管理向公共服务转变的世界性大趋势下，政府对高等教育的管理也随之发生了深刻的变化。主要表现在政府角色和功能上的重大转变。①由"管理型"向"服务型"转变。所谓"管理型"，即以计划手段和行政指令为主要管理方式，其重心放在"控制、审批、监管和处罚"等方面。所谓"服务型"，即建立新的"以服务为中心"的治理机制，包括制定有效的制度与规则、建立和维护良好的市场秩序、为大学提供公平竞争的外部环境等间接服务形式，也包括经费支持等各种直接服务形式。②由"政策治校"向"依法治校"转变。所谓"政策治校"，即以政策为依据来处理大学管理事务。所谓"依法治校"，即以法律为依据来处理大学管理事务。③由"单一治理"到"多元治理"的转变。所谓"单一治理"，即政府是单一的权力中心，既没有互存权力、互动权力，又没有制衡机制，既容易造成大学自主权薄弱，又容易造成政府失灵和效率低下。所谓"多元治理"，即政府、社会、公民以及大学本身等多种主体共同参与大学活动的一种制度安排。其中，大学自身是以"自主发展、自我约束"的形式参与共同治理的。多元治理通过责任共负、契约化和行政合同等多种形式，整合不同领域的力量，形成合力，共同促进高等教育发展。多元治理不仅有利于减轻政府负担、弥补政府力量的不足，而且能够提高政府管理高等教育事业的效率。

中国同世界一样，最近二十年来不断开展以转变政府职能为中心的政府再造运动。我国自确立"建立社会主义市场经济新体制"的目标以来，经济转轨进展迅速，社会力量逐渐从政府的管制中脱离出来，社会结构也随着发生了根本性变化——由原来僵化的政治、经济二元结构分化为政治、经济、社会三个部分。新一轮政府职能改革正是从这种现实出发，通过明确的政府职能转变，将社会和国家关系的调整推向深化。特别是《中华人民共和国行政许可法》，为政府职能转变提供了法律依据，从法律上明确政府职能转变的目标，即"经济调控、市场监管、社会管理、公共服务"，其核心是政府强制性行政权力在经济、社会领域中有序退出，还权于民，逐步形成政府、企业、大学和其他社会各组织之间的"自主与互赖"的关系，提高政府管理社会事务的效率和效果。可见，中国正在推进的政府职能转变，与世界发达国家政府实施的再造运动方向基本上是一致的。全球化影响下的政府再造运动，必然会推动中国高等教育向前发展。

2. 我国高等教育自身发展的需要

中国在转变政府职能的过程中，一方面，政府财政收入占的比重逐年下降，政府财政支出总额在国内总支出中的比重也不断下降，政府有限的财政拨款与高等教育规模的急剧扩大矛盾突出；另一方面，发达的市场经济国家越来越重视高等教育的产业性，纷纷在高等教育机构引入市场竞争机制，提高教育资源使用的经济效益和社会效益，在全球范围内打造具有竞争优势的高等教育品牌。目前，高等教育服务业已经成为美国、英国、澳大利亚、加拿大等国最重要的出口产业，巨大的留学生市场不仅为这些国家的高等教育带来了丰厚的经济回报，而且不断提高和增强这些国家和地区高校的知名度和竞争力。中国高等教育起步较晚，办学规模相对较小，国际知名度的品牌高校更少。面对同行间激烈竞争和政府投入相对减少的压力，中国高等教育必须顺应时代潮流，走节源增效的道路。在宏观政策方面，打破中央政府垄断办学的格局，降低管理重心，引入非公有投资主体，促使高等教育走地方化道路，以减轻政府对高等教育财政拨款的负担，确保公共资源的有效利用，促进高等教育机构积极应对市场需求、增加弹性、提升效率。在实践方面，将企业经营理念引入到高等教育机构中，运用市场价值及策略，把高等教育视为一种服务商品，立足于我国市场，一切以消费者为中心组织生产和营销，通过提供优质的服务赢得社会信誉，获得发展所需的各种教育资源，保持高等教育机构应有的活力。

3. 市场需求的牵引作用

市场中企业和个人对高等教育的需求是优化我国高等教育资源配置最直接的动力。企业和个人是以自身利益最大化为目标的经济主体，他们在购买教育服务产品或进行高等教育投资时，形成了高等教育领域的四大市场，即教育需求市场、劳动力市场、资本市场和科技服务市场。

（1）个人需求对我国高等教育资源优化配置的拉动作用。首先，高等教育投资的个人收益率高。对高等教育的投资既是社会性的投资，也是个人对自身人力资本的投资。根据西方经济学家的测算，20 世纪 90 年代不同类型国家高等教育的社会收益率和个人收益率如表 3 - 6 所示，中国作为中低收入国家，个人收益率比社会收益率高出近 7 个百分点。另外，中国有重视教育的优良传统，不仅学生自身希望继续深造，而且家长们普遍认为，送子女到学校接受更高层次的教育是自己的责任和义务。改革开放以来，随着居民生活水平的提高，居民接受高层次和高质量教育的需求和承受高等教育的能力日益增长。据上海市教育科学研究院1998年的千人调查显示，该市居民家庭希望子女接受大专教育的为13.8%、接受本科教育的为47.6%、接受研究生教育的为28.4%，在居民消费排序中把教育消费排在第一位、第二位的达到68.8%。上述因素的影响为我国高等教育扩大办学规模提供了广阔的个人需求空间。

表3-6　不同类型国家高等教育的社会收益率与个人收益率

国家类型	人均国民收入（美元）	高等教育社会收益率（%）	高等教育个人收益率（%）
低收入国家	299	10.6	19.3
中低收入国家	1402	11.4	18.7
中高收入国家	4182	9.5	12.7
高收入国家	13100	8.2	7.7
世界平均水平	2020	10.7	15.7

资料来源：《2002年高等教育发展政策国别报告》。

其次，入学需求和就业压力大。高等教育发展规模和资源配置效率受到"教育消费市场"入学需求和"劳动力市场"用人需求的有利调节。从目前形势看，各地高等教育的卖方市场现象将维持相当长的一个时期。根据上海教科院智力所的研究，我国高等教育学龄人口（18~21岁）峰顶为2007年，达到9200万人，峰值为2006~2010年，年平均为8955万人。高等教育的需求大，随着普通高中毕业生的激增，高等教育入学难的矛盾在近几年会进一步加剧，这需要高等教育能够更高效地利用稀缺的教育资源，提高教育的供给能力。另外，随着我国产业结构的调整和城市化的推进，大批失业的城镇居民和进城务工的农民涌入劳动力市场，增加了大学生就业的压力。

（2）企业需求对我国高等教育资源优化配置的拉动作用。全球化打破了地域的限制和各种人为的壁垒，为所有企业提供了一个更为公平的竞争环境。全球化将经济和效率的理念渗透到了世界的各个角落，提倡奖优罚劣，通过市场的公平竞争和企业的优胜劣汰，将有限的资源向生产率高的企业集中，提高了全球资源的配置效率。在这一社会大背景下，作为市场竞争的主角，私营企业为了在激烈的竞争中取得市场优势和追求利润最大化，越来越把技术创新视为提高产品竞争力和关系企业生存的关键。高校作为最大的知识生产和传播基地，近年来备受企业的青睐。因而推动了高等教育资本市场和技术服务市场的形成和繁荣。许多经济实力雄厚的大公司不惜斥巨资在高校内部设立研究开发部门，和高校联手进行技术创新活动；一些高新技术中小企业不断地在一流大学周围聚集，如美国的硅谷在斯坦福大学和加州大学附近形成了生物技术产业圈，我国中关村在北京大学和清华大学附近建立了北京高技术产业开发区等。这种技术创新的"我国化效应"集中体现了企业与地区高校合作的必然性。可见，融合了企业求利性基因的高等教育资本市场和技术服务市场有利于高校转变传统文化、树立"节能高效"理念，进而推动我国高等教育资源优化配置。

四、我国高等教育资源优化配置的运行机制分析

运行机制是指结构中各要素间以及各要素与外部环境间相互联系的活动方式和规则，通俗地讲，是具有特定结构和功能的系统将来自环境的输入转化成输出的工作原理。就我国高等教育系统而言，其资源优化配置的运行机制包括以下几部分。

（一）决策环节

决策环节是对我国高等教育实施科学管理的前提和依据，是保证我国高等教育与地区经济、社会发展相协调的关键举措。决策环节在处理我国外部环境与内部环境这对互为前提、相互需要的关系上处于核心地位。行之有效的决策环节能够促进我国内部环境要素与外部环境要素之间合理、有序地流动，保证一定规模和质量的人力、财力、物力和信息资源输入我国高等教育系统。因此，建立科学高效的我国高等教育系统的决策环节，对优化我国高等教育资源配置具有极其重要的意义。

首先必须从完善决策组织机构入手，组织设计的合理程度直接关系到决策的科学性和该环节的功能发挥。在宏观决策方面，我国幅员辽阔，地区文化、自然

条件等差异悬殊，经济发展很不平衡，为了充分发挥中央和地方政府两方面的积极性，有必要将一定的集中和适当的分散结合起来，对高等教育实行中央和地方分级决策管理。为避免各级政府之间由于利益差异造成的协调不当、政令不通，在设计政府决策组织机构和制度时，应建立明确合理的分工责任制以界定各自的责任、权力和利益，使宏观决策主体的行为协调一致。此外，还要建立和完善微观决策主体，使高校和社会的力量在促进我国高等教育资源配置过程中得到充分的发挥。具体来说，要提供良好的制度环境使高校、企业和个人真正成长为高等教育消费市场、劳动力市场、资本市场和技术服务市场的活动主体，理性而独立地进行决策。

（二）咨询环节

咨询环节是决策环节的辅助过程，无论是宏观主体的决策还是微观主体的决策，在面对复杂多变的市场环境和大量的来自教育领域的信息时，都需要专业人士的咨询指导。咨询包括制定一个地区甚至一个国家的高等教育发展规划和安排高等教育布局、结构层次、专业设置等大的方面，设计个人职业发展规划、进行企业与高校联合的技术创新项目的可行性研究等小的方面，这些服务会为不同决策主体进行科学决策提供帮助。

（三）执行环节

执行环节是对决策环节形成的各项计划和方案付诸实施的过程。无论是各级政府的宏观决策还是高校、个人和企业的微观决策，最后都要由高校通过开展教学科研活动来完成。因此，执行环节的主体是高校，只有我国国内若干高校认真完成和落实各项决策，在执行的过程中不断创新，提高高校的资源配置效率，才能推动我国高等教育系统这一整体的资源优化配置。

（四）监督环节

监督环节是对执行环节认真、高效的执行各项决策的基本保证，是对执行情况的过程控制手段。高校的教学科研活动按照管理的对象不同，可分为不同的模块，如人力资源管理、教学经费管理、设施建设和管理、科研活动管理、教学基本建设管理和教学改革与研究等几个执行项目；按照学科设置的不同，可分为工学、理学、医学、农学、经济学等专业教学执行项目。不同的执行项目有不同的决策方案和评价依据，这就需要政府、社会和高校采取必要的管理方法对高校执行环节的各个组成部分进行事中过程评价和监督，确保高校的各项活动在一定标准范围内开展。

（五）反馈环节

反馈环节属事后评价监督环节，我国高等教育系统功能与系统输出的协调一致很大程度上是通过反馈环节实现的，反馈环节是我国高等教育实现资源优化配置的控制器和自稳装置，是我国高等教育实现可持续发展的重要手段。

反馈环节的功能主要是通过高等教育消费市场、就业市场、资本市场和科技服务市场的信息流动和传递来实现的。高等教育的四大市场相互联系、相互作用，形成一个有机的、整合的高等教育大市场，共同推动我国高等教育资源优化配置。各个决策主体和咨询部门通过捕捉和传递来自高等教育市场的各类反馈信息，不断调整高等教育的人才培养结构、专业设置、资源分配和使用方案，使高等教育的供给更好地满足市场需求，最终实现我国高等教育资源优化配置提出的目标。

五、我国高等教育资源配置存在的问题

（一）高等教育经费投入不足

虽然近年来我国对教育经费的投入持续上升，但总体来看，与发达国家相比仍有很大差别，教育经费总量不足。2015 年，我国财政性教育经费为 29221.45 亿元，占 GDP 的比重为 4.31%，虽然超过了《国家中长期教育改革和发展规划纲要（2010~2020 年）》规定的国家财政性教育经费支出占 GDP 的比重达到 4%

的目标，但远远落后于发达国家的 6%，明显低于大部分发达国家的 5%，不及东亚、太平洋地区的 4.7%，与世界的 4.4% 总平均水平也有一定差距。虽然教育经费逐年增加，但据有关资料显示，仅有 20% 左右的教育经费用于高等教育领域。随着高校招生规模的不断扩大，高等教育在校生规模迅速增加，教育经费总量的不足必然导致高等教育经费投入不足。高等教育经费是高等教育事业发展的必要条件，高等教育经费投入不足，不利于高等教育质量的提高，阻碍了高等教育事业的进一步发展。

（二）高校教师队伍结构不合理

教师队伍结构指专任教师的内部构成情况，主要包括专任教师的学历结构、职称结构及年龄结构。近年来，我国高校教师队伍呈现出高学历教师不足、正高级职称教师过少、中青年教师所占比重过大的不合理结构。

首先，从学历结构来说，自高等教育大众化阶段以来，虽然我国普通高校专任教师学历不断提高，具有博士、硕士学历的专任教师数量不断增加，但其所占比重仍然低于本科学历教师所占比重。2002～2013 年我国普通高校专任教师学历如表 3－7 和图 3－6 所示，截至 2013 年，我国普通高校专任教师以本科学历为主，占教师总数的 44.35%，硕士研究生学历的教师所占比重为 36.30%，其中具有博士学历的仅为 19.33%。早在 1973 年，美国大学中具有博士学历的教师已经达到 85.8%。同世界发达国家相比，我国高学历教师所占比重明显不足，不利于满足日益提升的办学层次的需要。

表 3－7　2002～2013 年我国普通高校专任教师学历结构

年份	博士学历教师人数（人）	硕士学历教师人数（人）	本科学历教师人数（人）
2002	43442	149392	397294
2003	53612	182517	458522
2004	70487	223860	532705
2005	88450	269003	578366
2006	108605	317823	620191
2007	130926	363034	646424
2008	151907	400820	657890

续表

年份	博士学历教师人数（人）	硕士学历教师人数（人）	本科学历教师人数（人）
2009	175872	434162	660715
2010	200337	463401	656991
2011	227400	488373	655118
2012	254399	513793	651623
2013	285353	535784	654660

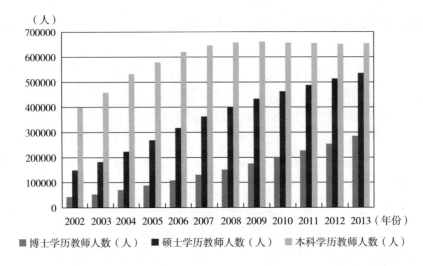

图 3-6　2002~2013 年我国普通高校专任教师学历结构示意图

　　其次，从职称结构来说，近几年来我国高校教师以副高级和中级职称为主，正高级职称教师所占比重较少。2002~2013 年我国普通高校专任教师职称结构如表 3-8 和图 3-7 所示，截至 2013 年，副高级和中级职称教师所占比重分别为 26.71% 和 36.89%，正高级职称教师所占比重仅为 11.21%。由于我国大部分高校把职称作为确定教师薪资待遇的主要标准，不合理的职称结构容易导致许多教师把大量的时间和精力用于提高自己的职称级别，过少用于教学科研和指导学生，影响教育教学活动的质量。

　　最后，从年龄结构来说，高校专任教师以中青年教师为主，老年教师所占比重较少。2013 年，高校专任教师年龄在 40 岁以下的占总人数的 63.88%，其中 30 岁以下的所占比重为 28.74%，60 岁以上的所占比重仅为 1.70%。中青年教师大多数都是应届毕业生，缺少实际的教学实践经验，这在一定程度上会给教学效果和教学质量带来不好的影响。

表3-8 2002~2013年我国普通高校专任教师职称结构

年份	高级职称专任教师（人）	副高级职称专任教师（人）	中级职称专任教师（人）	初级职称专任教师数（人）	无职称专任教师数（人）
2002	60210	186293	210992	—	—
2003	70063	216161	240555	—	—
2004	83231	250251	280905	183285	60721
2005	96552	278200	311958	214714	64415
2006	108856	304830	352210	239482	70611
2007	119651	326300	394449	256962	70938
2008	128966	342699	435640	258320	71826
2009	138161	360675	477541	247962	70909
2010	148552	377225	516938	231099	—
2011	159691	394689	549921	218431	—
2012	169423	412692	576013	209811	—
2013	181501	432356	596954	203713	—

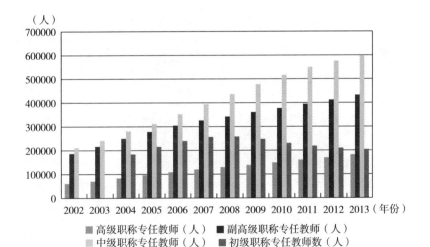

图3-7 2002~2013年我国普通高校专任教师职称结构示意图

（三）高等教育经费投入地区差距明显

预算内教育经费是政府年度财政预算用于教育的经费，受经济发展水平和教育发展政策的影响，不同地区投入的预算内教育经费存在很大差异。2003～2010年，东部地区预算内教育经费投入均大于中、西部地区，并且中、西部地区预算内教育经费均低于全国平均水平。2003～2010年东、中、西部地区预算内教育经费投入情况如表3－9所示。2010年东部地区预算内教育经费为5824.38亿元，全国平均为4253.47亿元，西部地区为3619.03亿元，中部地区仅为3317.01亿元，中、西部地区预算内教育经费与东部地区和全国平均水平相比均有较大差距。

表3－9　2003～2010年东、中、西部地区预算内教育经费投入情况

单位：亿元

年份	全国	东部	中部	西部	平均
2003	3284.01	1684.00	818.66	781.35	1094.67
2004	3876.46	1990.13	966.86	919.47	1292.15
2005	4567.76	2342.21	1148.68	1076.87	1522.59
2006	5471.07	2745.95	1385.96	1339.16	1823.69
2007	7331.64	3551.36	1953.21	1827.07	2443.88
2008	9250.33	4324.83	2460.35	2465.15	3083.44
2009	10803.31	4883.01	2862.17	3058.13	3601.10
2010	12760.42	5824.38	3317.01	3619.03	4253.47

资料来源：《中国教育经费统计年鉴》（2003～2010年）。

由于我国实行财政性教育经费由中央和地方政府分担的模式，地方性高校的事业经费基本由地方政府支付，地区经济发展水平的差异必然导致政府对高等教育投入总量的不同，高等教育经费投入地区差距明显。近年来，我国东、中、西部地区之间高等教育生均预算内教育事业费和生均预算内公用经费都有明显差距。受高等教育发展政策和接受高等教育人数的影响，我国中、西部地区高等教育生均预算内教育事业费和生均预算内公用经费与东部地区相比均有较大差距，中部地区生均预算内教育事业费和生均预算内公用经费均低于全国平均水平。

第四章　内蒙古自治区高等教育发展现状及问题辨析

近年来，内蒙古自治区随着经济水平的不断提高，高等教育取得了不凡的成绩，高等教育事业发展的速度令人瞩目。但由于内蒙古自治区复杂的社会因素和特殊的自然因素的影响，其高等教育的发展仍然存在一些问题。作为高等教育供给主体的政府，供给的现状是评价其供给水平的客观依据，也是提出完善高等教育供给建议的依据。因此，对全国其他省份高等教育供给现状和内蒙古自治区高等教育供给现状进行对比，分别从全国宏观和内蒙古自治区微观的角度进行分析。

一、内蒙古自治区高等教育发展现状

首先，通过表4-1的数据可以看出，2014年，全国共有普通高等学校2491所，其中普通本科学校1170所、普通专科学校1321所，我国高等学校的供给数量已形成一定规模。但数据也显示出一个严峻的现实，那就是目前我国高等教育在各地区间供给数量极不均衡。有些东部沿海省份普通高校数量多达100余所，而个别西部落后省份仅仅只有几所高等学校。作为少数民族地区的内蒙古自治区在国家相关政策的支持下，经济一直保持着持续快速的增长，引起整个社会和专家学者的广泛关注。在经济水平迅速发展的同时，科学技术、工业、教育文化等领域也保持稳步发展。

随着西部大开发战略开展的深入以及在国家高等教育大发展的背景下，内蒙古自治区的高等教育伴随着1999年的大学生扩招，进入了迅猛发展时期。1998年，内蒙古自治区只有19所（包含本、专科）普通高等学校，招生人数仅有13800人，

表 4-1 2014 年全国普通高等教育学校（机构）数量统计　　单位：所

地区	普通高校		
	合计	本科院校	高职（专科）院校
总计	2491	1170	1321
江苏	156	74	82
山东	139	63	76
广东	138	58	80
河南	127	50	77
湖北	123	67	56
湖南	122	47	75
河北	118	57	61
安徽	117	44	73
辽宁	115	63	52
四川	103	48	55
浙江	102	56	46
陕西	92	54	38
江西	92	40	52
北京	89	63	26
福建	87	32	55
黑龙江	80	37	43
山西	78	29	49
广西	70	32	38
上海	68	36	32
云南	67	29	38
重庆	63	24	39
吉林	58	37	21
天津	55	29	26
贵州	52	26	26
内蒙古	49	15	34
甘肃	42	21	21
新疆	41	18	23
海南	17	6	11
宁夏	16	8	8
青海	9	4	5
西藏	6	3	3

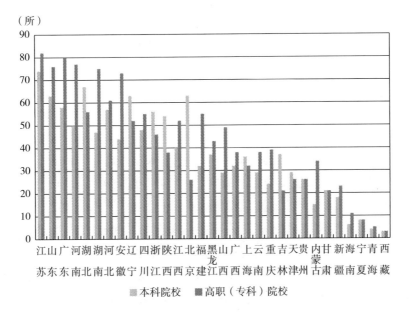

图 4 - 1 2014 年全国普通高等教育学校数量统计

在校学生的人数也仅有 42500 人；到了 2005 年，全区普通高等学校数量达到 33 所，本科和专科在校生总人数达到 23 万人；2009 年，全区普通高等学校数量达到 41 所（包含本、专科），招生人数达 113900 人，在校学生人数也达到 351900 人。根据国家教育部和内蒙古自治区教育厅 2014 年的统计数据，2014 年全区普通高等学校达到 49 所（包含本、专科），包括民办高等学校 10 所，其中，本科学校共有 15 所，高职（专科）学校共有 34 所；招生人数 112400 人，在校学生人数已达 39. 92 万人，分别高于同是民族地区的新疆、海南、宁夏、青海和西藏五个省份（自治区）。2014 年，普通高等学校本科与专科招生之比为 52：48，本科与专科在校生数之比为 58：42，全区共招收研究生 5886 人，其中硕士 5640 人、博士 246 人，在校研究生共计 16897 人。经过多年的发展，内蒙古自治区的本、专科普通高等教育和研究生教育体系已比较健全，高等教育供给规模已经形成。民族教育作为少数民族地区的特色教育，也是反映内蒙古自治区高等教育供给现状的一项重要指标，因此，政府和教育部门对民族教育同样重视。如表 4 - 2 所示，内蒙古自治区普通高等学校少数民族在校生数 2013 年为 107290 人，2014 年为 107878 人，2014 年的人数占内蒙古普通高校总人数的比例为 26. 54%，所占比例超过 1/4。

除学校的供给数量和高校规模外，师资层次结构和生师比也是衡量政府供给质量的重要指标。2014 年，内蒙古自治区高等学校教职工共有 37858 人，其中专任教师共有 24828 人，占教职工总数的 65.6%（注：不含民办的其他高等教育机构数据）；专任教师中博士学历的有 2352 人、硕士学历的有 8797 人、本科学历的有 13119 人、专科及以下学历的有 560 人，本科学历专任教师人数占专任教师总人数一半以上，教师学历供给层次有待继续提高。2014 年，内蒙古自治区普通本科学校生师比为 19.07，专科学校生师比为 16.04，即一名教师要指导十几名学生，这说明内蒙古自治区高等学校教师的供给数量需要继续增加。如表 4-2 所示，内蒙古自治区普通高等学校少数民族教职工数 2013 年为 11027 人，2014 年为 11368 人，增加值为 341 人；普通高等学校少数民族专任教师数 2013 年为 7217 人，2014 年为 7569 人。2014 年，内蒙古自治区少数民族专任教师总人数只占内蒙古普通高等学校专任教师数的 30.28%。内蒙古自治区高等教育生师比例高，这也同时加剧了少数民族高等教育师资力量的不足和教育质量的下降。

表 4-2　内蒙古自治区少数民族普通高等教育综合指标　　单位：人，%

指标名称	2014 年	2013 年	增减值	占内蒙古自治区普通高等教育比例（2014 年）
毕业生数	27791	27301	490	24.87
招生数	30154	31817	1163	24.56
在校人数	107878	107290	588	26.54
教职工人数	11368	11027	341	30.16
专任教师数	7569	7217	352	30.28

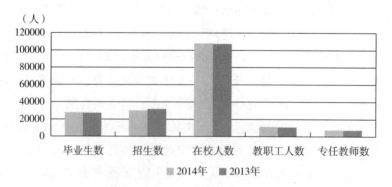

图 4-2　内蒙古自治区少数民族普通高等教育综合指标

二、内蒙古自治区高等教育发展存在的问题

（一）高等教育供给总量不足

如表 4 - 1 所示，基于全国的数据，通过对比全国 31 个省级行政区划单位高等学校数量可以看出，内蒙古自治区高等学校供给总数明显少于其他省份。2014年，内蒙古自治区共有普通高等学校 49 所，按高等学校供给总数排列，位于全国倒数第七位。根据教育部统计数据，2013 年内蒙古自治区高等学校普通本专科招收的学生人数为 112400 人，比 2012 年增长 7.6%；年末在校学生人数共计399200 人，比 2012 年末增长 2%，招收人数和在校学生人数仅高于新疆、宁夏、青海、西藏、海南五个省份；2013 年高等学校毕业学生 10.83 万人，增长 3%，毕业学生人数仅高于新疆、宁夏、青海、西藏、贵州、海南六个省份。2013 年末，内蒙古共有 10 个研究生培养单位，当年招收研究生 5886 人，增长 3.3%，招收研究生人数仅高于贵州、宁夏、青海、西藏、海南五个省份；2013 年末，在校研究生为 16897 人，比上年末增长 4.1%，研究生在校人数仅高于新疆、贵州、宁夏、青海、西藏、海南六个省份。根据内蒙古自治区高等学校招生人数、在校学生数和毕业生数等相关数据进行分析，内蒙古自治区高等学校的规模和数量高于另外几个少数民族地区的省份，但与其他省份还存在一定差距。高等学校供给数量较少、生源少与学校规模小导致学生择校自由度不高。

（二）高等教育供给经费不足

教育经费是教育供给水平的决定性因素，教育经费投入不足严重影响了内蒙古自治区高等教育供给。图 4 - 3 为 2012 年生均教育经费支出，从各地高等教育生均教育经费支出情况来看，内蒙古自治区生均教育经费支出为 21548.53 元，而同为少数民族地区的宁夏和西藏教育经费支出均高于内蒙古自治区，重庆和陕西也略高于内蒙古自治区；从各地高等教育生均公共财政预算教育经费支出情况

来看，内蒙古自治区生均公共财政预算教育经费支出为 14337.77 元，而同样作为少数民族地区的宁夏和西藏公共财政预算教育经费支出约为内蒙古自治区的 2 倍，重庆和陕西数值也略高于内蒙古自治区。从选取的不同地区高等教育生均教育经费支出情况来看，内蒙古自治区高等教育经费供给与其他地区存在一定差距，教育经费支出和公共财政预算教育经费支出均低于其他几个省份，这在一定程度上说明了政府高等教育经费投入能力有限，高等教育供给经费不足，导致高等教育供给总量不足。

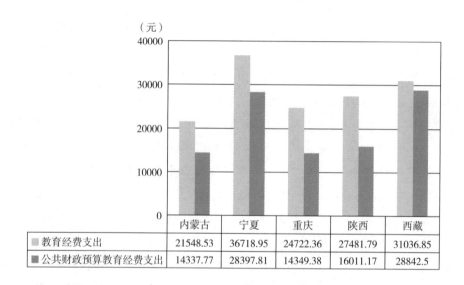

（元）	内蒙古	宁夏	重庆	陕西	西藏
▥ 教育经费支出	21548.53	36718.95	24722.36	27481.79	31036.85
▪ 公共财政预算教育经费支出	14337.77	28397.81	14349.38	16011.17	28842.5

图 4 - 3　2012 年生均教育经费支出

（三）高等教育供给质量不高

高等教育供给质量体现在高校的硬件水平和软件水平，教师水平是软件，教学设备是硬件。教育经费供给的多少是决定教学设备和教师水平的重要因素。内蒙古自治区经济水平相对落后和教育政策的落差，必然导致高等教育供给质量不高。一方面，表现在普通高等学校办学条件差。在硬件条件方面，内蒙古自治区部分高等学校在宿舍、教室、图书等方面存在不足和教学设备老旧的问题，这会直接使学生的学习效率和学习质量受到影响，不利于促进教育资源公平分配和使用。如表 4 - 3 所示，从内蒙古自治区高等学校各项教育综合指标来看，生均校舍面积从 2013 年的 33.65 平方米减少到 2014 年的 31.24 平方米，减少了 1.51 平方米；生均图书 2013 年为 82.35 册，2014 年为 81.56 册，减少了 0.79 册；生均仪器 2014 年比 2013 年有一定的增长，增加了 1492 元；校均规模 2013 年为 8147人，2014 年为 8128 人，减少了 19 人。另一方面，在软件条件方面，主要表现在生师比的高低。2013 年生师比为 17.89，2014 年增长到 18.19，增长了 0.3。根据教育部关于生师比的统计数据，我国普通高等学校的师生比例由 2001 年的 1∶13持续上升到 2011 年的 1∶17，内蒙古自治区的生师比较高，平均一名教师指导 18名学生，这导致高等教育供给质量的下降。此外，内蒙古自治区民族教育师资力量薄弱。师资力量是决定教育供给质量的重要因素。蒙汉双语教师力量的不足、"双语型"教师严重缺乏、教师能力素质整体不高、教师队伍层次结构不合理等问题是影响民族教育供给质量的重要因素。

表 4-3　内蒙古自治区高等学校教育综合指标

指标名称	2014 年	2013 年	增减值
生均校舍面积（平方米）	31.24	33.65	-1.51
生均图书（册）	81.56	82.35	-0.79
生均仪器（元）	12651	11159	1492
校均规模（人）	8128	8147	-19
生师比	18.19	17.89	0.3

（四）高等教育供给结构不合理

1. 层次供给结构不合理

首先，在内蒙古自治区高等教育供给的层次结构上，本科、专科和研究生教育的供给层次和数量不能与内蒙古自治区的经济发展特点和产业结构进行良好的对接和匹配。当前随着内蒙古自治区经济产业结构的转型升级，经济社会的发展越来越需要专业技能型人才和具备高科研水平的高层次人才。从内蒙古自治区普通高校学生的层次来看，2014 年，内蒙古自治区普通高等院校全日制在校研究生共有 1.73 万人、本科学生共有 23.48 万人、专科学生共有 17.16 万人，专科生与本科生、研究生数量之比为 0.73∶1∶0.074，研究生的数量仅占普通高校在校生总数的 4.08%，本科层次占 55.42%，专科层次占 40.50%。这样的供给结构难以适应内蒙古自治区经济与社会发展和市场对人才的需求。在层次定位上存在一个现象，就是内蒙古自治区有些地方大学为了提高学校的知名度制造品牌效应。由于相关政策的硬性规定，一些地方大学为了争取到更多的教育经费和拨款，把专科学校升格为学院，然后把学院变为大学，再把普通大学变为综合性大学，盲目地进行升级和转型，一味地追求"研究性"或"综合性"的标签，几乎每所学校的发展都沿袭同一发展模式，最终导致不论是在不同类型的大学，还是同一所学校内不同层次的大学生的培养模式都如出一辙，不具备不同层次应该具有的优势和特点，区分不够明显，特色不够鲜明，各高校供给的教育产品区分度不大。

其次，在高等教育供给公平性方面，不同地区间的高等教育资源供给不公平，这种不公平主要表现在地区间以及行政隶属级别上。各地区的经济发展水平和政策以及各高校的隶属关系的不同，导致隶属于教育部级别的高校与隶属于地方的高校相比，很明显地可以获得更多的教育资源，从而使一些地方高校由于区位劣势和经费短缺，高等教育供给能力变为劣势。例如，内蒙古自治区唯一一所"211 工程"大学——内蒙古大学由教育部和地方政府共同拨款，其办学资金和办学条件要明显优于其他普通高校，这对其他高等学校高等教育的供给会产生不利影响，较低的重视程度和地位会导致投入资金的缺乏、资源的不公平分配，而这样不合理的供给结构又会对内蒙古自治区整体高等教育公共服务体系的建立产生不利的影响。

2. 科类和专业供给结构不合理

随着自治区产业结构的变化，高等教育供给结构表现出不合理问题。内蒙古自治区正处于产业结构调整和经济转型的重要时期，科类和专业供给结构不合理制约高等教育的多元供给，从而导致高等学校毕业生的结构和质量难以满足多样化的市场和社会需求。

首先，内蒙古自治区高等教育的专业设置不能很好地与产业需求相结合，专业结构与就业结构不对口的问题凸显，现有的科类和专业结构与内蒙古自治区经济社会发展战略的要求不匹配，专业结构的调整远落后于产业结构的调整速度。2008 年，内蒙古自治区第二产业占三次产业的比重是 55%，按第一产业、第二产业、第三产业划分的就业人员分别为 50.45%、16.88%、32.67%，三次产业所占比例最高的为第二产业，对我区的经济发展贡献最大，但从事第二产业的工作人员才占到 16.88% ，所占比例最低，这表明专业结构的调整远落后于产业结构，高校培养的人力资源不能恰当地为市场所用。另外，内蒙古自治区高校缺乏明确的切合实际的、以市场为导向的办学定位，很多高校科类和专业都大同小异，缺乏特色和个性成为内蒙古地方高校一个普遍性的问题，这导致高校输出的人才不能适应市场需求、人才培养模式缺乏创新意识，毕业生"千人一面"，就业率下降，大学生就业难；造成企业对应用型人才的需求量大而应用型专业毕业生供不应求的两难困境，研究生、本科生和专科生之间的可代替性强，从而导致人才资源的浪费。

其次，内蒙古民族高等教育办学模式单一导致了科类和专业设置趋同性强，以及热门专业和专业技能型蒙古族人才的严重稀缺。在内蒙古自治区有相当一部分少数民族学生会选择蒙语授课高等教育，但其高等学校在蒙汉双语专业设置上缺乏合理的调整和创新，蒙语授课的专业多以文科类、师范类和农牧类为主，近年来虽增加了管理、法律、理工、外语、财经等专业的供给，与汉语授课的同一专业相比，在数量和质量上仍然存在较大差距。这对培养具有专业技能的、高水平的、蒙汉兼通的少数民族人才产生了不利影响，不利于内蒙古自治区经济、社会的整体发展和农村牧区文化素质的全面提高。

（五）高等教育供给不均衡

高等教育供给存在的另一个问题是地区分布不均。2014 年，我国共有普通高等学校 2491 所，其中本科高等学校 1170 所、专科高等学校 1321 所。分析表 4-4 中的数据可知，从区域分布来看，在对内蒙古自治区高等教育的发展取得的进步予以肯定的同时，不得不面对的一个现实问题就是在全国范围内，内蒙古自治区高等教育的供给质量和规模与东部沿海城市和文化大省之间存在着较大差距，差距主要表现在以下几方面：

1. 高等教育全国供给不均

首先，我国高等教育东、西部地区高等学校供给数量分布差异显著，东部地区占绝对优势。通过对统计数据计算分析，2014 年，位于东部的 11 个省份（包括北京、天津、辽宁、河北、福建、浙江、上海、江苏、广东、山东、海南）普通本、专科院校共 1084 所，其中本科院校 537 所、专科院校 547 所，分别占全国高校总数的 43.52%、45.90%、41.41%；西部地区本、专科院校 610 所，其中本科院校 282 所、专科院校 328 所；东部地区普通本专科院总数、普通本科院校数和普通专科院校数分别是位于西部的省份（包括内蒙古、宁夏、贵州、西藏、新疆、青海、广西、重庆、四川、云南、陕西、甘肃 12 省）的 1.78 倍、1.90 倍和 1.67 倍。

其次，东、西部地区高校供给层次和实力水平落差大。2014 年，东部地区本科院校 5327 所，占东部地区高校总数的 49.54%，分别比中、西部地区高约 5.5 个和 3.3 个百分点。另外，在教育部 113 所直属高校中，东部省份有 77 所，占总数的 68.14%，分别是中、西部地区的 4 倍和 4.5 倍。可以看到，西部地区除了重庆、四川、陕西、甘肃和宁夏五个省份设有教育部直属高校外，其余的包括内蒙古自治区在内的西部地区都为空白。

最后，东、西部地区高校供给数量和层次差距较大，是因为教育资源丰富及教育水平高的"211 工程"学校和"985 工程"学校分布在经济发达省市数量较多。这些高等学校是政府集中对部分生源好、条件优的高校进行重点投资和建设的高校。如表 4－4 所示，从地区的分布特点来看，"985 工程"学校和"211 工

表 4－4　2014 年高等学校省际分布　　　　　　　　　　单位：所

省份	"985 工程"学校	"211 工程"学校	省份	"985 工程"学校	"211 工程"学校	省份	"985 工程"学校	"211 工程"学校
全国	39	114	浙江	1	1	重庆	1	2
北京	8	25	安徽	1	3	四川	2	5
天津	2	3	福建	1	2	贵州	0	1
河北	0	1	江西	0	1	云南	0	1
山西	0	1	山东	2	3	西藏	0	1
内蒙古	0	1	河南	0	1	陕西	3	7
辽宁	2	4	湖北	2	7	甘肃	1	1
吉林	1	3	湖南	3	3	青海	0	1
黑龙江	1	4	广东	2	4	宁夏	0	1
上海	4	9	广西	0	1	新疆	0	2
江苏	2	11	海南	0	1			

资料来源：中华人民共和国教育部门户网站，2014 年教育统计数据。

程"学校主要分布在东部北京、江苏和上海等政治中心城市或经济中心城市，或者是分布在陕西和湖北等中部文化发达的省份，西藏、宁夏、青海和内蒙古等西部民族地区基本上没有。从"211 工程"学校分布格局来看，在东部地区共计 64 所，占教育部规定的"211 工程"学校总数的比例是 56.14%；西部地区仅有 24 所，所占比重仅为 21.05%。从"985 工程"学校分布来看，东部地区共有 24 所，占教育部"985 工程"学校总数的比重高达 61.54%，而西部地区如内蒙古、西藏、新疆、青海、宁夏等省份则均未实现零突破。这些问题导致了东部沿海城市及经济发达地区的学生往往可以享受到更丰富、质量更高的高等教育产品，而西部地区、内陆地区及经济欠发达的地区享受到高等教育产品和服务的机会远远少于经济发达地区和教育供给水平高的地区。

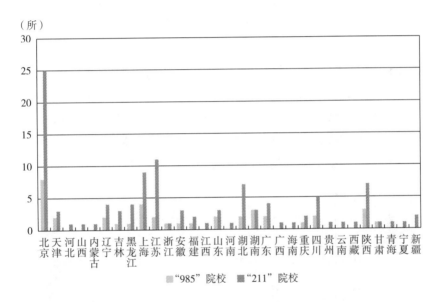

图 4-4　2014 年"985""211"高等学校省际分布

2. 内蒙古自治区区内供给不均

内蒙古自治区土地面积大且呈狭长形分布，因此自治区内东西部自然条件和经济发展水平也呈现出明显差异。内蒙古自治区与 8 省毗邻，北面与蒙古国和俄罗斯接壤，其西部地区包括最西端的阿拉善盟、巴彦淖尔市、鄂尔多斯市、包头市、乌海市、呼和浩特市和乌兰察布市，西部地区的"呼包鄂"三地因其政治、文化和经济水平较高被称作"金三角","呼包鄂经济一体化"概念的提出使三地的发展从独立的"金三角"辐射到周边地区;东部地区包括最东端的呼伦贝尔市、兴安盟、通辽市、赤峰市、锡林郭勒盟。内蒙古自治区高等教育供给受到经济发展水平和自然、社会等因素的影响,正是由于特殊的地理地形特征,其经济发展水平存在东西部差异,分布呈层次状,因此高等教育供给存在分布不均衡的问题。

首先,如图4-5所示,2014年,内蒙古自治区共有普通高等学校49所,其中有37所分布在内蒙古的西部地区,占全区的比例达75.51%;而东部地区只有12所普通高校,占全区的比例为24.49%。由此可见,内蒙古自治区的高等学校主要集中在西部地区,占全区高等学校比例高达一半以上,而东部地区的高校数量较少,区内高等学校的地区分布明显不均衡,呈现出西部地区多、东部地区少,西部地区尤为集中、东部地区较为分散的基本特征;另外,内蒙古自治区高等学校布局呈现出省会城市高度集中、其他盟市相对较少的基本格局。这不利于内蒙古自治区整体经济水平的提高和社会的进步,不仅使内蒙古自治区高等教育资源分布不均衡,影响自治区人民平等享受教育资源的权利,造成接受优质高等教育成本的提高,还造成了呼和浩特市、包头和鄂尔多斯等几个相对发达城市毕业生数量过多、就业难,进一步不利于自治区经济的整体协同发展,更加加剧了各地教育发展水平和经济实力的差距。

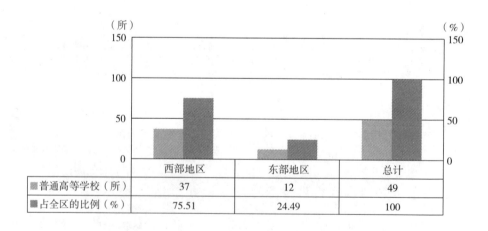

图4-5 2014年内蒙古自治区东、西部地区普通高等学校分布情况

其次,生均公共财政预算教育事业费可以清晰反映出内蒙古自治区教育财政

对高等教育的支撑程度，通过数据可以反映出地域性差异，故选取此指标作为参考。从内蒙古自治区高等教育生均公共财政预算教育事业费增长情况来看，如表4-5和图4-5所示，2012~2013年，内蒙古自治区内各地区高等教育生均公共财政预算教育事业费增长速度和幅度有很大差异，有的地区翻番增长，也有的地区出现了负增长的情况，高等教育财政投入不均衡，各地区供给水平存在较大差异。高等教育生均教育事业费增长速度最快的是乌海市，2012年为6547.41元，2013年为19853.76元，增长率高达203.23%；生均教育事业费最多的是鄂尔多斯市，2012年和2013年均是全区最高；高等教育生均公共财政预算教育事业费增长率排在后三位的分别是兴安盟、包头市和鄂尔多斯市，其中兴安盟增长率为-29.96%。根据各项数据可以判断，内蒙古自治区高等教育生均财政预算教育事业费增长情况呈不均衡性，内蒙古自治区的东部地区公共财政投入相比西部地区少，且增长速度慢，各项数据中数值最高的都来自西部地区，增长率最低的则来自东部地区。此外，同在西部地区的地市之间高等教育事业费也存在较大差距。

表4-5 高等教育生均公共财政预算教育事业费增长情况

地区	生均公共财政预算教育事业费		
	2012年（元）	2013年（元）	增长率（%）
内蒙古自治区	14678.16	15356.47	4.62
鄂尔多斯市	67371.62	54583.27	-18.98
呼和浩特市	12531.71	23307.93	85.99
锡林郭勒盟	12589.28	20872.62	65.8
乌海市	6547.41	19853.76	203.23
赤峰市	14213.91	18893.19	32.92
呼伦贝尔市	16068.32	16188.27	0.75
巴彦淖尔市	15342.39	14855.11	-3.18
通辽市	15206.43	13726.97	-9.73
乌兰察布市	12608.94	11949.75	-5.32
包头市	13991.58	11001.25	-21.37
兴安盟	13704.62	9599.08	-29.96

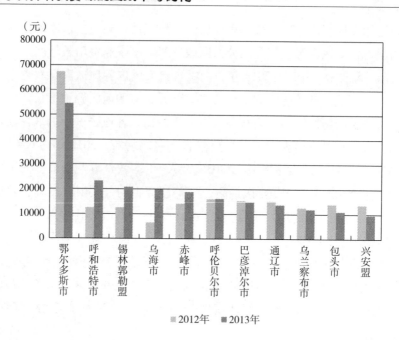

图 4 - 6　内蒙古自治区各盟市高等教育生均公共财政预算教育事业费增长情况

三、内蒙古自治区高等教育发展问题的原因分析

(一) 对高等教育的理解偏失

人行为的发生首先是由人的观念引发的。由于政府是高等教育供给的主要负责人,且由于地方高等教育具有区域性,因此,地方高等教育作为准公共物品,在供给责任上存在中央和地方政府的分权,而又由于各个地方政府有限的财力,有些教育管理部门负责人或地方政府官员会为了自身的政治前途而更加偏重于地方 GDP 的政绩考核,这种观念往往会导致地方政府轻人力资本的投入而重基础设施等物质的投资,如新校区、大学城的建设热潮,这会导致政府投入到利于拉动 GDP 的投资挤占公共教育的支出,甚至教育专项经费被挪用的情况也时有发

生。政府在公共物品供给过程中的角色转变的自觉过程表现为政府职能转变总是以满足政府的合法性和公民的需求为目标，会根据提供某一公共物品效益最大化为政府行为的衡量标准。地方政府之间的竞争和纵向的晋升激励观念的影响，推动了经济发展的同时也造成了地方政府支出结构的扭曲，表现为了争夺市场、改善投资环境，过度供给基础设施如道路、桥梁，而高等教育等人力资本领域则供给不足。

另外，地方政府重视基础教育供给而轻视高等教育的供给。我国高等教育实行"中央和地方政府两级管理，以地方政府为主"的管理体制，地方高校主要依靠地方财政的拨款，这就意味着地方政府的投入水平直接影响着地方高校的经费多少，经济基础薄弱的地区政府财政投入能力非常有限。

（二）不健全的教育供给制度和监督机制的影响

1. 教育供给制度不健全

我国的高等教育供给制度是政府长期以来充当垄断高等教育的供给者。随着社会主义市场经济的建立，1992 年后，政府垄断性的高等教育供给制度虽然有所改变，但是并没有从根本上发生改观。国企改革和转制之后，城市公共物品供给的问题凸显出来，政府开始认识到公共物品供给不足的问题。为此，中央政府和地方政府不断加大对公共物品的资金投入，但与总量的增长相对应的是公共物品占经济总量的变化不大。我国政府虽然在高等教育的供给中充当垄断的角色，但没有充足的财力来增加高等教育的供给。政府指出应该扩大高等教育的规模，在政府的硬性要求下，公办高校开始扩招。到 2005 年，我国高等教育入学率达到 21% 以上，比 2000 年提高了 8.5%；在校总人数已经超过了 2300 万人，比 2000 年增加了近 1 倍。于是又出现了供给质量下降和有效供给不足的问题。政府增加对高等教育的资金投入却不能有效解决供给不足的问题，是由于政府忽视了我国高等教育供给制度自身存在的弊端。

公办的高校处于垄断地位的背后实则是政府垄断的供给制度的弊端。这种垄断型的供给机制不仅会造成政府过重的财政负担和压力，而且即使政府将更多的资金投入到高等教育供给中，也只是走上了用牺牲质量换取数量的发展道路。内蒙古自治区高等教育供给不足和供给质量下降，在很大程度上是由于政府在高等教育供给中角色错位。政府基本上是高等教育供给的唯一主体，担任着生产服务和管理的双重角色。这样的供给制度限制了其他社会资源流向高等教育供给，使政府处于一个缺乏竞争的环境当中，这会降低教育主管部门和地方政府的危机意识。公办高校缺乏管理和创新，教育体制和教育供给制度的改革也举步维艰。

2. 监督机制不完善

政府进行公共物品供给的过程是一个自发的过程，表现为一个新的公共物品出现时，政府往往在无法衡量自身利益最大化标准的时候，会根据执政者的主观判断来确定政府职能，这就很容易造成政府的"错位""缺位"和"越位"。缺乏有效的监督机制，公共物品的供给问题就得不到妥善的解决，高等教育的供给也是同样的道理。内蒙古自治区公立高校的公共物品几乎都由政府提供，而供给的效率和质量是衡量政府工作能力和政绩的重要指标，但当前政府是处于缺乏监督的、自我管理、自我评估和监督的模式，这不仅不能解决高等教育和人才培养发展的根本问题，而且问题的长期积压会不断增加行政成本、降低行政效率。

可见在很长一段时间里，由于受到体制、政策等方面的影响，公民缺乏对高等教育供给的监督权，也没有相应的监督机制作为保障。由于内蒙古自治区呈狭长形分布，交通不便，信息相对闭塞，在高等教育供给方面存在着信息不对称的现象，政务公开不够彻底，再加上公民本身文化素质的缺乏、权利意识的淡薄，监督作用不能很好地发挥。因此，一方面，这造成了内蒙古自治区高等教育供给的财政和资源的不足，导致了教育资源的不合理分配，高等教育供给不均衡的问题凸显；另一方面，从教育资金的拨款到教育经费的使用，再到配置教育资源，由于缺乏有效健全的监督机制，导致了教育经费和资源的浪费，甚至造成教育经费被挪用或者滥用的现象。

（三）政府主导供给模式的弊端

1. 政府财政性投入不足

1998 年版联合国教科文组织《世界教育报告》公布的不同经济发展水平的国家公共财政支出占 GDP 的比重显示，此项数据 1995 年的世界平均水平为 4.9%，发达国家为 5.1%，发展中国家为 4.1%，最不发达国家仅为 2.5%。而中国政府教育财政支出占 GDP 的比重自改革开放以来一直维持在 2% 左右，2001年底达到 3%，只有 2012 年达到了 4% 以上，这一比例相比于世界平均水平和发展中国家水平差距较大。内蒙古自治区地域辽阔，同时地理条件十分复杂，人口密度疏密不均。由于地理位置闭塞，交通相对不便，地广人稀等因素的限制，内蒙古自治区相当一部分大学在经济欠发达地市，或经济水平落后，或地理位置偏远，再加上政府财政性投入不足，致使教育经费短缺是导致内蒙古高等教育供给数量少、供给质量低的关键因素。经济发展水平导致的社会闭塞保守、对外沟通交流较少也制约着教育发展的规模、层次和类型。正是由于客观的社会环境不容乐观，导致内蒙古自治区的高等教育无论是从办学定位还是办学层次方面都和其他省份存在一定差距。由于内蒙古自治区社会发展的落后，高等教育发展的基础十分薄弱，以致内蒙古自治区的公立高校中至今没有一所"985"院校，而"211"院校也仅有内蒙古大学这一所。

根据统计数据，2013 年，内蒙古自治区的公共财政教育支出为 438.14 亿元，比 2012 年增长 4.26%，占公共财政支出的比例为 11.88%；财政经常性收入比 2012 年增长 9.95%；公共财政教育支出的增长幅度却比财政经常性收入的增长幅度低 5.69%。1995 年的《教育法》中规定了政府教育财政拨款的增长不应当低于财政经常性收入的增长。可见，政府 GDP 在保持逐年稳步增长，但是对教育的支出却呈现了减少的态势。内蒙古自治区政府对教育的支出正在减少。内蒙古自治区经济欠发达的客观现实使政府在财政投入方面无法满足高等教育发展的需求，很多学校的硬件设施、实验器材、师资力量等都缺乏必要的资金支撑。政府财政性投入的短缺也严重地制约了师资资源的配置，因此内蒙古自治区高等院校很难吸引到层次高、能力强的人才，师资力量薄弱；再加上办学经费紧张、办学条件艰苦、硬件设施不完善，人才流失现象十分严重，成为影响内蒙古自治区学科专业供给水平低、高等教育质量低的重要原因。

2. 以政府为主导制约多元供给

当前，我国政府的职能仍然未能完全转变，导致教育事业管理组织机制僵化、效率低下，内蒙古自治区高等教育的供给也因此受到阻碍。随着当前社会多样化的、不同层次的高等教育需求的增多，虽然一直倡导以市场为导向，推进公共服务和公共物品供给的多元化，但当前内蒙古自治区还是以政府投资的公立高校为主体部分，社会和企业、个人创办的民办高校所占比例相对较低。首先，内蒙古自治区高等教育供给以政府供给为主导，公立高校为主体部分，民办高校无论是数量还是质量都不及公立高校。截至2014年，内蒙古自治区共有普通高等学校49所，其中民办高校只有10所（包括2所独立学院），公立高等学校数量远多于民办高校的数量，且除独立学院后的8所都是专科层次院校，与民办教育发达的陕西、辽宁等省份相比明显落后。内蒙古自治区民办高校由于经费投入不足，办学规模偏小和整体质量不高，受到社会的偏见和歧视；而且得不到政府的重视，缺乏政府相关法律制度的监管，管理行为不到位，办学行为不规范。内蒙古自治区的民办教育不能完全弥补政府在高等教育供给方面的不足，政府供给的公立高等学校占主导地位，民办高校为辅助地位，制约了内蒙古自治区高等教育多元供给。

另外，高等教育的经费筹集渠道单一。关于教育经费的筹集，《中华人民共和国高等教育法》中有具体的法律说明，"国家应该建立以财政拨款为主，以其他渠道为辅的高等教育的经费筹集体制"。在内蒙古自治区1999~2005年高等教育经费的来源中，财政性教育经费占到50%~55%，以学费收入为主的事业收入占到40%左右（内蒙古自治区大多数民办高校的经费来源于学费），这就意味着社会和个人的投入经费所占比例很小。政府对高等教育的投资是公立高等学校经费来源的主要部分，使得高等学校在经费上过度依赖政府这一主体，导致处于市场经济中的高等学校逐渐形成"等、靠、要"的错误观念，缺乏社会资源和经济基础，难以提高自身的办学质量和效益。这一方面是由于促进高等教育多渠道筹资的保障措施不健全，虽然民间资本投资高等教育的积极性较高，但政策与制度壁垒的存在阻碍了经费筹集渠道的多元化；另一方面从教育经费筹措制度来看，政府不配套的税收政策导致社会参与教育经费投入的积极性不高，难以实现多渠道的教育经费筹集。

（四）政策差异及法律滞后制约高等教育供给

我国一直以来非常重视高等教育，也从国家和地方两个层面制定并实施了一系列保护民族教育的政策法规，但是当前高等教育的财政政策、教育政策的差异化不利于高等教育供给，影响了内蒙古自治区高等教育的均衡供给。另外，关于高等教育供给的专业性的法律法规也非常滞后。

首先，伴随着1999年的高校扩招和传统的教育政策扩充社会人才的精英模式导向，政府树立了建设"重点学校"的标杆。政府集中资源、资金，优先对部分基础好、水平高的高校进行重点建设，从而达到带动地方经济发展的目的，这样的高校多为"211 工程"和"985 工程"学校，通常被称为"重点高校"。这样精英化取向的教育政策可以集中优势资源投入到部分高校优先发展，但差别化的教育政策不但加大了不同省份高校的区域化差距，还会加大同一省份不同校际之间的差距。重点学校通常是基础好、师资强、生源好的学校，再加上政府优先化的投入倾向越来越强，获得的经费比普通学校多，受重视程度比普通学校高。优先发展重点学校的做法虽然为高等教育发展的初期探索提供了宝贵经验，但是在高等教育迅速从精英模式进入到大众化阶段的形势下，这无疑会影响高等教育供给的均衡性、公平性和平等性。现行的教育政策的差别使重点高校和地方院校经费投入悬殊，经济水平较低的地区得到的教育资源与经济发达地区存在差距，教育政策的落差导致了学校地位不平等，同时也造成高等教育供给质量参差不齐。相对于重点高校，各地方大学的办学经费主要来源于地方政府的拨款和学生的学费，现行的分配体制决定了地方政府的财力非常有限，投入到高等教育的经费更是少之又少，许多学校面临办学经费紧张的问题，而又难以改变这种局面。当前内蒙古自治区的高校除内蒙古大学作为"211 工程"重点建设大学，由教育部和地方政府共同拨款外，其余地方高校普遍由地方政府拨款。内蒙古自治区政府拨付的经费与自治区的财政能力密切相关，所以难以摆脱办学经费紧张的问题。究其原因，是因为教育政策的优先化取向，教育政策非但没有改变发达和落后地区教育问题的差异，反而还加深了这种差距的产生。

　　其次，政府部门针对高等教育供给缺乏统一的标准，而且缺乏专门性的法律法规。目前，国家性的法律法规有《中华人民共和国高等教育法》和《中华人民共和国民办教育促进法》，内蒙古自治区有《内蒙古自治区地方教育附加征收使用管理办法》《内蒙古自治区实施〈中华人民共和国民办教育促进法〉办法》等管理办法和规定，但其立法的级别不够，刚性也不够强。由于我国长久以来形成的东部地区发达、中部欠发达、西部落后的区域经济发展格局，不同地区在对人才需求的总量、结构与规格上存在很大差异，从而导致了高等教育资源因地区分布不同而产生差异。缺乏系统性的高等教育供给的法律法规，以及我国现行的关于教育和财政的法律法规没有形成一套可供参考的具体的标准，是高等教育供给不均衡产生的重要原因。在美国，不同层级的政府的高等教育事权一般由宪法来进行规定，高等教育总体规划中的一些重要条款或建议都会被载入州宪法，这样一来，诸如高等教育供给的结构与数量、管制与自治等一系列重要的问题通过立法都可以顺利执行。反观内蒙古自治区，近年来一些地方院校盲目升格，一味追求"大"而"全"，积极开设热门专业，导致学科和专业供给结构不合理；纷纷争取博士点、硕士点，追求高层次、高水平，导致供给层次雷同、结构不合理。这些问题的产生就是因为没有以法律形式来明确规定高等教育的供给数量、供给结构和层次，最终导致资源的浪费和脱离社会的实际需要。

第五章 内蒙古自治区高等教育科技资源配置系统分析及评价指标体系构建

系统理论认为，系统是由相互联系、相互制约的各个要素组成的具有一定结构和功能的整体。本章运用系统论观点，深入研究内蒙古自治区高等教育科技资源配置系统的形成过程与结构特征，分析内蒙古自治区高等教育科技系统与环境间的依存关系，剖析高等教育科技资源优化配置的运行机制，建立科技资源配置系统评价指标体系。

一、内蒙古自治区高等教育科技资源的构成要素

（一）内蒙古自治区高等教育科技资源的基本属性分析

内蒙古自治区高等教育科技资源是内蒙古自治区高等教育系统中推动科技进步、促进经济社会发展的一切资源要素的集合。这里突出强调和体现了其系统性特征，并具有双重的属性与特殊价值。内蒙古自治区高等教育科技资源既是教育资源，又是科技资源，是高等教育资源中的科技资源，是高等教育与科技资源耦合域，既是科技资源在高等教育领域中的运行，又是高等教育中最具有活力与潜力的因素，因而具有双重属性。如果内蒙古自治区高等教育科技资源未得到有效配置，势必影响到教育资源和科技资源配置效率，影响高等教育的质量，降低科技创新能力，进而无法为促进经济的全面、协调、可持续发展提供智力支持和保障，影响经济发展和社会进步。显然，这将是一种反向循环积累因果效应。反

之，如果高等教育科技资源能够有效配置，必将使教育资源和科技资源的配置效率得到充分提高，使高等教育质量和科技创新能力得到充分提高，这也将是一种正向循环积累因果效应。

总之，在科技和教育日益发挥重要作用的今天，内蒙古自治区高等教育科技资源的优化配置应当以其属性为基础，充分调动与激活关键要素，发挥潜力，提高能力，这对促进高等教育的发展，提高科技资源配置效率，进而促进经济社会和谐、快速发展具有重要意义。

（二）内蒙古自治区高等教育科技资源的分类构成

传统意义的高等教育科技资源包括人力资源、财力资源、物力资源和信息资源，但此分类缺乏对内蒙古自治区高等教育科技资源内在本质属性的认识。本书的研究认为，从系统论角度来看，内蒙古自治区高等教育科技资源要素应包括市场人才资源要素、财力资源要素、物质资源要素、信息资源要素、市场资源要素、制度资源要素和文化资源要素。人才资源要素指高等教育中直接从事科技活动和为科技活动提供直接服务人员。财力资源要素指高等教育从事研究开发活动、科技成果转化活动和科技服务活动所需要的经费。物质资源要素指高等教育从事科技活动所需的各类实验机构、研发机构、中试机构以及其他固定资产仪器设备等。信息资源要素包括各种科研成果资料、专利、图书文献、中外科技期刊、光盘数据库等。市场资源要素包括与高等教育科技活动密切相关的产学研及市场技术创新体系。制度资源要素指高等教育管理部门参与科技活动，对高等教育科技资源要素进行优化配置的一系列体制机制和制度等。文化资源要素指高等教育科技活动人员在长期科技活动中逐渐累积形成的理念、思考模式、科研习惯、价值观及处理问题方式。

本书的研究按照内容特点及相互作用关系，将内蒙古自治区高等教育科技资源要素划分为两类：基础性高等教育科技资源要素和衍生性高等教育科技资源要素，前者包含人才资源要素、财力资源要素、物质资源要素以及信息资源要素，这些资源要素为科技活动提供物力支持，是必不可少的资源要素；后者包括市场资源要素、文化资源要素与制度资源要素三方面，而且这三方面要素的主要功能就是配置整合基础性高等教育科技资源要素，更好地发挥对高等教育科技创新活动的支撑保障作用。总之，基础性高等教育科技资源要素与衍生性高等教育科技资源要素相互影响和作用，不断提高内蒙古自治区高等教育科技资源的配置效率与效益，促进其高等教育科技创新水平的提升。

内蒙古自治区高等教育科技资源是资源在高等教育科技活动领域的具体体现，是资源的重要组成部分。因此，资源的有限性、需求性、多样性、选择性以及不平衡性等特征同样适用于内蒙古自治区高等教育科技资源。然而，高等教育科技资源毕竟是在更为具体的领域中发挥其自身的特殊功能，因此，其还具有普通资源所不具备的特点，有不同于一般意义上的资源的内在特质，这在一定程度上决定了科技资源在资源系统内的核心地位。

基础性高等教育科技资源对内蒙古自治区高等教育科技活动的支持体现在智力、财力、物质及信息方面的支持，它们彼此紧密协调，共同承担起对高等教育科技活动的支撑与保障作用，并具有以下显著特质。一是智力性，科技资源更多地建立在科学技术这一人类智慧结晶的基础上，更多地融入了人类的智力因素。二是可传承性，科技资源的核心科学技术可以被世代传承下去，这使得对传统科技资源的创造性利用成为可能。三是开放性，在当今信息化社会，科技资源超越了资源对时空的限制，成为可以广泛传播拓展的全球化资源。四是增值性，科技资源是可持续发展的资源，取之不尽，规模收益递增，且智力因素的参与使其可不断增值。

衍生性高等教育科技资源要素的效能体现在完善内蒙古自治区高等教育科技活动市场体系、科技活动运行体制机制和发展高等教育科技文化生产力等方面，并具有以下显著特质。一是自发性。科技市场资源要素、科技制度资源要素和科技文化资源要素在高等教育科技活动中通过各种需求的诱导不断完善并发挥作用。二是效能性。科技市场资源要素、科技制度资源要素和科技文化资源要素通过对基础性高等教育科技资源要素进行有效配置，促进资源配置效率提高和效益增加，实现效能。三是规范引导性。高等教育科技制度资源要素依据高等教育科技活动内在规律性和科技活动发展制定各种政策，并依靠其规范实施；同时，对科技文化和科技市场资源要素加以规范和引导，使之健康快速发展。

二、内蒙古自治区高等教育科技资源配置系统

将内蒙古自治区高等教育科技资源要素系统分为基础性科技资源要素子系统

和衍生性科技资源要素子系统，两大子系统不断相互作用、相互影响，最终形成内蒙古自治区高等教育科技资源要素系统和高等教育科技资源配置系统。

（一）内蒙古自治区高等教育科技资源要素系统

内蒙古自治区高等教育科技资源要素系统由基础性高等教育科技资源要素子系统和衍生性高等教育科技资源要素子系统两部分共同构成。

基础性高等教育科技资源要素子系统由人力资源要素、财力资源要素、科技物力资源和科技信息资源要素构成。人力资源要素最具智慧性、能动性和决定性，处统领和支配地位，是一种核心要素，其质量高低、作用发挥得如何，直接影响和决定着高等教育科研创新能力及相关科技资源配置效益与效率。财力、物力和信息资源是人力资源要素发挥作用的重要客体，其规模、水平能很好地反映人力资源要素能动性的发挥程度。其中，物力资源要素作为高等教育科技创新活动的重要物质支撑，应与科技人员紧密结合，与科技人员的知识水平和技术程度相适应；财力资源要素作用与人力资源特性密切相关，只有科技财力与之匹配，才能促进科技人员高智力创新性从潜力转化为现实生产力。科技信息资源要素为科技人员进行科研提供数据资料，其充实丰富和完备与否很大程度上影响内蒙古自治区高等教育科研创新的程度和水平。

衍生性高等教育科技资源要素子系统由市场资源要素、制度资源要素和文化资源要素构成。其中，市场资源要素和文化资源要素是在长期科研活动中逐渐自发形成的，具有"诱致性"，称为"诱致性资源要素"。制度资源要素则是依靠强制力做出的"人为安排"，称为"强制性资源要素"。市场资源要素的关键因素是市场行为。以市场为导向，需求为目标，竞争为手段，发挥市场对资源配置的基础调节作用。但是，市场固有盲目与无序性易使资源配置存在低效率，因此需提供制度保障，以产生秩序、规范引导科技市场资源要素。同时，制度资源要素的提供也要充分考虑市场资源要素和文化资源要素的状况，特别是文化资源要素，它是在长期实践中逐渐累积形成的，影响潜移默化。高质量的科技文化资源要素利于减少道德风险行为发生，避免"搭便车"现象，节约交易成本，提高科技资源配置效率。

（二）内蒙古自治区高等教育科技资源配置系统

根据耗散理论，系统作为开放系统，与外界进行物质、能量和信息交换。外部环境中的能量、信息流入只能是使物质增加，即序参量达到临界值时系统便能形成耗散结构，此时熵值减小，而有序性增加，系统有了生机。而控参量微小的变化都会使系统发生改变，耗散结构于是产生分支，进入更高耗散结构，系统更加有序，熵值进一步减小。增加负熵流即增加能量和有用信息的流入，因此，总熵不会变为负值。从系统各个熵项看，一些熵如结构熵演化可以减少。

内蒙古自治区高等教育科技资源要素系统两大子系统通过外部环境影响和内部要素作用，不断进行量的积累，并在彼此充分耦合的基础上高度统一，达到质的飞跃。合理配置资源就是增大负熵流而减少环境熵、结构熵等，使总熵值减少，既使经济高度活跃，又使系统高度有序。所以，系统中通过内部要素相互作用，不停耦合熵，会使系统朝着熵值扩大的趋势发展，而内部不断交流调整又使系统朝熵减小的方向努力，进而使整个内蒙古自治区高等教育科技资源要素系统朝着"和谐"的方向发展。同时，衍生性高等教育科技资源要素系统对基础性高等教育科技资源要素系统的有机整合和配置作用将会促进整个系统活动效率的有效提高以及整个资源的不断优化配置。内蒙古自治区高等教育科技资源要素系统在基础性科技资源要素子系统和衍生性科技资源要素子系统共同的努力作用下，达到耗散结构的最优熵值，并产生新溢出效应，进而促成内蒙古自治区高等教育科技资源配置系统的形成。特别是，在内蒙古自治区高等教育科技资源配置系统的形成过程中，随着衍生性科技资源要素子系统配置功能的不断完善，一些要素从基础性科技资源要素中分化出来，逐渐演变成学校、科研部门、政府和企业。同时，整个内蒙古自治区高等教育科技资源配置系统在市场、体制机制和文化的协同作用下，促成了内蒙古自治区高等教育科技资源配置机制的形成，从而实现对基础性高等教育科技资源要素的有效配置。

（三）内蒙古自治区高等教育科技资源配置系统的结构与特征

内蒙古自治区高等教育科技资源配置系统的结构可分为配置主体、配置客体和配置环境。内蒙古自治区高等教育科技资源配置系统并非封闭，而是和政府、企业、科研机构和市场形成有机的网络。因此，这些组织构成了内蒙古自治区高等教育科技资源的配置主体。这些主体在科技资源配置系统中分配着科技资源要素，从事着科学知识和技术知识的生产活动。政府作为配置系统的宏观主体，通过制定科技发展战略、科技政策以及完善创新环境等方式影响科技创新活动。而高等教育、科研院所与企业之间通过联合、科技交流、技术转让、培训等多种方式，实现优势科技创新资源流动整合，并在创新过程中通过知识交流与合作，提高知识的再创新能力。另外，政府、企业、高等教育与科研院所等配置系统主体作用于配置客体——人力、财力、物力、信息等资源，使其按主体意愿与目标改变配置结构，配置方向更加符合配置主体的要求。而配置客体的结构属性等反过来也影响和制约主体的决策，使之更加科学与符合客观规律。市场、体制机制和文化等共同构成了科技资源配置系统的具体环境。在内蒙古自治区高等教育科技资源配置系统形成过程中，衍生性科技资源要素通过对基础性科技资源要素的作用，使其配置机制逐渐完善、配置功能不断得到强化。

内蒙古自治区高等教育科技资源配置系统具有以下特征：

一是开放性。根据系统论熵增原理，科技资源配置系统只有同外界不断进行有效物质、能量与信息交换，才能使系统处于熵值减少状态。配置系统在运行过程中，不仅要与区域内的经济系统、教育系统、社会系统及生态系统等进行配合，而且要与区域外资源配置系统进行人力、财力、物力和信息资源的交换。

二是延迟性。增加科技资源配置系统中的科技创新资源投入或进行结构调整，必须经过配置主体的不断创新，而其效果会受到各主体行为及外部条件与环境的影响，常出现延迟现象，需一定时间才能实现预期目标。

三是等级性。配置系统具有层次性，政府处于配置系统的宏观管理层面，企业、高等教育与科研院所则处于微观层面，高等教育科技资源要素系统在与外界环境相互作用的过程中，配置功能不断完善并发挥作用，形成配置系统的更高层次。

四是动态平衡性。系统具有动态平衡性，高等教育科技资源优化配置过程中，不同科技资源在不同主体、产业领域、地区间流动，向资源利用效率高、经济效益好的方向转移，在不断变化中形成一种动态平衡。

三、内蒙古自治区高等教育科技资源配置 系统运行机制分析

内蒙古自治区基础性高等教育科技资源要素子系统和衍生性高等教育科技资源要素子系统相互影响和作用，促成了内蒙古自治区高等教育科技资源配置系统运行机制的完善，其配置机制具体作用如下：

（一）内蒙古自治区高等教育科技资源配置系统主体运行机制

高等教育作为教学与科研的综合性组织，教学科研不断实现"一体化"使科研队伍有了新的生机与活力，通过所谓的"反哺"作用，极大地促进一些创新性的科研成果的诞生。此外，高等教育之间广泛的科研合作、科研人员之间的深入交流也有利于学科之间的交叉融合，并对各种新思想、新思路的形成和人员能力素质的提高有积极作用。高等教育具有丰富的科研实验仪器设备和科研基地，从而有效保证了科研的顺利开展。但是，分散性高等教育科研活动的明显不足，基于该特征的科研活动，会带来资源的重复性投入以及科研持续性较差的问题。因此，应注重加强可持续利用的公共条件平台建设，提高科研资源配置效率。内蒙古自治区高等教育具有丰富的科技信息资源，如图书馆、信息网络、专利等。通过构建强大的信息资源平台，实现内蒙古自治区高等教育资源的有效共享、互动。

政府作为内蒙古自治区高等教育科研经费的主要提供者，对高等教育科研主要是基础研究方面的支持，且主要通过基金和竞争申请方式发放。通过竞争，可增加科研人员从事科研活动的压力，提高项目质量，产生创新水平高的成果，提高资源配置效率。

企业是内蒙古自治区高等教育科研经费投入的另一重要来源。作为科技成果转化与吸收的主体，有些研发活动企业是没有能力开展的，因而促成了与高等教育的联合。这种联合主要通过签订合同的方式对双方的权利、义务进行规范，从

而有利于双方合作的实现。通过合作，转换角色定位，理顺彼此的关系，在合作过程中增进双方的了解，有利于高等教育科技成果的转化，加强与经济相结合的紧密程度。

（二）内蒙古自治区高等教育科技资源配置系统客体运行机制分析

1. 内蒙古自治区高等教育科技资源市场配置机制分析

科技资源要素市场在自发形成过程中，促成了对科技资源自配置机制的形成。市场对高等教育科技资源的自配置机制包括以下几方面：

（1）通过市场价格机制，引导科技人力资源要素流向更能发挥创造性潜能和体现自我价值的环境中，创造更高收益，形成科技人力资源要素配置的良性循环机制。但市场的盲目与利益驱动性会导致人才不能主动从事基础性研究，导致市场失灵。因而，制度与文化就成为弥补失灵不可缺少的方式。

（2）财力资源要素市场为科技资源配置提供充足的资金支持，有利于形成资金供给主体多元化，降低单一主体所带来的高依赖性和投入高风险性。市场价格机制有利于引导资金流向产出效益高的执行主体，从而有利于资金配置效率的提高。

（3）市场为科技物力资源要素提供了交易场所。通过进行科技物力资源的有效市场配置，能够显著提高资源要素的共享与流动，重复购买等浪费现象就会大大减少，经费得到节约，资源配置效率也能有效提高。

（4）科技信息资源要素市场为供需双方提供了交易平台，并通过价格机制进行调节，同时在市场进行供需自发调节过程中实现经济科技一体化。但由于高等教育科技资源成果市场中切实存在着信息不对称问题，这就使文化引导作用与制度规范作用成为提高市场资源配置效率的重要方式。

2. 内蒙古自治区高等教育科技资源制度配置机制分析

高等教育科技资源制度配置机制可概述为以下几方面：

（1）产权制度与高等教育科技资源配置。产权经济学强调，产权界定和分配对资源配置及其利用效率具有决定性的影响。只有清晰界定资源产权，才能减少交易摩擦，高等教育科技资源才可以流入最有效率的部门中，使市场配置资源的效率提高。

（2）宏观调控制度与高等教育科技资源配置。总体上，我国高等教育科技资源配置宏观调控制度还处于建立和完善的初级阶段。无论是人力、财力还是物力资源等都存在着宏观调控的制度设计，故需进一步明确科技资源配置过程中哪些领域应当由政府进入，通过宏观调控制度及时补充和修正市场在配置科技资源活动中的不足，与市场共同实现科技资源的优化配置。

（3）法律制度与高等教育科技资源配置。法律对于科技资源的重要性在于其是防止市场和政府配置发生偏差的有效手段。机制作用体现在以下三个方面：①确定科技研究计划、投资方向和基金预算，依据科技发展布局分配人、物、财，资助扶持高科技的发展，集中资源解决社会发展重大的关键技术等。②构建市场调节和政府宏观调控有效结合的科技资源配置机制，为优化资源配置提供制度保障。③在规定科技创新主体对其成果享有一定垄断权利的同时，也规定这种垄断权利具有时效性。

3. 内蒙古自治区高等教育科技资源文化配置机制分析

文化作为一种自发秩序，在内蒙古自治区高等教育科技资源配置系统中能作为从事科技活动中的一种常规性固化文化，其对高等教育科技资源主体的行为方式影响"历久弥新"，即对主体行为的影响是长久性和渗透性的。我们所谈及的文化配置机制在这里主要是对高等教育科技资源行为主体起着一种引导性作用，像一种传统观念和约定俗成的社会文化祭奠，并有一种自我强制性的规约。

文化配置机制的重要表现方面就是由共享导向、有偿使用、信息互动、高效服务和竞争激励等机制构成的共享运行机制。共享导向机制就是要建立起政府主导、舆论导向、利益主体单位引导和个人自省相结合的共享导向机制。有偿使用机制就是在协作网外的社会成员，按市场缴费标准付款使用。这里关键的因素在于政府的投入因素，政府的投入应惠及全体社会成员。信息互动机制是有效实施资源共享，加强共享主体之间以及与社会其他成员之间的沟通与联系。高效服务机制是要建立以提高服务质量、提高工作效率为目标的高效服务机制。竞争激励机制是通过竞争激励，逐步形成布局合理、功能完善、体系健全、共享高效的国家科技基础条件平台建设的新格局。

4. 内蒙古自治区高等教育科技资源市场配置、制度配置和文化配置协同作用机制分析

在内蒙古自治区高等教育科技资源配置的过程中，市场发挥了极其重要的作用，并逐步形成了一种自组织机制。可是，高等教育的科技活动所具有的外部性特征又很容易致使高等教育科技资源市场配置的"失灵"。因此，为避免这种"失灵"现象，市场这种自组织机制只有在有效的制度和文化的引导规范下才能不断发展和逐渐完善。制度源于文化，又是文化的载体。制度的供给与发挥作用离不开科技人员对其理解、认同的程度，他们的文化契合程度决定着制度的作用成本与成效。同时，制度作为市场失范的调节手段，要以市场为依据，实现有效供给。文化作为一种自发社会秩序，是在长期科技活动过程中形成和发展的，起着引导规范高等教育科技资源配置主体行为的作用。从本质上讲，文化配置是对高等教育科技资源制度配置与市场配置的一种补充机制，另外，制度的不断完善与市场的发展也会对文化配置进行不断的规范。

总之，正是通过高等教育科技资源配置的过程中制度机制配置、市场机制配置以及文化机制配置的有机协同，才能有效实现高等教育科技资源的不断优化配置，促进高等教育科技资源配置效率的有效提高，进而推进整个高等教育科技创新活动的不断发展。

（三）内蒙古自治区高等教育科技资源配置系统环境机制分析

内蒙古自治区高等教育科技资源配置系统生存发展与所处环境相关。一方面，配置系统在适应环境的同时，不断与外界环境进行物质、能量与信息交换，并以其特有的行为特质对环境产生影响；另一方面，自然、经济、政策、市场、人文等环境因素又对高等教育科技资源配置系统产生相应输入量，并导致资源配置效率不断发生变化，从而对配置系统的发展产生很大的影响。

随着科技的发展，科技资源要素相互作用产生的输出物对生态环境的影响越来越强烈，整个生态系统面临越来越大的生存危机。所以，务必要重视内蒙古自治区高等教育科技资源配置系统对环境产生的各种影响，着力发展绿色科技，优化科技资源配置系统输出效果，提高配置效率，使科技活动更符合自然规律和适

应环境的变化，实现与自然和谐相处。

作为科技资源配置优化的内因，经济发展为科技资源投入提供物质保证。反过来，科技资源配置优化又能增强经济实力。经济杠杆是实现科技资源配置优化的调节器，是加速科技进步的有力手段。因此，运用经济杠杆能够充分调动科技创新主体的内在潜力，活化微观结构，松动可能存在的制约因素，使科技资源优化配置得以顺利实现。

政策环境是指为实现高等教育科技资源优化配置、实现科技进步而制定的各项制度总和。作为科技资源优化配置的激励手段，各项相关政策的制定必须以符合科技本身发展规律性为前提，目的在于优化资源配置，推动科技创新，把研究活动投入经济建设主战场。确立法规制度的目的则是规范科技创新主体行为与运作过程，使其沿着良性轨道进行运转。

市场环境是指有利于科技创新所依赖的市场体系的总和。市场开放度影响着科技资源配置的深度与扩散广度，市场发展完善程度决定了对科技资源的需求大小。产品市场是整个市场中的关键环节，是科技活动成果的最终检验者。这就要依靠科技创新提高产品的知识密集型程度，以新优产品开拓市场，增强市场竞争能力，不断适应瞬息万变的市场环境。

人文环境主要是指科技创新体系内部对科技资源配置的认知程度及由此决定的科研人员社会地位、科研重视程度等社会意识总称。科技资源配置的人文环境对高等教育科技资源配置系统提供文化资源供应。积极的、具有创新性的文化氛围有利于引导人们的行为，有利于科技活动的顺利展开，还可以促进科技资源配置效率的提高。

四、内蒙古自治区高等教育科技资源配置评价指标体系构建

高等教育科技资源配置状况直接关系到其利用效率的高低、高等教育与科技的发展规模和速度等一系列问题。研究内蒙古自治区高等教育科技资源优化问题，根本目的是提高科技资源配置效率，达到在一定时期和一定空间范围内，以最适宜的投入得到最大的产出的目标，促进教育与科技效率的全面提高；关键环节是能够提出相应对策优化内蒙古自治区高等教育科技资源配置现状；前提基础

是建立一套科学的评价指标体系和方法，对内蒙古自治区高等教育科技资源配置现状进行评价。这一评价过程充分体现了对教育与科技资源配置和使用效率的再定义和重新认识，并且对制定和实施内蒙古自治区高等教育科技资源配置的战略和方案具有十分重要的意义。它可以使政府和高校确定高等教育科技资源优化进程中优先考虑的问题，为决策者和公众提供一个了解高等教育科技资源配置效果的有效工具。因此，内蒙古自治区高等教育科技资源评价是内蒙古自治区高等教育科技资源优化配置决策的根本前提和重要组成部分。

内蒙古自治区高等教育科技资源配置评价体系建立的基本过程，即评价的基本过程如下：设计完善的评价指标体系——选择适宜的评价方法——构建有效的评价模型——收集数据进行分析处理——形成判断。

（一）内蒙古自治区高等教育科技资源配置评价的目的

内蒙古自治区高等教育科技资源配置评价是内蒙古自治区高等教育科技资源配置问题研究从理论进入解决实际问题的重要环节，若无高等教育科技资源配置评价指标体系、评价方法和评价模型，内蒙古自治区高等教育科技资源配置研究就只能停留在理论和概念层面，无法指出高等教育科技资源优化配置途径和实际操作步骤中存在的问题。因此，非常有必要重视高等教育科技资源配置评价环节，以便达到内蒙古自治区高等教育与科技系统合理定位、准确把握和可持续发展的目的。

合理定位、准确把握是内蒙古自治区高等教育科技资源配置评价的首要目的。在市场经济中，高等教育科技资源配置同样是以市场为主要调节手段，辅以政府的宏观调控。弄清楚内蒙古自治区高等教育科技资源配置现状及其在竞争中所处的位置，对其更好地生存和发展都是至关重要的。对内蒙古自治区高等教育科技资源配置状况进行评价和比较分析，有助于政府、高校准确地把握竞争环境带来的机会和威胁，清晰地看出自身的优势和劣势，为区域宏、微观决策主体制定高等教育科技资源优化配置对策提供科学依据。

可持续发展是内蒙古自治区高等教育科技资源配置评价的根本目的。评价内蒙古自治区高等教育科技资源配置的根本目的是实现区域高等教育科技资源的优化配置，促进区域高等教育与科技系统能动地适应区域社会环境、实现自身的可持续发展。通过评价，可以正确认识和了解内蒙古自治区高等教育科技资源配置状况的形成过程，把握内蒙古自治区区域高等教育科技资源配置演变的规律，预测和描绘未来的发展趋势。这有利于区域高等教育部门制定发展规划和中长期战略，推动区域高等教育科技资源的优化配置，实现高等教育与科技系统的可持续发展。

（二）内蒙古自治区高等教育科技资源配置评价的内容

内蒙古自治区高等教育科技资源系统是一个开放的系统，与内蒙古自治区社会文化环境之间存在着广泛的资源流入和流出关系。具体来说，内蒙古自治区高等教育科技资源系统要消耗一定的社会资源，如科技人力资源、科技财力资源、科技物力资源等，同时为内蒙古自治区社会提供发展所需的科技成果，如高素质人才、高科技成果等。内蒙古自治区高等教育科技资源优化配置的目的是提高高等教育科技资源使用和分配效率，实现一定时期和一定空间范围内，以最小资源投入获得最大教育产出，即提高高等教育科技资源投入产出效率。高等教育科技资源投入产出效率也可称为高等教育科技资源配置效率，它是指高等教育科技资源投入与产出成果的比值。因此，在对内蒙古自治区高等教育科技资源配置进行评价时，评价的内容包括两大部分：一部分是内蒙古自治区高等教育科技资源系统投入资源，另一部分是内蒙古自治区高等教育科技资源系统产出成果。

1. 内蒙古自治区高等教育科技资源系统的输入

（1）内蒙古自治区高等教育科技人力资源。一般而言，人力资源是蕴藏在人身上的劳动能力，但这种劳动能力是无形的，界定人力资源应从其数量、质量等方面的属性进行分析。人力资源的数量是指人力资源载体的数量，以"个"或"人"为单位。人力资源的质量是在内外因共同作用下形成的、蕴藏在人力资源载体内的、在某一时期所表现出来的、相对稳定的质的规定性，包括人力资源载体的知识水平、能力水平、素质水平等方面。可见，数量仅是"人"数的概念，质量概念也仅仅能够表示个体之间的区别。因此，在实践中必须将人力资源的数量和质量概念结合起来衡量内蒙古自治区高等教育科技人力资源状况。内蒙古自治区高等教育人力资源是指内蒙古自治区高等教育科技资源系统所拥有的实际从事或有潜力从事科技知识产生、发展、传播和应用活动的人力资源，是具有一定数量和一定教学科研或管理水平的科研人员、科研辅助人员和行政管理人员的总和。这里，内蒙古自治区高校科技系统的人力资源既体现为一定的数量，即所拥有的科研、辅助和行政管理人员的总和，也体现为一定的质量，即所拥有的具有中、高级职称的教师及管理人员数量，他们一定程度上体现了内蒙古自治区高水平的教学科研能力及管理高校的能力。鉴别科技人力资源主要依据两种方式：一是按"职业"，二是按"资格"，即受教育程度。按职业界定的科技人力资源反映了科技人力实际投入水平和社会经济发展对科技人力的现实需求。按资格即受教育程度界定的科技人力资源反映了科技人力储备水平和供给能力。一个地区科技人力资源总量是按职业和资格两者统计的综合值，即任何一个人只要满足"职业"和"资格"中的一个条件，便属于科技人力资源的组成部分。根据科技人力资源评析的两种模式，可从"资格"与"职业"两方面综合的角度进行分类。一类是专业技术人员，包括教授、副教授和讲师等。另一类是科技活动人员。科技活动人员中的科学家和工程师是科技活动的主要人力因素，是科技人力投入质量的反映，其人数的总量和相对量是表征科技人力的一个重要指标。活动的人员是科技活动的核心力量。另外，在具体研究中，人们经常使用"研究与发展全时人员"这一指标，它是指从事研究与发展工作时间占本人教学、科研总时间功 10% 以上的人员。90% 以上为全时人员，10% ~ 90% 为非全时人员。几个非全时人员从事研究与发展工作时间的百分比累计达 100%，折合一个全时人员。"研究与发展全时人员"是全时人员与非全时折合全时人员之和。

（2）内蒙古自治区高等教育科技财力资源。内蒙古自治区高等教育科技财力资源是一定时期内，内蒙古自治区所获得的用于高等教育科技资源运行的、以货币形式体现出的各类投入，是内蒙古自治区高等教育科技活动正常运行的最基本保障。在收支平衡的情况下，内蒙古自治区高等教育科技资源投入中的财力资源也是内蒙古自治区高等教育科技资源中人力、物力等资源消耗的货币反映。

内蒙古自治区高等教育科技资源投入中财力资源的形成源于以下三方面：一是政府拨入性科研费用，包括：①科研事业费（学校上级主管部门从科学事业费、教育事业费中通过切块、按项目下达及学校从教育事业费中安排的科研经费）；②主管部门专项经费（学校上级主管部门从科技三项费、技改费、基建费中为学校安排的科研专项费）；③其他政府部门专项费（包括国家自然科学基金、省科研基金等专项费）。二是企事业拨入性科研费用，具体指学校从企事业单位按合同、协议获得的科技经费，这部分费用是企事业单位委托经费。三是高校自筹科研费用，主要是指从技术转让、新产品出售、咨询服务等各种收入中转用于科技的经费。

（3）内蒙古自治区高等教育科技物力资源。内蒙古自治区高等教育科技物力资源是内蒙古自治区高等教育科技资源系统在科技服务过程中投入的物质资料，是高等教育科技投资的物化形式。物力资源由两大部分组成：一是固定资产，二是在科研运行过程中使用的材料和低值易耗品。固定资产包括以下三个方面：①共用固定资产，包括土地、房屋建筑、活动场地等；②科研用固定资产，包括科研仪器设备、图书资料、电教网络设备、各种软件、科研用具等；③工作生活用固定资产，包括水电设备、炊事设备、运输工具、各类家具、印刷打印设备、医疗设备等。材料与低值易耗品是指物力资源中各种原材料和价值在规定金额内的物品或使用年限短（如不满一年）、容易消耗的物品，如水电、燃料、科研用的各种原材料、试剂、低值仪器设备、各种杂用品及设备修理等。充分利用内蒙古自治区高等教育科技物力资源，就是要在保证高校科技质量的同时，使高校各类固定资产、材料和低值易耗品最大限度地发挥其作用。

2. 内蒙古自治区高等教育科技资源系统的产出

内蒙古自治区高等教育科技资源系统的产出成果是指高等教育培养的人才和提供的各种知识性产品与服务。内蒙古自治区高等教育科技资源系统的产出是高等教育科技资源系统发挥其职能和功能的具体表现。内蒙古自治区高等教育科技资源运行的产出会随着高等教育职能的演变而不断发生变化。高等教育为适应社会需求必须不断扩展自身职能，迄今为止，高等教育职能的演变大致经历了三个阶段：第一阶段是单纯地通过保存与传播知识来培养专业人才；第二阶段是通过继承与创造知识，在培养人才的同时发展科学技术；第三阶段是通过传播、创造和应用知识，在培养人才与发展科学的基础上，利用掌握的知识直接服务于社会。因此，目前内蒙古自治区高等教育科技资源系统的产出也表现为培养人才、发展科学和直接服务社会三方面的特征。

首先，培养社会需要的各类人才是内蒙古自治区高等教育科技资源系统最主要的产出，也是高等教育有别于工业、科技服务业等行业的最主要特征。高等教育科技资源系统培养的人才按照专业结构分类，可分为理、工、农、林、医药、师范、财经、管理、文史、哲学、政法、艺术、体育等类型；按照层次结构分类，可分为专科生、本科生、硕士生和博士生几种类型。在研究内蒙古自治区高等教育科技资源系统培养的人才数量和质量时，通常按照国家教育部规定的现行换算方法进行测算，即把一个"大学本、专科毕业生"定为 1 个"标准"专门人才，博士生为 2 个，硕士生为 1.5 个，这样就可以得出一个地区高等教育培养的当量人才总量。当然，"标准"专门人才的确定，可以根据研究及实际工作的需要来进行。

其次，为社会提供有用的科技研究成果是高等教育发展科学职能的具体表现，也是内蒙古自治区高等教育科技资源系统为促进地区经济发展提供的最有价值的产出。高等教育科技资源系统带来的新技术和新产品能加速地区产业结构的优化和升级、催生新产业、增加劳动就业。近年来，各地政府纷纷出台各种措施引导教育资源向这个方向有效配置，旨在推动内蒙古自治区高校多出成果、出好成果，促进高等教育和地区经济的互动发展。

最后，高等教育科技资源直接服务社会的职能激发了高校跨越有形的组织边界，实施"走出去"战略。具体表现为技术培训、技术咨询、研究成果转化、各类成果转化、兴办高新技术产业、创立各类专业咨询机构以及软科学项目的合作与应用等。尽管高等教育直接介入内蒙古自治区经济，为社会生产和生活提供知识性服务还处在刚刚起步阶段，目前尚不是内蒙古自治区高等教育科技资源系统的主要产出，但高等教育凭借继承和发展各类知识的独特优势，在应用知识来服务社会方面的潜力巨大。因此，地区高校为社会提供的服务也应成为衡量内蒙古自治区高等教育科技资源系统产出的一个重要方面。

3. 内蒙古自治区高等教育科技资源配置评价指标的设计原则

评价指标体系直接关系到评估结果的客观性和准确性，要使评价结果能全面、客观、准确地反映互动机制运行的实际状况，评价指标的遴选应该遵守以下几项基本原则。

（1）目标导向原则。对高等教育科技资源配置进行评价，其目的不是单纯地评价出教育资源配置状况的优劣及利用效率的高低，更重要的是通过评价，能把握住高等院校朝着正确的科技资源配置目标发展的方向，这是在设计评价指标体系时必须予以充分注意的问题。例如，就高等教育科技资源配置评价而言，教育经费、科研经费、教师数量、学生数量等指标都能从一个侧面反映评价目的，而学生性别比例则是与评价无关的指标。

（2）系统优化原则。高等教育科技资源配置评价有效性很复杂，必须用若干个指标衡量，这些指标之间既有横向联系，又有纵向联系，具有很强的系统性。以系统优化为原则，即以较少的指标（数量较少、层次较少）能够较全面、系统地反映高等教育科技资源的配置状况。在采用基于 DEA 的高等教育科技资源配置评价定量方法进行研究时，系统优化原则要求评价指标体系必须统筹兼顾各方面的关系。

（3）全面性原则。对于高等教育科技资源配置评价而言，如果评价目的是对高等教育科技资源利用效率进行全面考察，那么为了全面反映评价目的，输入、输出指标体系应覆盖高等教育科技资源投入、产出的全部或绝大部分，缺少某个或某些重要指标，评价目的就不能完整地得以实现。

（4）可操作性原则。指标的选取要在较准确反映互动机制运行的基础上，尽量选取具有共性的综合性指标，力求数据的可操作性。一方面指标资料要易于获取，另一方面定量指标可直接量化，定性指标能间接赋值量化。

（5）精简性原则。在 DEA 方法中，决策单元的有效性系数会随着指标数量的增多而变大，指标多到一定程度就会使每一决策单元的有效性系数都较大，甚至普遍接近于1，这不利于从有效性系数中提取决策单元的差异信息。一般来说，决策单元的个数以不少于输入、输出指标总数的2倍为宜。所以，在建立指标体系时，要在保证实现评价目的的前提下，根据参考决策单元的数量，尽可能选择既能反映系统本质特性，又同时简练的指标。

（三）内蒙古自治区高等教育科技资源配置评价指标体系的构成

本书把内蒙古自治区高等教育科技资源系统看作一个投入产出系统，对其配置效率进行分析。根据高等教育科技资源系统输入与输出指标特点，结合有关专家意见，从中选取一级指标2个、二级指标6个、三级指标18个，如表5－1所示，形成内蒙古自治区高等教育科技资源配置评价指标体系的初步框架。

表5－1 内蒙古自治区高等教育科技资源配置评价指标体系的初步框架

一级指标	二级指标	三级指标
输入指标	人力资源	科技人员数
		R&D 人员数
		科学家和工程师数
	财力资源	科技活动经费
		R&D 经费
		生均科技活动经费
	物力资源	仪器及实验设备值
		当年购置的设备资产总值
		年末固定资产总值

一级指标	二级指标	三级指标
输出指标	人才培养	在校生总数
		毕业生总数
	科学研究	R&D 项目数
		学术专著数
		获奖科研成果数
		三大检索收录文章数
	社会服务	技术转让收入
		发明专利出售收入
		科技活动经费筹集额

建立内蒙古自治区高等教育科技资源配置评价指标体系，一方面要在资源配置评价综合分析中尽力保证指标体系完整、全面，另一方面指标过多和样本数量的有限性会对计算结果造成一定的影响。鉴于初选指标之间可能存在很大的相关性，在进行综合评价前，要对指标进行进一步合并、归类，以达到运用尽可能少的综合指标反映尽可能多的信息的效果。因此，很有必要根据实际情况采取相应措施，剔除部分相关性较高的指标，简化内蒙古自治区高等教育科技资源配置评价指标体系。研究在充分征求专家意见的基础上，对内蒙古自治区高等教育科技资源配置评价指标体系进行简化。首先，按照可操作性原则，查阅相关统计年鉴，删除那些理论上可行但缺乏数据来源的指标，尽量避免使用主观指标。其次，对评价指标进行相关性分析，相关性分析是通过对各个评价指标间的相关分析。删除一些相关系数较大的评价指标，消除评价指标所反映的重复信息对评价结果的影响，从而提高评价指标设计的科学合理性。

由表5-1可知，本书构建的高等教育科技资源配置评价指标体系主要由两部分构成，分别反映内蒙古自治区高等教育科技资源系统投入和内蒙古自治区高等教育科技资源系统产出。具体分析如下：

1. 内蒙古自治区高等教育科技资源系统投入指标

研究通过人力资源、财力资源和物力资源三个方面来反映内蒙古自治区高等教育科技资源系统的投入。

二级指标"人力资源"包括科技人员数、R&D 人员数、科学家和工程师数三个三级指标。三者在内容上有重叠，存在包容关系，指标之间相关性大。为更全面、准确地反映内蒙古自治区高等教育科技人力资源投入数量和质量状况，研究选择"教职工人数"这一更宽泛的指标来衡量人力资源投入水平。

　　二级指标"物力资源"包括仪器及实验设备值、当年购置固定资产价值和年末固定资产总值三个三级指标。"仪器及实验设备值"不能全面反映高等教育科技物力资源状况，"当年购置固定资产价值"虽能反映当年的物资投入水平，但难以从相关统计年鉴上搜集，故研究选择"年末固定资产总值"作为反映高等教育科技物力资源投入状况的指标。

2. 内蒙古自治区高等教育科技资源系统产出指标

　　研究通过人才培养、科学研究和社会服务三个方面反映内蒙古自治区高等教育科技资源系统的产出。

　　二级指标"人才培养"包括在校生总数和毕业生总数两个三级指标。由于教育活动周期性长，使用"毕业学生总数"来衡量培养人才水平不够全面，因此研究选择"在校生总数"指标。由于培养人才具有层次性，不同层次人才的人力资本价值不同，研究采用"当量人才数"的概念。

　　二级指标"科学研究"包括 R&D 项目数、学术专著数、获奖科研成果数、三大检索收录文章数四个三级指标。"R&D 项目数"和"学术专著数"指标值可以从《内蒙古科技统计年鉴》中查到。而对于其他两项指标，有的是从重点高校角度统计的，有的只是某一年根据需要而间断统计的，虽然从理论上说也都能反映高等教育在知识创新、发展科学方面做出的贡献，但指标值难以完整地获得，指标设计的可操作性差。研究与开发（R&D）是科技活动中最重要部分，其以创新创造的属性成为了科技活动的核心。据统计，我国每年科技活动经费的60%用于研究与开发活动（R&D）。可以说"R&D 项目数"是反映科技活动最重要的通用指标。因此，"R&D 项目数"比"学术专著数"更能反映区域高等教育发展科学的能力。

　　二级指标"服务社会"包括技术转让收入、发明专利出售收入、科技活动经费筹集额三个三级指标。"技术成交金额"可以在相关统计年鉴上查到，而前两项指标经常被专家学者用作衡量知识性产业的产出能力。理论上讲，这两项指标也能充分反映高等教育科技系统服务区域社会的能力和水平，但服务社会的职能是高等教育面向区域发展出现的新任务，高等教育服务区域社会的形式多样，相关产出少而杂，因此，教育科技类相关年鉴上鲜有反映，指标数据很难搜集。因此，研究选择"科技活动经费筹集额"指标来衡量高等教育科技系统服务社会的水平。

综上所述，按照指标遴选的基本原则，对前面评价指标体系的初步框架进行了筛选，经过相关性分析和可操作性检验，最终形成了内蒙古自治区高等教育科技资源配置评价指标体系，如表5-2所示。该评价指标体系由目标层、准则层、指标层三个层面和六个评价指标组成。评价指标均为客观指标，指标的涵盖面广，内在逻辑性强，数量繁简适中，具有很强的可操作性，能够比较客观和准确地描述内蒙古自治区高等教育科技资源配置状况。因此，可以用该评价指标体系建立内蒙古自治区高等教育科技资源配置评价模型。

表5-2　内蒙古自治区高等教育科技资源配置评价指标体系

目标层	准则层	指标层
内蒙古自治区高等教育科技资源配置评价指标体系	输入指标	教职工人数
		年末资产总值
	输出指标	在校生人数
		科研项目数
		科学技术成交金额

五、内蒙古自治区高等教育科技资源配置的评价方法和步骤

（一）内蒙古自治区高等教育科技资源配置的评价方法

多指标综合评价方法是通过一定的数学模型或算法将多个评价指标"合成"为一个整体性的综合评价值的评价方法。这类方法的关键是如何根据评价目的及被评价系统的特点来选择或构造较为合适的合成方法。现有的"合成"的数学方法有多种，最常用的方法是线性加权法。传统的综合评价方法，如层次分析法、模糊综合评价法等都是采用线性加权法作为评价的基础。除此以外，还有人工神经网络评价法、因子分析法、数据包络分析法（DEA法）等。

1. 层次分析法

这是一种定性与定量相结合的多层次权重解析方法。利用该方法评价，首先要系统分析问题，建立系统递阶层次结构和同一层次两两要素判断矩阵。其次利用判断矩阵计算各要素对上一层准则的相对权重，进而对方案排序。层次分析法的优点是所需数据量少，能够克服一般评价方法要求样本点多和数据量大的特点，从而使复杂系统因素之间的量化分析和方案的评价成为可能。但评价过程中要素之间的比较及判断矩阵的建立需要有关专家根据经验来完成，因而评价结果必然要受到主观因素的影响。

2. 数理统计评价方法

数理统计评价方法主要包括主成分分析法、因子分析法、聚类分析法等。数理统计评价方法的优点是不依赖专家的主观判断，直接针对研究的问题，搜集原始数据进行加工、整理，利用专门的数学方法确定问题中各因素之间的因果关系，形成高度综合的信息。但该方法对数据量的要求较高，并且主要是针对定量数据问题进行评价。

3. 模糊综合评价方法

这是一种利用集合论和模糊数学理论将模糊信息数量化来进行定量评价的方法。优点是通过建立隶属度函数为定性信息和定量信息提供一种统一表达与处理模式，降低了人为因素对测度各指标数值的影响。但评价中使用的指标权重需人为设定，另外，隶属度函数确定也很困难。

4. 人工神经网络评价方法

神经网络是仿生物神经网络，本质上是分布式矩阵结构。它通过对训练数据的采掘而逐步计算网络连接权值。人工神经网络评价法主要根据所提供数据，通过学习训练，找出输入和输出之间的内在联系，从而对问题进行分类和模式识别。该方法优点是具有自组织、自学习能力，能处理具有多输入和多输出特征的系统数据，指标权重无须人为设定；缺点是需要数据量大，既需要各种类型训练网络的参考集样本，又需要有待评价的样本数据。另外，评价准则是依据参考集样本的最优标准而定的。

5. 数据包络分析法

数据包络分析法是一种基于运筹学理论与实践，依赖于线性规划技术，并用于经济定量分析的非参数方法，是使用数学规划模型比较决策单元之间的相对效率对决策单元做出评价。确定的主导原则是就其"耗费资源"和"生产产品"而言，各具有相同类型的输入和输出，通过利用线性规划技术对决策单元的输入和输出指标数据进行综合分析，可以得出每个相对效率。该方法的优点是能够处理具有多输入、多输出特征的系统的相对效率评价问题，无须事先人为设定指标权重，也不用人为假定各种函数的形式及对参数进行估计和检验。该方法既可以对样本单元进行评价，又可以对非有效单元提出优化调整办法。但该方法主要针对定量数据的分析，要求指标之间不能存在强线性相关性，并且要求决策单元数要大于评价指标的2倍。因此，该方法对数据量有限的多指标评价的局限性较大。

根据以上对各种常用评价方法的比较分析，并针对研究已建立的内蒙古自治区高等教育科技资源配置评价指标体系，不难发现，层次分析法、模糊综合评价方法适用于系统指标值难以定量表示的评价问题，指标值和指标权重受人为因素的影响较大，故属于主观决策范畴。数理统计评价方法、人工神经网络评价方法以及 DEA 方法均不需要人为设定指标权重，属于客观决策范畴。就本书的内蒙古自治区高等教育科技资源配置评价而言，一来选择的评价指标体系均属定量指标，主观决策评价方法不适用，二来系统是一个具有多输入和多输出特征的复杂系统，善于处理一果多因问题的数理统计方法显然不适合。另外，由于可获得的相关数据有限，而且也没有可供学习的参考样本，人工神经网络评价方法也不适用。因此，本书的研究选择 DEA 方法作为研究内蒙古自治区高等教育科技资源配置的评价方法。该方法的最大优点是不仅可以处理多输入、多输出的生产系统，还可以用于非营利性系统，如医院、学校及其他公共部门。对于非单纯营利的公共服务部门，不能简单地利用利润最大化来对它们的工作效益进行评价，也很难找到一个合理地包含各个指标的效用函数，而 DEA 方法是对这类部门工作进行评价的较有效的方法。另外，由于 DEA 方法不需要预先估计参数，在避免主观因素和简化运算、减少误差等方面有着不可低估的优越性。DEA 模型所提供的是特定范围内的相对评价，既可以以自身为参照系，对自己所追求价值的历程进行历史分析，也可以以同类为参照系，进行横向比较评价，非常适合多输入、多产出系统运行效率的综合评价。它融合了线性规划、多目标规划等数学规划进行评价，可以直接利用输入、输出模型进行经济分析，而且它尊重高等教育运行模式的多样性，对于高等教育科技资源配置评价问题具有独特的适用性。

（二）基于 DEA 的内蒙古自治区高等教育科技资源配置评价步骤

DEA 方法的研究对象是决策单元。内蒙古自治区高等教育科技资源系统可视为 DEA 方法中的一个决策单元，它具有特定的输入和输出，在将输入转化为输出的过程中，努力实现系统的目标，即提高资源配置效率。应用 DEA 方法及模型可以评价高等教育科技资源配置效率，同时在评价的基础上，还可以提供有关进一步优化区域高等教育科技资源配置的信息。DEA 方法应用于内蒙古省高等教育科技资源配置的评价步骤如下：

1. 确定评价目标

DEA 方法的基本功能是评价，因而必须认真分析评价的具体目标，这是建立评价指标体系和选择 DEA 模型的主要依据。本书的研究主要应用 DEA 方法来评价内蒙古自治区高等教育科技资源配置效率。对内蒙古自治区高等教育科技系统而言，资源配置效率越高，意味着系统能用较少的资源消耗获得较多的教育产出，说明资源配置越合理；反之，效率越低，资源配置越扭曲。可见，利用 DEA "相对有效性" 评价可以达到研究的目的。

2. 选择决策单元

选择 DMU，即确定参考集。从技术和经验上讲，DEA 对 DMU 个数有如下要求：一是参考集当中的元素应该具有 "同类型" 特征，即具有相同的输入和输出指标、具有相同的外部环境、具有相同的任务和目标；二是认为参考集元素的个数不少于输入、输出指标总数 2 倍为宜。

3. 建立输入和输出指标体系

选择输入和输出评价指标体系的首要原则是反映评价目的和评价内容。其次，从技术上应避免输入和输出集内部指标之间的强线性关系，同时还应考虑指标的多样性及指标的可获得性等。

4. 选择 DEA 模型

DEA 模型有多种形式，在评价区域高等教育科技资源配置时，主要选择评价规模和技术有效的 C^2R 模型。同时，根据问题的研究需要，还可选择其他 DEA 模型或其他方法，以获得更为客观、全面的结论。

5. 进行 DEA 评价分析

DEA 评价分析包括数据的收集整理、模型求解及对评价结果进行分析。在 DEA 评价结果基础上进行实际分析是评价中的重要环节之一，这方面的工作要与问题的实际背景和有关专家的知识、经验相结合。如果 DEA 评价结果能够通过实践检验，则可直接为决策者提供有用信息。反之，则需要重新调整评价指标体系或选择其他评价模型。

6. 得出评价结论

通过 DEA 方法的建模和求解可得到以下信息：各 DMU 的 DEA 有效性、相对规模收益情况、相对有效性生产前沿面及各 DMU 在其上的投影、各 DMU 的相对有效性与各输入/输出指标之间的关系、不同指标对各 DMU 的影响等。根据上述信息，结合对实际问题背景的了解和经验的把握，可以找出影响内蒙古自治区高等教育科技资源配置的阻力和制约因素，制定科学、合理的区域高等教育科技资源优化配置策略。

六、基于 DEA 的内蒙古自治区高等教育科技资源配置评价模型

本节根据以上所确立的内蒙古自治区高等教育科技资源优化配置的目标体系，分别从配置的综合效率、质量效益、规模收益和结构效益四个方面构建具体评价模型。

DEA 方法用于评价决策单元效率的主要模型是 C^2R 模型和 BC^2 模型。当然，生产过程不同，效率值不同，效率内涵也不同。本书研究的是区域高等教育科技

系统在资源配置过程的投入产出效率。C^2R 模型是建立在凸性、锥性、无效性和最小性四个公理假设的基础上，BC^2 模型是放宽了对锥吐公理的考虑后形成的。两个模型是针对不同生产可能集条件下的决策单元进行评价的，因而效率值有差别。C^2R 模型下的决策单元相对效率包含了"技术有效"和"规模有效"双重评价的综合效率值，BC^2 模型下决策单元相对效率仅体现了"技术有效"。两个模型结合起来能够更细致地评价高等教育科技资源配置效率。

（一）　C^2R 模型

假设有 n 个 DMU，每个决策单元有 m 项输入指标、s 项输出指标，则第 j 个决策单元 DMU_j（$1 \leqslant j \leqslant n$）的输入、输出向量分别为：

$$x_j = (x_{1j}, x_{2j}, \cdots, x_{mj})^T, j = 1, 2, \cdots, n$$
$$y_j = (y_{1y}, y_{2y}, \cdots, y_{sj})^T, j = 1, 2, \cdots, n$$

上述向量数据均可观测到。要想评价决策单元，还需对其输入、输出指标赋予恰当权重。由于对输入、输出量之间的信息结构了解不多，也很难厘清相互替代关系。为避免分析者主观意志影响，DEA 方法不对指标权向量赋值，而是将其看作变向量。假设决策单元输入指标和输出指标权重向量为：

$$v = (v_1, v_2, \cdots, v_m)^T$$
$$u = (u_1, u_2, \cdots, u_s)^T$$

那么第 j 个决策单元 DMU_j 的效率评价指数可表示为：

$$h_j = \frac{输出加权和}{输入加权和} = \frac{uy_j^T}{vx_j^T} = \frac{\sum_{k=1}^{s} u_k y_{kj}}{\sum_{i=1}^{m} v_i x_{ij}}, j = 1, 2, \cdots, n$$

总可以适当选取权系数 v 和 u，使 $h_j \leqslant 1$（$j = 1, 2, 3, \cdots, n$），满足生产可能集约束条件，以第 j 个决策单元效率指数 h_j 最大为优化目标，构造 C^2R 模型。

利用 Charnes - Cooper 变换，规划（P）转化成等价线性规划问题：

$$(P) \begin{cases} \max u^T y_{j0} = V_p \\ s.t. \ w^T x_j - \mu^T y_j \geqslant 0 \\ w^T x_{j0} = 1 \\ w \geqslant 0, \ \mu \geqslant 0 \end{cases} j = 1, 2, \cdots, n$$

根据对偶理论，上述线性规划可以转化为对偶规划，为了简化最优解的判别过程，需要在对偶规划模型中引入松弛变量和非阿基米德无穷小量 ε，线性规划 (P) 的对偶规划 D_ε 表示为：

$$(D_\varepsilon) \begin{cases} \min \theta = V_D \\ s.t. \displaystyle\sum_{j=1}^{n} \lambda_j X_j + S^- = \theta X_j \\ \displaystyle\sum_{j=1}^{n} \lambda_j Y_j - S^+ = Y_i \\ \lambda_j \geqslant 0, j = 1, 2, \cdots, n \\ S^+ \geqslant 0, S^- \geqslant 0 \end{cases}$$

对于上述线性规划模型而言，模型所涉及变量的经济含义为：

θ 为 DMU_j 的相对综合效率（$0 \leqslant \theta \leqslant 1$），反映了第 j 个决策单元资源配置的合理程度。θ 越大，说明相对于其他被评价单元，第 j 个决策单元资源配置效率越高，资源配置状态越合理。反之，θ 值越小，说明第 j 个决策单元的资源配置效率越低，资源的浪费程度越高，资源配置状态越扭曲。

λ_i 为若干决策单元线性组合权重。若干决策单元通过这种线性组合能重构出相对所有被评价单元效率最高的虚拟决策单元。DEA 正是以所有决策单元优化形成的有效前沿面为标准，对各决策单元进行比较评价的。

S_i^-、S_i^+ 为松弛变量，非零的 S_i^-、S_i^+ 分别表示投入冗余量和产出不足量。具体来说：①$\theta = 1$ 且 $S_i^- = S_i^+ = 0$，表示第 j 个决策单元是有效。说明相对于其他被评价单元，该决策单元既无因投入多余而造成资源使用浪费，也无因产出不足而产生资源分配上的效率损失，表明该决策单元资源配置状态相对最合理，配置效率相对最优。②$\theta = 1$ 且 $S_i^- \neq 0$ 或 $S_i^+ \neq 0$，表示第 j 个决策单元是弱有效。说明该决策单元已接近资源配置相对最优，但还有改进余地。可保持原有产出不变，在某些资源投入上减少 S_i^-，也可保持现有投入水平，将某些方面产出增加 S_i^+。③$\theta < 1$，表示第 j 个决策单元非 DEA 有效。说明与其他被评价决策单元相比，该决策单元远未达到资源最优配置状态，可以通过将所有资源投入压缩 θ 倍，而保持原有产出不减来达到最优配置状态。

（二）BC² 模型

上述 C²R 模型是基于决策单元的生产可能集满足凸性、锥性、无效性与最小性公理构建的。其中，锥性公理假设可以通过给定的输入、输出点外推 DUM 最有效的行为。这是因为若 $(x,y) \in T$，则对任意的 $K > 0$，均有 $K(x,y) = (kx, ky) \in T$，表现在决策单元生产可能集 T 的构成上，有：

$$T = \left\{ (x,y) \mid \sum_{j=i}^{n} \lambda_j x_j \leqslant x, \sum_{j=i}^{n} \lambda_j y_j \geqslant y, \lambda_j \geqslant 0 \right\}$$

事实上，并非任何时候锥性都成立，只能令 $K = 1$，相应的生产可能集变为：

$$T_2 = \left\{ (x,y) \mid x \geqslant \sum_{j=1}^{n} \lambda_j x_j, \ y \leqslant \sum_{j=1}^{n} \lambda_j y_j, \ \sum_{j=1}^{n} \lambda_j = 1, \ \lambda_j \geqslant 0, \ j = 1,2,\cdots,n \right\}$$

不同生产可能集，不同的可行域，其对应的生产前沿面也不同，比较决策单元之间相对有效性的模型也不同。生产可能集满足锥性的 DEA 模型，简记 BC^2。BC^2 模型的具体形式如下：

$$(D_{\varepsilon 2}) \begin{cases} \min\theta = VD_{\varepsilon 2} \\ s.t. \ \sum_{j=1}^{n} \lambda_j X_j + s^- = \theta X_{j0} \\ \sum_{j=1}^{n} \lambda_j Y_j - s^+ = Y_{j0} \\ \sum_{j=1}^{n} \lambda_j = 1, \forall \lambda_j \geqslant 0 \\ j = 1,2,\cdots,n \\ s^- \geqslant 0, \quad s^+ \geqslant 0 \end{cases}$$

这里不加证明地给出上述 BC^2 模型评价决策单元相对效率规则。假设线性规划模型 $(D_{\varepsilon 2})$ 最优解是 λ^*、s^{*-}、s^{*+}、θ^*。①若该模型最优解不仅满足 $\theta^* = 1$，且满足 $s^{*-} = s^{*+} = 0$，则称 DUM_{j0} 为 DEA 有效。②若该模型最优解仅满足 $\theta^* = 1$，DUM_{j0} 为弱有效。③若该模型最优解仅满足 $\theta^* < 1$，则 DUM_{j0} 为非有效。

B^2C 模型与 C^2R 模型有关变量的经济含义是相同的，这里不再详述。两个模型是站在不同的角度对决策单元的生产过程进行描述和建模的。在 B^2C 模型下，DEA 有效仅仅代表技术有效，而不代表规模有效。在 C^2R 模型下，DEA 有效兼有技术有效和规模有效的双重含义。因此，两个模型结合起来使用能挖掘出更多有用的数据信息。

第六章　内蒙古自治区高等教育科技资源配置现状评价分析

一、内蒙古自治区高等教育科技资源配置现状

本章将从内蒙古自治区高等教育科技人力资源、科技财力资源和科技物力资源三方面进行概述，所用数据均来源于各年的《高等教育事业统计年鉴》《中国教育经费统计年鉴》《中国教育统计年鉴》《中国科技统计年鉴》《内蒙古自治区统计年鉴》《内蒙古自治区教育年鉴》《内蒙古自治区教育经费统计主要指标提要》等。

（一）内蒙古自治区高等教育科技人力资源配置现状

1. 普通高校学生情况

截至 2015 年底，内蒙古自治区共有普通高校 53 所，其中本科院校 17 所（独立设置的本科学院 2 所）、高职院校 36 所；普通本、专科在校生达 420807人，其中本科生 239344 人、专科生 181463 人，与 2014 年相比增幅 3.54%；在校研究生为 25062 人，其中硕士研究生 16670 人、博士研究生 1292 人，与 2014年相比增幅 3.01%。此外，成人本、专科在校生人数分别为 39721 人、29896人。2015 年，全区高等教育毛入学率为 33.66%，与 2014 年相比减幅 0.04%。有关内蒙古自治区普通高校学生具体情况如表 6-1、表 6-2 和图 6-1、图 6-2所示。

表6-1 内蒙古自治区普通高校历年学生数　　　　单位：人

项目 年份	在校学生数		招生数		毕业人数	
	本、专科	研究生	本、专科	研究生	本、专科	研究生
2010	354440	13964	115242	5548	94704	3384
2011	371388	15316	116477	5168	95957	3977
2012	391434	16227	110894	5698	105054	4657
2013	399201	16897	119263	5886	108272	5125
2014	406414	24330	122755	8118	111723	5469
2015	420807	25062	127536	7847	107863	5386

资料来源：内蒙古自治区教育事业统计简报（2010～2015）。

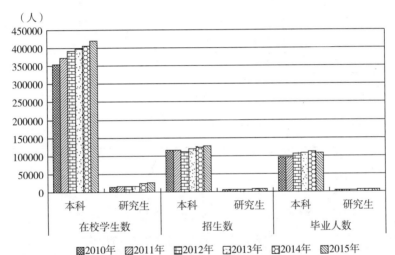

图6-1 内蒙古自治区普通高校历年学生数量变化趋势

由图6-1可以看出，2010～2015年的六年间，内蒙古自治区普通高校在校学生数量呈稳步增长趋势；从招生人数上看，内蒙古自治区本科招生在2012年呈现减少趋势，其他年份呈现逐年增长趋势，研究生招生人数呈现稳步增长趋势，但增长幅度较小；从毕业人数来看，2010～2015年本科毕业人数逐年增加，2015年本科毕业人数减少，但减少幅度较小，研究生毕业人数为稳定增长趋势。

从表6-2与图6-2内蒙古自治区普通高校在校人数历年增减幅度来看，2010～2015年博士研究生在校人数增长幅度呈现倒"U"形分布：2010～2013

年呈现增长率快速增长趋势，2013～2014 年呈现增长率缓慢下降趋势，2014～2015 年呈现上升趋势。硕士研究生在校学生数增长幅度变化率呈现逐年下降趋势，逐渐呈现平稳状态；高职（专科）在校学生数量由负增长逐渐转变为正增长态势；独立成人高校在校人数变化幅度较大；普通高校成人班在校学生人数逐年减少，且减少幅度较大。

表 6-2   内蒙古自治区普通高校在校人数历年增减幅度   单位：%

项目\年份	在校学生数					
	博士	硕士	本科	高职（专科）	独立成人高校	普通高校成人班
2010～2011	7.44	9.84	6.97	-0.41	27	5.02
2011～2012	7.03	5.87	4.94	-2	-28.18	34.35
2012～2013	10.67	8.83	9.98	-2.27	-10.37	14.19
2013～2014	6.99	6.42	2.08	1.44	16.62	-1.37
2014～2015	9.58	2.73	1.92	5.75	-31.45	-38.16

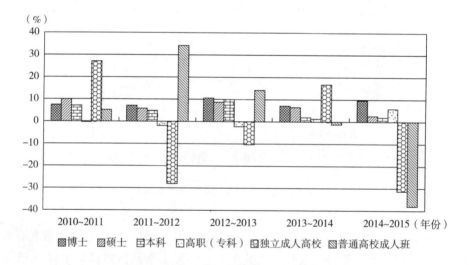

图 6-2   内蒙古自治区普通高校在校人数历年增减幅度

表 6-3 与图 6-3 是内蒙古自治区普通高校招生人数历年增减幅度，可以看出，博士研究生招生人数增长幅度逐渐减缓，由 2010～2011 年的 7.35% 减小到 2014～2015 年的 3.89%，可见内蒙古自治区对博士研究生的招生更加凸显择优录取原则；硕士研究生招生增长幅度呈现波动状态，呈现两个波峰与波谷的"双

倒 U"趋势,其中 2011~2012 年增长幅度为第一次波底,2013~2014 年为第二次波谷;本科生招生人数除 2012~2013 年增长幅度较大外呈现平缓的增长趋势;高职学生招生数呈现先低后高而后平稳的态势;独立院校成人高校招生人数波动加大;普通高校成人班呈现负增长态势,并且呈现剧烈减少的趋势。

表 6-3　内蒙古自治区普通高校招生人数历年增减幅度统计　　单位:%

项目 年份	招生学生数					
	博士	硕士	本科	高职(专科)	独立成人高校	普通高校成人班
2010~2011	7.35	4.65	1.19	-3.12	34.01	17.16
2011~2012	4.89	2.61	1.92	-9.22	-29.22	43.33
2012~2013	4.24	3.26	4.02	11.39	2.49	6.11
2013~2014	4.47	1.60	0.06	5.80	36.20	-9.2
2014~2015	3.89	3.46	2.09	5.61	-81.12	-72.25

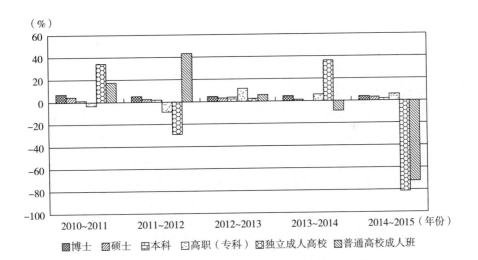

图 6-3　内蒙古自治区普通高校招生人数历年增减幅度

表 6-4 与图 6-4 为内蒙古自治区普通高校毕业人数历年增减幅度,可以看出,博士毕业生毕业数量变化幅度经历了从快速增长到缓慢增长再到负增长的过程;硕士研究生毕业增长幅度呈现稳步减小趋势,说明内蒙古自治区对硕士研究生的毕业要求逐年提高;本科毕业学生数量增长呈现稳步下降趋势,毕业生数量

呈现低增长趋势；高职学生毕业生数量幅度变化较大，并且三次呈现负增长状态；独立成人高校毕业生人数呈现减少趋势；普通高校成人班毕业学生数量与招生趋势高度吻合，呈现逐年减少态势。

表6-4　内蒙古自治区普通高校毕业人数历年增减幅度统计　　　单位：%

年份 ＼ 项目	毕业学生数					
	博士	硕士	本科	高职（专科）	独立成人高校	普通高校成人班
2010～2011	0	18.31	14.14	-6.61	30.41	-1.35
2011～2012	28.76	11.96	10.11	1.68	-30.27	29.75
2012～2013	16.67	9.83	9.98	-2.27	-10.37	14.19
2013～2014	2.29	6.87	6.33	0.47	15.55	48.79
2014～2015	-16.7	-1	1.90	-8.37	-2.48	10.92

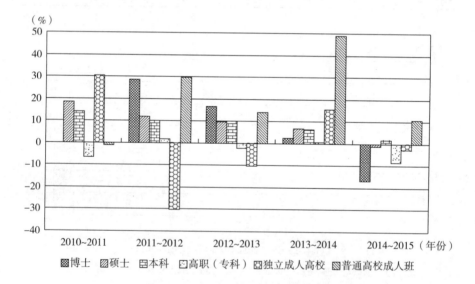

图6-4　内蒙古自治区普通高校毕业人数历年增减幅度

2. 普通高校教职工情况

2010～2015年内蒙古自治区普通高校教职工人数统计如表6-5与图6-5所示。从表6-5可以看出，到2015年，内蒙古自治区普通高校教职工总人数达到39225人，其中专职教师有25792人。

表6-5 2010~2015年内蒙古自治区普通高校教职工人数统计　　单位：人

年份 \ 项目	教职工数			专职教师数		
	本科	高职	成人高等学校	本科	高职	成人高等学校
2010	22769	13670	690	14276	9056	283
2011	23057	14324	540	14557	9579	255
2012	24462	13595	548	15405	9249	267
2013	23731	13564	562	15137	9346	274
2014	23952	13739	553	15513	9487	239
2015	24122	14526	587	15597	9926	269

资料来源：内蒙古自治区教育事业统计简报（2010~2015）。

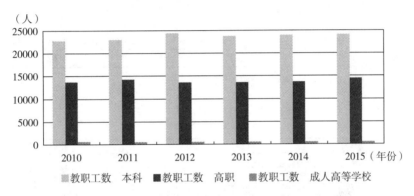

图6-5 2010~2015年内蒙古自治区普通高校教职工人数统计

从表6-5、图6-5内蒙古自治区普通高校教职工人数统计来看，内蒙古本科教职工数量较多，高职教职工数量居中，成人高等学校教职工数量最少。本科教职工数量2010~2015年六年间呈现缓慢增长的趋势，并且2012年数量最大，2013~2015年数量变化较小；高职教职工数量呈现"M"状发展趋势，2011年数量达到第一次波峰，2015年达到第二次波峰；成人高等学校教职工数量稳定，变化幅度较小。

由表6-5、图6-8可知，内蒙古自治区普通高等教育教职工数主要集中在本科院校，高职与成人教育的教职工较少，且本科院校教职工数量增长速度大于高职类教职工数，更大于成人高等教育教职工数量的增长幅度。内蒙古自治区普通高等教育教职工数量较少，均生师比达到12:1，说明内蒙古自治区高等教育教师数量较少，专职教师数量不足成为制约其高等教育发展的重要因素。

从表6-6、图6-6至图6-10中内蒙古自治区普通高校专职教师人数统计来看，本科专职教师的数量、高职专职教师、成人高等学校教师数量差距较大，特别是成人高等学校教师数量最小。本科专职教师在 2010～2015 年增长幅度较大，为 1321 位老师，并且呈现倒 "U" 形变化趋势，2012 年专职教师数量达到最大值；高职专职教师数量与本科专职教师数量变化趋势呈现明显的拟合性，变化态势呈现相似性；成人高等学校教师数量变化较小。

表 6-6　内蒙古自治区普通高校教职工人数增减幅统计　单位：人，%

项目 年份	教职工数						专职教师数					
	本科		高职		成人高等学校		本科		高职		成人高等学校	
	值	幅度	值	幅度	值	幅度	值	幅度	值	幅度	值	幅度
2010～2011	288	1.26	654	4.78	-150	-21.74	281	1.97	523	5.78	-28	-9.89
2011～2012	1405	6.09	-729	-5.09	8	1.48	848	5.83	-330	-3.45	12	4.71
2012～2013	-731	-2.99	31	-0.23	14	2.55	-268	-1.74	97	1.05	7	2.62
2013～2014	220	0.93	175	1.29	-9	-1.60	305	2.01	141	1.51	-35	-12.77
2014～2015	170	0.71	787	5.73	34	6.15	84	0.54	439	4.63	30	12.55

资料来源：内蒙古自治区教育事业统计简报（2010～2015）。

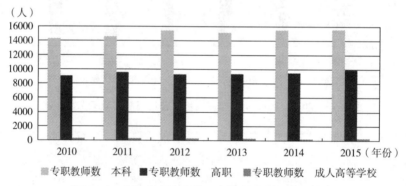

图 6-6　内蒙古自治区普通高校专职教师人数统计

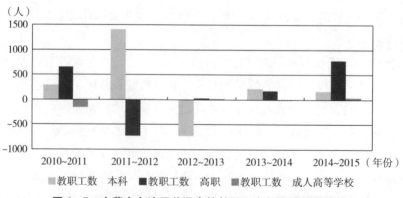

图 6-7　内蒙古自治区普通高校教职工人数增减数量趋势

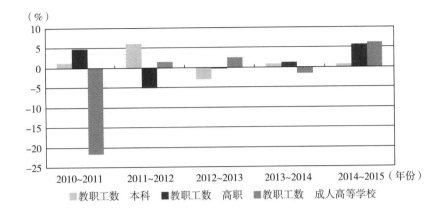

图 6 – 8 内蒙古自治区普通高校教职工人数增减幅度趋势

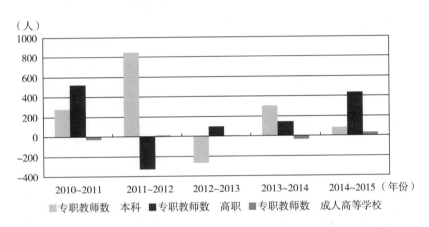

图 6 – 9 内蒙古自治区普通高校专职教师数增减数量趋势

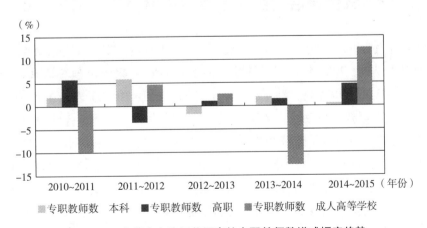

图 6 – 10 内蒙古自治区普通高校专职教师数增减幅度趋势

如表 6 - 7 所示，2014 年，内蒙古自治区普通高校专任教师是博士学历的有 2615 人，占专职教师总人数的 10.36%；是硕士学历的有 8753 人，占专职教师总人数的 35%；是专科及以下学历的有 13244 人，占专职教师总数的 52.48%；具有正高级职称的教师有 2584 人，占专职教师总人数的 9.87%；具有副高级职称的有 7760 人，占专职教师总人数的 31.04%；具有中级职称的有 9605 人，占专职教师数的 38.43%；具有初级职称的有 3700 人，占专职教师数的 14.80%。由以上数据可以看出，内蒙古自治区高等教育专任教师学历层次较低，职称较低，这已经成为影响内蒙古自治区高等教育质量的重要因素。

表 6 - 7　内蒙古自治区普通高校专任教师学历、职称情况　　　　单位：人

项目 年份	按学历分				按职称分				
	博士	硕士	本科	专科及以下	正高	副高	中级	初级	未定
2010	1590	7728	13276	738	1983	7012	7955	4569	1813
2011	1855	8173	13419	689	2202	7339	8665	4260	1670
2012	2161	8839	13030	624	2342	7523	9138	4057	1594
2013	2352	8797	13119	560	2468	7630	9347	3953	1430
2014	2615	8753	13244	627	2584	7760	9605	3700	1590
2015	2909	8944	13097	573	2562	7605	9672	3184	1366

（二）内蒙古自治区高等教育科技财力资源配置现状

从高等教育财政性投入来源构成来看，内蒙古自治区高等教育财政性投入来源结构有所变化。2007 年及以前高等教育财政性投入来源由预算内教育经费、教育附加拨款及校办产业、勤工俭学、社会服务收入中用于教育的经费构成；2008 年开始高等教育财政性投入来源由财政预算内教育经费、各级政府征收用于教育的税费、企业办学经费及校办产业、勤工俭学、社会服务收入中用于教育的经费构成。高等教育财政预算内教育经费总体呈上升趋势，占总教育经费的比例不断增加。教育附加拨款与各级政府征收用于教育的税费这两个项目属于通过一个项目，所包括的内容都是城市教育费附加、农村教育费附加和地方教育费附加，2012 ~ 2016 年浮动比较大，所占比例不稳定。

如表6-8、图6-11、图6-12所示，2012～2016年内蒙古自治区普通高等教育经费收入与支出变化幅度较大。在收入方面总体呈现递增趋势，但其变化幅度较低，其中财政拨款收入呈现"降低—增高—降低"的趋势，2012～2013年财政拨款金额降低明显，2013～2014年财政拨款金额增长凸显，2014～2016年财政金额呈现缓慢下降的态势。在支出方面总体呈现"倒U"形变化，支出总金额持续上涨到2014年出现支出最大峰值，2014～2016年支出金额逐渐下降。其中，基本支出呈现"M"形变化趋势，基础支出的两个波峰年分别是2013年与2015年，随时间的变化波峰与波谷呈现交替的现象；项目支出金额呈现倒"U"形发展趋势，波峰年为2014年；经营支出金额趋势稳定，金额总量变化较小。

表6-8 2012～2016年内蒙古自治区普通高等学校教育经费收入、支出统计

单位：万元

项目 年份	收入				支出		
	财政拨款	事业收入	经营收入	其他收入	基本支出	项目支出	经营支出
2012	369513.56	148737.96	1985.40	29321.83	273109.22	200855.11	1964.89
2013	330498.13	174396.09	1601.00	24030.27	334738.90	229591.71	0
2014	428733.56	178370.60	0	119.45	302861.65	299373.89	2704.93
2015	400466.62	168486.67	3066.87	40373.33	353486.99	235148.37	2917.67
2016	331760.97	127265.84	850	10800	337680.45	136251.65	850

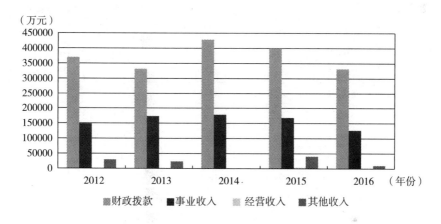

图6-11 2012～2016年内蒙古自治区普通高等学校教育经费收入变化

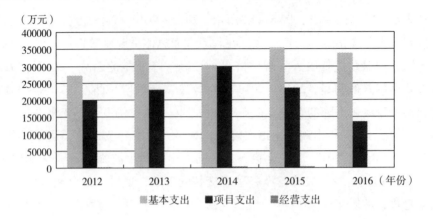

图 6 - 12   2012 ~ 2016 年内蒙古自治区普通高等学校教育经费支出变化

内蒙古自治区高等教育生均公共财政预算教育事业费增长情况总体来看比较明显，特别是内蒙古自治区各盟、市生均公共财政预算教育事业费总体呈现缓慢上涨趋势，但各地区差距较大，2011 年生均公共财政预算教育事业费最大值与最小值差距近 5 倍（鄂尔多斯市与乌海市），2012 年生均公共财政预算教育事业费最大值与最小值差距近 10 倍（鄂尔多斯市与乌海市），2013 年生均公共财政预算教育事业费最大值与最小值差距达 4.7 倍（鄂尔多斯市与兴安盟），如表 6 - 9 所示。

表 6 - 9   内蒙古自治区高等教育生均公共财政预算教育事业费增长情况

单位：元

地区	2011 年	2012 年	2013 年	2011 ~ 2012 年的增长率（%）	2012 ~ 2013 年的增长率（%）
内蒙古自治区	13783. 79	14678. 16	15356. 47	6. 49	4. 62
呼和浩特市	5816. 22	12531. 71	23307. 93	115. 46	85. 99
包头市	9283. 75	13991. 58	11001. 25	50. 71	− 21. 37
乌海市	5529. 18	6547. 41	19853. 76	18. 42	203. 23
赤峰市	14072. 1	14213. 91	18893. 19	1. 01	32. 92
通辽市	10788. 28	15206. 43	13726. 97	40. 95	− 9. 73
鄂尔多斯市	28041. 07	67371. 62	54583. 27	140. 26	− 18. 98
呼伦贝尔市	15695. 62	16068. 32	16188. 27	2. 37	0. 75
巴彦淖尔市	15986. 23	15342. 39	14855. 11	− 4. 03	− 3. 18
乌兰察布市	14832. 46	12608. 94	11949. 75	− 14. 99	− 5. 23
兴安盟	17620. 65	13704. 62	9599. 08	− 22. 22	− 29. 96

续表

地区	2011 年	2012 年	2013 年	2011～2012 年的增长率（%）	2012～2013 年的增长率（%）
锡林郭勒盟	12912.65	12589.28	20872.62	-2.5	65.80
阿拉善盟	—	12065.22	13989.60	—	15.95

如图 6-13 所示，鄂尔多斯市生均公共财政预算教育事业费投入很大，与其他地区的值差明显，同比各盟市生均公共财政预算教育事业费投入较低的盟市分别是乌海市、兴安盟，但总体上呈现上升的趋势。其中，呼和浩特市、乌海市2012～2013 年生均公共财政预算教育事业费增长额度最大；兴安盟生均公共财政预算教育事业费投入呈现递减趋势；包头市呈现缓慢增长再缓慢下降的趋势；赤峰市 2011～2012 年生均公共财政预算教育事业费变化不明显，2012～2013 年增长幅度较大；通辽市生均公共财政预算教育事业费投入与包头市生均公共财政预算教育事业费变化趋势呈现一致性；呼伦贝尔市、巴彦淖尔市生均公共财政预算教育事业费投入稳定，2011～2013 年变化不明显；乌兰察布市生均公共财政预算教育事业费投入呈现缓慢下降的趋势；锡林郭勒盟、阿拉善盟 2011～2013 年生均公共财政预算教育事业费投入呈现上升的趋势。

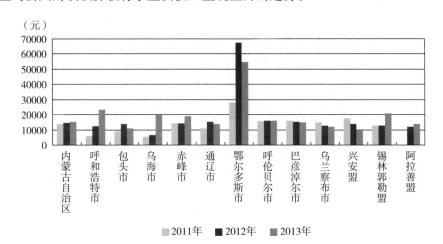

图 6-13 内蒙古自治区高等教育生均公共财政预算教育事业费增长情况

如图 6-14 所示，内蒙古自治区各盟市 2011～2012 年、2012～2013 年生均公共财政预算教育事业费增长率变化幅度较大。2011～2012 年：赤峰市、呼伦贝尔市增长幅度不明显，呼和浩特市、包头市、乌海市、鄂尔多斯市、通辽市正向增长幅度明显，巴彦淖尔市、乌兰察布市、兴安盟、锡林郭勒盟负向增长明显；2012～2013 年：呼和浩特市、乌海市、赤峰市、鄂尔多斯市、锡林郭勒盟、阿拉善盟生均公共财政预算教育事业费增长率正向增长，包头市、通辽市、鄂尔多斯市、呼伦贝尔市、巴彦淖尔市、乌兰察布市、兴安盟生均公共财政预算教育事业费增长率负向变化。

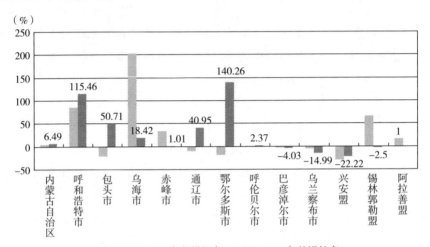

图 6－14　内蒙古自治区高等教育生均公共财政预算教育事业费增长率

（三）内蒙古自治区高等教育科技物力资源配置现状

内蒙古自治区普通高校科技物力资源配置情况如表 6－10～表 6－12、图 6－15～图 6－18 所示。

表 6－10　2010～2015 年内蒙古自治区普通高校办学基本条件统计情况

年份 项目	生均校舍面积（m²）	增减幅度（%）	生均图书（册）	增减幅度（%）
2010	30.92	—	74.68	—
2011	31.65	0.73	79.40	4.72
2012	34.39	3.28	81.5	2.09
2013	33.65	−1.28	82.35	0.85
2014	32.14	−1.51	81.56	−0.79
2015	31.52	−0.61	81.64	0.09

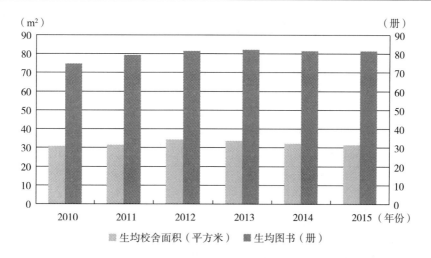

图 6 – 15　2010～2015 年内蒙古自治区普通高校办学基本条件分析

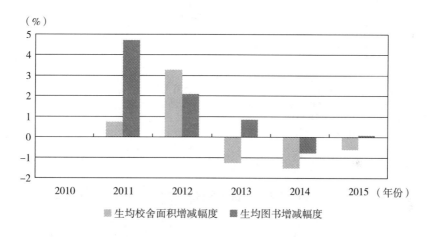

图 6 – 16　2010～2015 年内蒙古自治区普通高校办学基本条件分析

　　由表 6 – 10、图 6 – 15、图 6 – 16 可以看出，2010～2015 年内蒙古自治区生均校舍面积与生均图书面积变化量较小，2010～2012 年呈现缓慢上升的趋势，2012～2015 年呈现稳定趋势。从 2010～2015 年生均校舍面积变化率来看，2011～2012 年生均校舍面积增长幅度较大，2013～2015 年增长幅度呈现负向变化。总体来看，内蒙古自治区办学条件呈现良好发展态势，特别是生均校舍面积逐渐增长，说明内蒙古自治区办学条件中的硬件条件越来越好，但同时可以看出，内蒙古自治区办学条件也存在一定的不足，如生均图书册数呈现逐年减少的趋势，说明内蒙古自治区办学条件中的软件条件还需加强。

表 6 – 11　2013 ~ 2014 年内蒙古自治区普通高校资产情况（学校产权）

| 项目 \ 年份 | 占地面积（平方米） | | | 图书（万册） | | 计算机（台） | | 教室（间） | | 固定资产（万元） | | |
	合计	其中：绿化用地	其中：运动场用地	合计	其中：当年新增	合计	其中：教学用计算机	合计	其中：网络多媒体	合计	其中：教学科研设备	其中：信息化设备产值
2013	34356823	8112884	2473988	3326.29	160.76	133547	113088	11940	4490	2410922.97	448653.2	107213
2014	34961673	8317650	2618855	3358.58	96.91	147155	121174	10996	5091	2704224.1	517350	127443.2

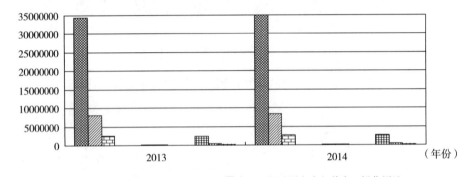

占地面积（平方米）合计　　　　　占地面积（平方米）其中：绿化用地
占地面积（平方米）其中：运动场用地　　图书（万册）合计
图书（万册）其中：当年新增　　　　计算机（台）合计
计算机（台）其中：教学用计算机　　教室（间）合计
教室（间）其中：网络多媒体　　　　固定资产（万元）合计
固定资产（万元）其中：教学科研设备　固定资产（万元）其中：信息化设备产值

图 6 – 17　2013 ~ 2014 年内蒙古自治区普通高校资产情况对比（学校产权）

从表 6 – 11 和图 6 – 17 可以看出，2013 ~ 2014 年内蒙古自治区普通高校资产（学校产权）呈现上升的趋势。固定资产方面由 2013 年的 2410922.97 万元上升到 2014 年的 2704224.1 万元，增长了 12.16%。其中，教学科研设备资产增长 68697 万元，增幅 15.30%；信息化设备资产增长 20230.2 万元，增幅 18.86%。高等教育教室方面由 2013 年的 11940 间减少到 2014 年的 10996 间，减少了 944 间。其中，多媒体教室由 4490 间上升为 5091 间，增长幅度为 13.38%。计算机由 2013 年的 133547 台增长为 2014 年的 147155 台，增长幅度为 10.09%。其中，教学用计算机增长 8086 台，增长幅度为 7.10%。图书由 2013 年的 3326.29 万册增长到 2014 年的 3358.58 万册，增长幅度为 0.97%。占地面积由 2013 年的 34356823 平方米增长到 2014 年的 34961673 平方米，增长幅度为 17.4%。其中，绿化面积增长了 204766 平方米，增幅为 2.52%；运动场面积增长了 204766 平方米，增幅为 8.28%。

表 6-12 2013~2014 年内蒙古自治区普通高校资产情况（学校非产权）

项目 年份	占地面积（m²）			图书（万册）		计算机（台）		教室（间）		固定资产（万元）		
	合计	其中：绿化用地	其中：运动场用地	合计	其中：当年新增	合计	其中：教学用计算机	合计	其中：网络多媒体	合计	其中：教学科研设备	其中：信息化设备产值
2013	1424758	106800	188366	5.96	0.38	138	113	163	30	29270	65.74	65.74
2014	1409897	106800	200434	6.67	0.29	499	453	319	68	19392.77	136.6	70.9

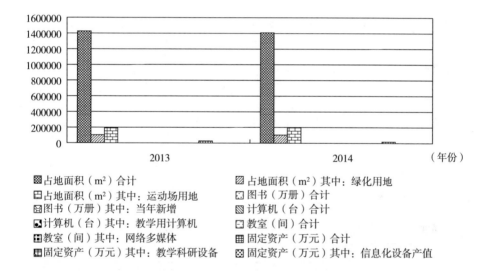

图 6-18 2013~2014 年内蒙古自治区普通高校资产情况对比（学校非产权）

从表 6-12 和图 6-18 可以看出，2013~2014 年内蒙古自治区普通高校资产（学校非产权）呈现下降趋势。固定资产方面由 2013 年的 29270 万元下降到 2014 年的 19392.77 万元，减少了 33.75%。其中，教学科研设备资产增长 70.86 万元，增幅为 104%；信息化设备资产增长 5.16 万元，增幅为 7.84%。高等教育教室方面由 2013 年的 163 间增长到 2014 年的 319 间，增长了 156 间。多媒体教室由 2013 年的 30 间上升为 2014 年的 68 间，增长幅度为 126.66%。计算机由 2013 年的 138 台增长为 2014 年的 499 台，增长幅度为 261.59%。其中，教学用计算机增长了 340 台，增幅为 300.88%。图书由 2013 年的 5.96 万册增长到 2014 年的 6.67 万册。占地面积由 2013 年的 1424758 平方米减少到 2014 年的 1409897 平方米，减少幅度为 1.04%。其中，运动场面积增长了 12068 平方米，增幅为 6.40%。

（四）内蒙古自治区高等教育科技活动及其成果现状

随着内蒙古地区经济的快速发展、高等教育经费投入的增大，内蒙古自治区高等教育科技活动及其成果逐年上升，特别是基础理论成果、授权专利、技术合同、成交技术金额均有大幅度提升，如表 6-13 所示。

表 6-13　2005~2015 年内蒙古自治区高等教育科技活动及其成果现状

项目 年份	基础理论 成果（个）	应用技术 成果（个）	软科学 成果（个）	授权专利 （项）	技术合同 （个）	成交技术 金额（亿元）	区外成交技术 金额（亿元）
2005	17	234	9	845	1160	10.08	0.91
2006	24	179	2	978	3432	41.12	0.82
2007	42	198	2	1313	945	11.09	1.45
2008	36	199	2	1328	1068	9.4	1.8
2009	22	207	3	1486	2461	66.5	1
2010	43	279	4	2096	2965	86.89	0.63
2011	92	440	4	2262	3437	73.43	0.57
2012	85	438	2	3090	3463	218.44	0.74
2013	58	269	1	3836	2807	158.93	0.59
2014	95	541	2	4031	2903	157.7	1.2
2015	61	352	5	5522	2653	189.9	1.3

资料来源：《内蒙古自治区国民经济和社会发展统计公报》（2005~2015）。

如图 6-19 所示，2005~2015 年内蒙古自治区基础理论成果总体呈现增长趋势，但分阶段来看是波动状态，如 2005~2007 年基础理论成果逐年增多，2007~2009 年基础理论成果数呈现逐年下降的趋势，2009~2011 年基础研究成果数量逐年上升，上升幅度较大，2011~2013 年呈现下降趋势，2013~2014 年基础研究成果数增多，2015 年基础研究成果数减少。综合来看，基础研究成果数变动幅度周期大概为 3 年。

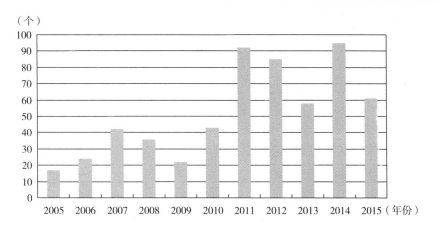

图 6 – 19　2005～2015 年内蒙古自治区基础理论成果

从图 6 – 20 来看，2005～2015 年的 11 年间，内蒙古自治区应用技术成果总数整体呈现上升趋势，波动程度相对于基础研究成果数量较小，2005～2006 年、2012～2013 年、2014～2015 年呈现下降趋势，2006～2012 年、2013～2014 年呈现上升趋势。

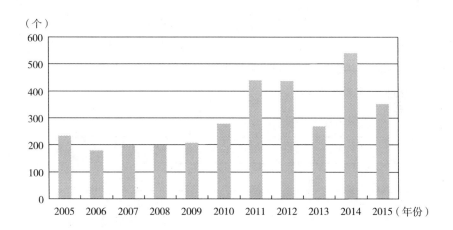

图 6 – 20　2005～2015 年内蒙古自治区应用技术成果

从图 6 – 21 来看，2005～2015 年的 11 年间，内蒙古自治区软科学成果总数整体呈现上升趋势，但波动较大，基本呈现倒"U"形态势。2005～2006 年软科学成果数降低，2006～2011 年逐年增加，但增加幅度较小，2011～2013 年软科学成果数呈现下降趋势，2013～2015 年软科学数量逐年上升。总体来看，内蒙古自治区软科学数量较少，成为内蒙古自治区科学事业发展的短板。

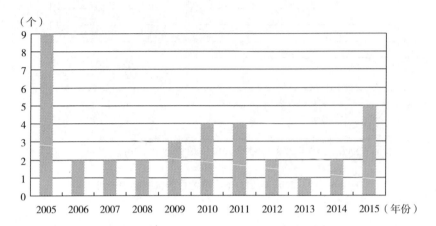

图 6－21　2005～2015 年内蒙古自治区软科学成果

从图 6－22、图 6－23 来看，2005～2015 年的 11 年间，内蒙古自治区授权专利数呈现稳步上升的趋势，特别是 2014～2015 年增长幅度最大；技术合同个数呈现稳定增长趋势，特别是 2005～2006 年增长幅度最大，2006～2007 年减少幅度较大，2007～2012 年增长幅度较大，2012～2013 年减少，2013～2014 年增幅很小，2014～2015 年逐渐减少。总体来看，随着内蒙古自治区高等教育事业的发展，内蒙古自治区科技成果呈现稳步增多态势，科技成果水平逐年提升，科研成果转化能力逐渐增强。

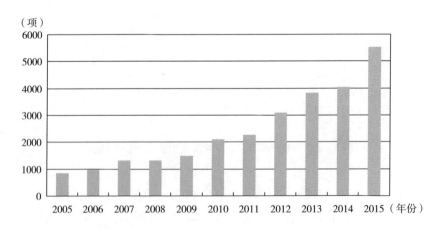

图 6－22　2005～2015 年内蒙古自治区授权专利数

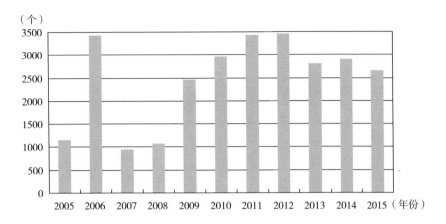

图 6 - 23　2005～2015 年内蒙古自治区签订技术合同数

从图 6 - 24 来看，2005～2015 年内蒙古自治区成交技术金额总体呈现上升趋势，但是不同年份也出现较大波动，如 2006 年成交技术金额出现较大波动，2009 年与 2008 年相比出现大幅度增长，2012 年成交技术金额达到最大值，尔后呈现稳步下降趋势。从图 6 - 25 来看，2005～2015 年内蒙古自治区区外成交技术金额总体呈现稳定趋势，增长幅度较小。区外成交技术金额已成为内蒙古自治区高等教育科技活动重要的制约因素，如何使内蒙古自治区科学技术"走出去"，对于提高内蒙古自治区科学技术发展水平具有重要作用。

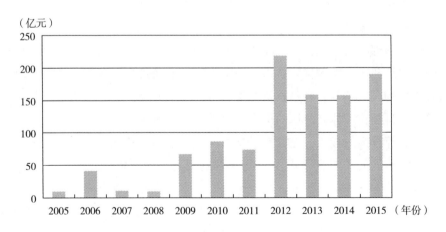

图 6 - 24　2005～2015 年内蒙古自治区成交技术金额

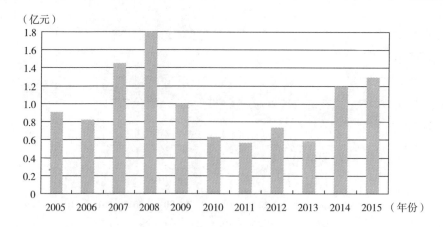

（亿元）

图 6 - 25　2005～2015 年内蒙古自治区区外成交技术金额

二、内蒙古自治区高等教育科技资源配置现状评价研究

上一节对内蒙古自治区高等教育科技资源配置状况进行了简单介绍。通过这些基本数据可以看到，随着市场经济体制改革不断向纵深发展，内蒙古自治区高等教育科技资源系统也经历了从小到大、从简单到复杂的不断改革和调整的过程。同时，外部政治、经济和文化等环境的变化，特别是中国高等教育宏观管理体制经过连续几年的关键性调整后，由中央和自治区级政府两级办学，以地方政府管理为主的区域高等教育科技资源配置格局基本形成，从而加速了内蒙古自治区高等教育科技管理体制改革的进程。另外，中央和内蒙古自治区地方政府财政及社会对高等教育的投入，尤其是科技投入迅速增加，特别是"211 工程"启动以来，进一步加大了对自治区内一些办学质量高、社会声誉好的大学的资金投入，高校的办学条件迅速改善。高校作为创新体系的重要组成部分，依托校内科研基地，不仅参与国家重点项目研发，而且也广泛地为地方经济提供技术服务。教育制度和科研制度的融合，提高了高校筹集社会资金的能力，进一步推动了内蒙古自治区高等教育科技资源配置市场化的进程。

课题更希望能深入、准确、系统地掌握目前内蒙古自治区高等教育科技资源所呈现出的大投入、大产出状态的背后科技资源配置现状的全貌，即内蒙古自治区高等教育科技资源配置效率是否提高、资源产出质量是否得到保证、资源配置规模是否适度、资源配置结构是否合理等。正是基于此，本节将利用第五章建立起来的评价模型和上一节的基本数据，对内蒙古自治区高等教育科技资源配置现状进行评价分析，客观地查找现阶段内蒙古自治区高等教育科技资源配置过程中存在的问题，科学地揭示问题背后的深层次原因，进而指导内蒙古自治区高等教育科技资源优化配置的决策过程。

（一）内蒙古自治区高等教育科技资源配置综合效率评价

内蒙古自治区高等教育科技资源配置综合效率状况的纵向比较主要是对该自治区高等教育科技资源近八年的配置状况从技术有效性和规模有效性两方面进行分析评价。设 6 个决策单元，记为 U_j（j = 1，2，3，…），6 个决策单元分别为本区连续 6 年的高等教育情况。根据内蒙古自治区高等教育科技资源配置评价指标体系，采集数据，结果如表 6 – 14 所示。

表 6 – 14　内蒙古自治区连续 6 年高等教育科技资源系统输入、输出情况

决策单元 （DMU）	教职工数 （个）	年末资产总值 （万元）	在校学生数 （个）	科研成果数 （个）	技术成交金额 （万元）
2010	36439	1649202. 04	400713	326	86. 89
2011	37381	1842179. 24	399756	536	73. 43
2012	38057	2132087	407661	525	218. 44
2013	37295	2399921. 5	422225	328	158. 93
2014	37691	2693222. 1	430744	638	157. 7
2015	38648	3031570. 9	445869	418	189. 9

资料来源：《内蒙古自治区教育事业统计简报》（2010～2015 年）。

（二）内蒙古自治区高等教育科技资源配置综合效率评价结果分析

根据统计数据，采用 C^2R 模型并结合 DEAP Version 2. 1 软件计算 2010～

2015 年内蒙古自治区高等教育科技资源的 DEA 效率，结果如表 6 – 15 所示。

表 6 – 15　内蒙古自治区高等教育科技资源 DEA 效率计算结果

决策单元	相对效率值	投入冗余量		产出不足量		
（DMU）	θ	S_1^+	S_2^+	S_1^-	S_2^-	S_3^-
2010	1.000	0	0	0	0	0
2011	0.981	0	0	0	0	59.449
2012	1.000	0	0	0	0	0
2013	0.888	0	0	0	530.420	45.479
2014	0.869	0	0	0	641.376	73.109
2015	0.877	0	0	0	593.696	49.013
总平均	0.967	0	0	0	294.249	37.842

　　表 6 – 15 分析了 2010～2015 年内蒙古自治区高等教育科技资源的 DEA 有效性。其中，有 2 年的 θ 值为 1，表明 DEA 有效，分别是 2010 年、2012 年；而其余的 4 年 $\theta < 1$，说明 DEA 为弱有效或者无效，分别是 2011 年、2013 年、2014 年和 2015 年。但是，从整体分析中可以得出，内蒙古自治区高等教育科技资源的 DEA 有效性占总研究年限的 33.3%，说明内蒙古自治区高等教育科技资源在近 6 年的发展中存在着一些问题。但是，在 DEA 无效决策单元中，全部年份的技术效率值 $\theta > 0.800$，这种现象充分说明近几年内蒙古自治区高等教育科技资源的投入产出效率一直处于较高的状态，并存在着一定的发展潜力，应该充分发挥内蒙古自治区高等教育科技资源的独特优势，大力发展高校教育资源的独特优势，促进教育事业快速、健康发展。在高等教育科技资源的发展过程中，比较重要的就是对于高等教育科技资源的投入是否存在冗余过量或不足的现象，如果真的存在效率低下的问题，就是表现在内蒙古自治区高等教育科技资源的投入产出过程中存在滞留，也就是说近几年高等教育科技资源的发展在投入数额、投入指标、投入方式、产出指标、产出数额以及产出方式等方面存在较为严重的问题。高等教育科技资源的发展，是影响该地区教育事业发展的好坏、效率高低的主要因素，因此，寻求分析内蒙古自治区高等教育科技资源效率的高低是必然的选择。

表 6 - 16　2010～2015 年高等教育科技资源 DEA 效率与规模效益计算结果

决策单元	技术效率	纯技术效率	规模效率	Σλ	规模效益
2010	1.000	1.000	1.000	1.000	—
2011	0.981	1.000	0.952	0.934	drs
2012	1.000	1.000	1.000	1.000	—
2013	0.888	0.835	0.982	0.728	irs
2014	0.869	1.000	0.975	0.847	drs
2015	0.877	0.976	0.896	0.767	drs
总平均	0.936	0.969	0.968	0.879	

在 DEA 模型中，由于综合效率＝技术效率×规模效率，因此，综合效率可以分解为纯技术效率和规模效率两部分，分别反映结构和规模两方面的效率情况。由表 6 - 16 中的结果可以看出，纯技术效率和规模效率的均值分别为 0.969 和 0.968，两个效率值均接近 1，但是相对来讲，对综合效率影响较大的是规模效率。纯技术效率是衡量在假设规模报酬不变的条件下，被评价的决策单元与生产前沿面之间的距离，即内蒙古自治区高等教育科技资源投入产出结构是否符合教育事业发展的总体要求并使效益最大化，其效率值为 1 表示高等教育科技资源投入产出的结构合理。根据表 6 - 16 的测算结果可知，除 2013 年、2015 年以外的其他年份纯技术效率值均为 1，说明它们都处于前沿面上，并且实现了资源的优化配置。

规模效率衡量的是规模报酬不变的前沿面与规模报酬可变的前沿面之间的距离，即对高等教育科技资源产出规模进行调整是否达到 DEA 有效。表 6 - 16 还显示，除 2011 年、2013 年、2014 年、2015 年以外的其他年份规模效率值均为 1，处于 DEA 有效状态，说明其投入产出规模已达到最优状态。

三、内蒙古自治区高等教育科技资源配置现状评价结果分析

总体来看，从 2010～2015 年，内蒙古自治区高等教育科技资源配置相对于沿海等发达地区，高等教育科技资源的投入平均水平明显偏低，尤其是财政性科

技经费投入的绝对数量相对较低，高等教育发展速度缓慢，主要问题体现在以下几个方面。

（一）诱致性制度创新能力低

诱致性制度创新是和强制性制度创新相对应的概念。所谓强制性创新，是指由政府命令和法律引入实行的自上而下的制度变迁，其创新主体是国家，具有行政强制性和实施的可控性特点。诱致性制度创新是由个人或一群人在看到现行制度潜在的获利机会时，自发倡导、组织和实施的新制度安排，它是现行制度安排的变更或替代。诱致性制度创新是有条件的，它需要政府提供宽松的政策环境和有效的激励手段，激发基层自主地进行诱致性制度创新。可见诱致性制度创新离不开有效的强制性制度创新的激励作用。

现阶段内蒙古自治区高等教育宏观体制改革都是由中央政府积极倡导的，属于典型的强制性制度创新。高校扩招政策是提高现阶段内蒙古自治区高等教育科技资源配置生产率的主要制度原因。而科技投资体制改革等措施，对提高内蒙古自治区高等教育科技资源配置生产率的作用不大。显然这些强制性制度创新没有为个体或地区利益集团提供有效的激励，从而激发高等教育科技资源配置领域进行自下而上的诱致性制度创新。从当前内蒙古自治区高等教育科技资源配置效率差异来看，市场化程度越高、人民生活越富足的地区，高等教育科技资源配置综合效率相对较高。造成地区高等教育科技资源配置综合效率差异的主要原因是规模效益。这些事实反映了内蒙古自治区高等教育科技资源市场化程度越高，资源的配置空间就越大，规模效率就越高，相应地，资源配置综合效率也越高。而当前内蒙古自治区大多数地区高等教育科技资源配置规模效率低已经成为影响配置综合效率的"瓶颈"因素，这也说明了现阶段内蒙古自治区高等教育科技资源配置方面普遍缺乏诱致性制度创新。

（二）资源配置质量效益低

内蒙古自治区高等教育科技资源配置质量效益实证分析结果表明，在评价中增加对高等教育产出质量因素的考虑时，内蒙古自治区有一半高等教育科技资源配置处在质量效益较低的位置，而在假设各地高等教育科技产出"同质"，只考虑内蒙古自治区高等教育科技产出数量的条件下，内蒙古自治区有 2/3 的地市配置综合效率相对较高，前后评价结果形成了鲜明的对比，说明内蒙古自治区高等教育科技资源产出存在着很大的质量差异。高等教育作为自治区最大的知识和人才密集型产业，在提高内蒙古自治区科技创新能力方面肩负着不可推卸的责任。今后，应采取措施尽快解决各地区高等教育产出质量效益低的矛盾，提高高等教育教学、科研和服务社会的质量水平，使内蒙古自治区高等教育科技资源产出尽可能与地区经济和社会的发展相适应，推动内蒙古自治区创新发展。

（三）资源配置规模差异大

截至 2015 年底，内蒙古自治区有 51 所普通高等院校，且主要分布在呼和浩特，如表 6－17 所示。其中 24 所位于呼和浩特市，占所有高校总数的 47.05%；5 所位于包头市，占所有高校总数的 9.8%；4 所位于赤峰市，占所有高校总数的 7.8%；呼伦贝尔市、通辽市、乌兰察布市和鄂尔多斯市各 3 所，分别占所有高校总数的 5.9%；2 所位于巴彦淖尔市，占所有高校总数的 3.9%；兴安盟、锡林郭勒盟、乌海市、阿拉善盟各 1 所，分别占所有高校总数的 2%。

表 6－17　2015 年内蒙古自治区高等院校名单

名称	地点	性质
内蒙古大学	呼和浩特市	公办
内蒙古科技大学	包头市	公办
内蒙古工业大学	呼和浩特市	公办
内蒙古农业大学	呼和浩特市	公办
内蒙古医科大学	呼和浩特市	公办
内蒙古师范大学	呼和浩特市	公办
内蒙古民族大学	通辽市	公办
赤峰学院	赤峰市	公办
内蒙古财经大学	呼和浩特市	公办
呼伦贝尔学院	呼伦贝尔市	公办
集宁师范学院	乌兰察布市	公办
呼和浩特民族学院	呼和浩特市	公办
河套学院	巴彦淖尔市	公办

续表

名称	地点	性质
内蒙古大学创业学院（独立学院）	呼和浩特市	民办
内蒙古师范大学鸿德学院（独立学院）	呼和浩特市	民办
内蒙古建筑职业技术学院	呼和浩特市	公办
内蒙古丰州职业学院	呼和浩特市	民办
包头职业技术学院	包头市	公办
兴安职业技术学院	兴安盟	公办
呼和浩特职业学院	呼和浩特市	公办
包头轻工职业技术学院	包头市	公办
内蒙古电子信息职业技术学院	呼和浩特市	公办
内蒙古机电职业技术学院	呼和浩特市	公办
内蒙古化工职业学院	呼和浩特市	公办
内蒙古商贸职业学院	呼和浩特市	公办
锡林郭勒职业学院	锡林郭勒盟	公办
内蒙古警察职业学院	呼和浩特市	公办
内蒙古体育职业学院	呼和浩特市	公办
乌兰察布职业学院	乌兰察布市	公办
通辽职业学院	通辽市	公办
科尔沁艺术职业学院	通辽市	公办
内蒙古交通职业技术学院	赤峰市	公办
包头钢铁职业技术学院	包头市	公办
乌海职业技术学院	乌海市	公办
内蒙古科技职业学院	呼和浩特市	民办
内蒙古北方职业技术学院	呼和浩特市	民办
赤峰职业技术学院	赤峰市	民办
内蒙古经贸外语职业学院	呼和浩特市	民办
包头铁道职业技术学院	包头市	公办
乌兰察布医学高等专科学校	乌兰察布市	公办
鄂尔多斯职业学院	鄂尔多斯市	公办
内蒙古工业职业技术学院	呼和浩特市	民办
呼伦贝尔职业技术学院	呼伦贝尔市	公办
满洲里俄语职业学院	呼伦贝尔市	公办
内蒙古能源职业学院	呼和浩特市	民办

续表

名称	地点	性质
赤峰工业职业技术学院	赤峰市	公办
阿拉善职业技术学院	阿拉善盟	公办
内蒙古美术职业学院	巴彦淖尔市	民办
内蒙古民族幼儿师范高等专科学校	鄂尔多斯市	公办
鄂尔多斯生态环境职业学院	鄂尔多斯市	公办
内蒙古广播电视大学	呼和浩特市	公办

首府呼和浩特市的土地面积和人口分别只占自治区的 1.4% 和 12%，但却集中了全自治区高等院校的 47.05% 和高等教育科技经费的 73.8%，表现出了明显的科技资源集聚现象。而其他地市的高等教育科技经费加起来才只占 26.2%，这种高等教育科技资源分布不均的格局不利于高等教育科技资源的充分利用，影响高等教育事业的长期均衡发展，使"教育机会均等"和"高等教育大众化"目标难以实现。

（四）资源配置结构不合理

内蒙古自治区高等教育人口多、资源少，党政人员多、专任教师少，教育资产用于教职工部分多、用于学生部分少。高等教育科技资源的投入量远远不能满足高等教育发展的需要，人力资源和财力资源的投入比例、专任教师与学生的比例不合理。2015 年，全区普通高等学校在校生 445869 人，是 2010 年的 1.16 倍；专任教师人 25523 人，与教职工总数人的比例为 1:0.66，而目前世界各高等学校平均职工与专任教师比为 1:1~1:2，我国平均为 1:0.53；内蒙古自治区平均师生比为 1:12，平均每所高等学校在校生为 7940 人。虽然内蒙古自治区在扩招后高校规模迅速扩大，但总体上，内蒙古自治区高等教育科技资源组成结构仍不合理，而且出现了高等教育质量下滑的趋势。

（五）管理体制滞后与资源浪费并存

由于体制的原因，目前内蒙古自治区高等教育主要靠行政驱动来运作，通过集中控制来传达指令。地区条块分割严重，高校内部管理机构设置繁杂，追求

"大而全、小而全"和"学校办社会"。学校内部机构重叠，人员庞杂。教职人员缺乏流动，只进不出。行政后勤人员逐年增加，挤占了办学资源。教师职工比例严重失调，行政后勤人员过度膨胀，非教学人员甚至比教师与科研人员还多。这种资源的内部结构布局造成了高等教育科技资源的一定浪费，降低了资源的利用率，导致高等教育目标的实现受到阻碍，高等教育科技资源未能产生应有的效益。概括起来主要有以下一些表现：

1. 人力资源的浪费

人力资源的浪费在内蒙古自治区高等教育浪费现象中占有重要比例。随着高等教育步入大众化阶段，招生数量不断扩大，高等院校教师数量、来源与高等教育发展不相适应，主要表现在现有教师数量不足、非教学人员比例过高、教师数量增长率小于教育规模的增长率等方面。若不能及时补充教师，会在一定程度上增加老师的教学负担。另外，内蒙古自治区高校教师的经济待遇普遍偏低，在学校内部也缺乏必要的平等竞争机制。在职称、工资、住房、科研课题申报等方面也存在较大的不公平性，使教师积极性不高，大量优秀教师流向东南沿海经济发达地区，不走的也是"身在曹营心在汉"。一些精力旺盛、有真才实学、动手能力比较强的教师，因校内发展的空间较小，把主要精力投入到第二职业，不同程度地影响了本职工作；或者因校内环境条件差、工资待遇低等实际问题，一些教师准备或正在联系调动，没有把主要精力放在教学科研上。这些隐性因素致使教师潜力未能完全发挥，制约了教师的使用效率，导致人力资源的浪费。

2. 财力资源的浪费

内蒙古自治区高等教育在经费的分配使用上存在少数教育投入流失在非正常性教育开支之上，有限经费资源未用在刀刃上的问题。在自治区高校经费结构中，有三分之二用于人员工资、生活福利和后勤保障，相对用于教学科研方面的经费投入比重太小。经费使用分配首先是保"吃饭"，其次才能保"运转"。"吃饭财政"不仅反映出内蒙古自治区教育资源使用效率的低下，有限经费不能发挥出较好的办学效益，而且使高校的教学、科研处于无动力、无压力和无竞争的环境，办学条件难以得到改善，制约了高等教育事业的进一步发展，影响了教学质量的提高。科研经费的浪费十分严重，由于管理体制不完善，科研项目与经费管理严重脱节，科研经费的领取和使用没有经过严格准确的审核计算，导致课题项目经费耗用不实，经费的使用效率和产出效益都很低下。

3. 物力资源的浪费

在物质资源管理上，内蒙古自治区大部分高校的资产没有明确的产权关系。大学的所有权、举办权和管理权集中于国家和政府，使没有独立产权的高校缺乏对自治区级行为负责的财产保证。在这种基础上，高等教育科技资源秉承了国有资产非价值化与非商品化的特性，导致内蒙古自治区高校物资管理模式不能适应现实的需要。在高校中，物资设备的投入缺乏统筹规划和科学论证。各部门、各专业、各学科争投资、争设备、投资产，贪大求全，重复购置，资源大量闲置。设备一经购置就为院系或部门所有，单位之间各自为政，资源不能共享。有的设备甚至仅是一种摆设，充当检查评估，而一旦检查评估结束，设备就长期处于闲置，得不到充分利用。物资设备处置的随意性也很大，资产流失严重。据国家教育部统计资料显示，我国高校仪器设备中竟有28%处于闲置状态。而另一份世界银行的调查报告表明，我国部分高校实验室的利用率仅为35%，价格昂贵的大型科研设备利用率最高不超过27%。物质设备效益不能充分发挥，十分浪费，严重影响了物质资源的有效利用和价值实现。

上述三类浪费现象使人触目惊心。一方面是资源不足，投入不足，薄弱学校改造的步履艰难，现有的教育资源又不能得到充分的利用。另一方面是这些资源严密地控制在各自的管辖范围内，教育行政部门又无权直接管理和调配。要改变这种现状造成的客观浪费，就需要整合高等教育科技资源，不断挖掘潜力，合理配置，实现自治区高等教育科技资源的高效运行，尽量避免教育过程中的"无效"现象，切实提高办学效益。

（六）资源配置机制不灵活

内蒙古自治区长期以来实行单一的政府办学体制和单一的政府投资政策，且自治区内绝大多数高校为国有，隶属于各个部门和单位，相互处于隔绝和凝固状态，缺乏市场机制的灵活性。该流动的不能流动，该互补的不能互补，造成人才积压、场所闲置、设备放空。同时，人、财、物全靠国家投入，不能利用社会、集体和个人的财富来弥补高等教育科技资源投入的不足。这种单一的产权，不仅导致高等教育单一的体制和单一的模式、单一的规格和单一的渠道，而且易使高等教育科技资源配置走上低投入、低产出衰退的恶性循环。

高等教育科技资源配置和运行机制未能适应市场经济需求。开放、流动、竞争、协作机制未能真正建立，高校科技人员的积极性未能充分发挥，再加上资金配备缺乏，内蒙古自治区高等教育科技资源配置基本沿袭计划经济的框架格式，导致科研力量分散化、行为短期化，严重制约了市场竞争能力，这是制约内蒙古自治区高等教育科技创新能力提升的关键因素。高等教育科技资源的条块分割从整体上降低了科技资源运行的聚合质量。另外，各高校科研机构的重复设置又使科技开发与产业化主题分散，不能形成资金使用合力，不利于集中人、财、物进行科技产业化发展，浪费了大量宝贵的科技资源。机构重复设置还导致管理机构和管理人员增加，加大了科技经费的开支，缺乏协作机制。高等院校、科研院所、企业未能形成产学研的结合，高等院校、科研院所的科技力量只满足于出成果，缺乏创新意识和面向市场开发新产品的意识，未能成为企业技术创新的技术后盾和源泉。

第七章 国内外高等教育科技资源配置的经验与启示

一、国内外科技资源配置的做法与经验

（一）美国

1. 美国高等教育科技资源配置的基本情况

首先，从统筹机构产生的背景来看，美国高等教育科技资源配置协调部门的建立和发展是随着州内高等院校的发展而形成的。20 世纪 50 年代以前，州立大学数目较少，大学在校董事会领导下实行自我管理。涉及科技经费分配等事宜，学校可以直接与议会的有关部门单独协商。"二战"结束后，各州公立大学迅速发展，在校学生人数急剧膨胀，联邦政府与州政府对大学的投入大量增加，传统的单独协商方式容易造成管理协调上的混乱局面，州级的管理协调委员会应运而生。

其次，从管理组织类型来看，美国负责统筹区域高等教育科技资源配置管理机构名目繁多，不同州的管理机构名称不尽相同，根据其职能分为两类：管理型和协调型。管理型是一个具有法人地位、有实权的管理机构，和州政府其他职能机构平级。协调型组织不是行政类机构，而是各方本着平等互利的原则组建的非官方组织，该组织没有太多话语权。

最后，从机构的统筹管理职能来看，美国州高等教育科技资源配置管理机构的基本职能是协调，履行职责的基本方式是依法办事，在高等院校与议会和州长

等权力机构之间建立良好的互相了解的渠道，反映下情，传达决策信息，实现上下之间的沟通。州协调的必要性和前提在于州提供公用经费支持高等院校进行科技创新，而高校（主要是公立大学）参与经费的竞争。州高等教育科技资源配置管理机构的社会地位和影响力关键取决于他们争取外界资源来影响高等院校的能力，取决于他们争取政界对其所推荐政策支持的能力。具体来说，州高等教育科技资源配置管理机构的主要职责包括规划本州高等教育科技发展布局，这需要深入分析本州的需求，评估现有和潜在的资源，确定重点发展领域，在此基础上制定长期发展目标和战略措施预算评估、项目评估，以及向州长和立法部门提供高等教育科技拨款的建议。管理型高教科技管委会除拥有上述权力外，还负责学校科技管理，包括任命大学主要科技决策人员、审批终身教授职务、制定大学教师人事政策和学校评估制度、依法在大学内及大学之间分配和调整科技资源。

2. 美国高等教育科技资源配置的启示

首先，从政府发挥的作用来看，美国联邦政府在区域高等教育和科技发展过程中起着支持和指导作用。美国是一个实行"州权"的联邦制国家，根据美国宪法，联邦政府在法律上和现实中对高等教育科技活动都没有直接管辖权，但这并不意味着它对高等教育科技不负任何责任。联邦政府本着从国家利益出发的原则，通过国会和联邦教育部，运用立法和财政资助等手段对各州高等教育科技进行支持和指导，把联邦政策渗透到各州和地方，从而发挥对高等教育科技活动的间接调控。

立法。美国重视高等教育和科技的立法，国会制定有关教育和科技的法令往往是为满足当时社会经济的需要，而不是单独为解决教育和科技本身的问题，因此具有较强的时效性和针对性。依靠这些立法，联邦政府向高校和学生投资贷款以及发放物质资助，鼓励开展政府认为对国家有利的教育科技活动。

财政资助。联邦政府主要在以下三个方面资助高等教育和科技：①以资助学生的方式鼓励人们接受高等教育，解决高等教育大众化、民主化问题；②资助高等学校的科研及某些学科发展，以满足国际竞争、国防建设等需要；③资助高等职业技术教育的发展，以适应工、农业生产及经济发展的需要。

信息服务。联邦政府通过搜集、分析各种教育统计数据，提供研究报告，以支持和影响各区域高等教育和科技机构的决策。联邦政府加强对高等教育和科技调控的另一个重要措施是支持成立全美级的高等教育和科技行政官员联会。联邦通过这一非营利和非政府性的组织，加强对各州及全国性高等教育问题的研究和决策。

其次，从地方政府统筹区域高等教育科技的性质来看，美国对州立大学的统筹权主要集中在州政府。州政府拨款是州立大学日常经费的主要来源，州政府有辖区高校财政权，在规范、协调州内高等教育与科技发展中有绝对权威。

再次，从高校科技的内部管理来看，美国的大学采用的是校外人士监督、行政体系指挥、教授学术自治的结构。这些组织职能分别由董事会、校长、教师评议会三种具体机构来实现。高校科技管理的内部决策机构是董事会，董事会主要由校外人士组成，成员多是政府官员、企业界首脑、社会知名人士等。一般来说，董事会负责批准本校教育与科技的大政方针，其注意力放在对本校的一般管理、组织以及处理学校与政府和社会各界的关系上，重点负责本校的财政和资产，并处理校内各方面人员的关系，对具体教学、科技工作则很少介入，但保留一项重要的职责是任命校长。校长是美国高等学校行政管理的最高负责人，是全校一般管理和学术管理的总负责人，是董事会的执行官员。校长负责大学的行政组织工作，向董事会提出一般行政管理人员的任命建议，组织校内有效的管理系统，在科技学术管理方面提出学术政策、科研计划，制定有关教师和科研管理人员的职责条例，提出学校的预算并监督其实施，组织制定和修改学校教育科技发展规划等。教师评议会是高等学校的学术管理机构，其成员以教授、副教授为主，主要职责是课程计划、本科生和研究生的录取标准和学位标准、校内各种设施的使用、制定有关学术政策、确定教师聘任和晋升的人事政策等。

最后，从社会监督和调节作用来看，美国高校的教育科技质量和学术标准是由社会中介机构进行评估的。美国有多个这类评估机构，除了西部、西北部、南部、中部和中北部等几个地区的评估机构外，全国还有70多个全国性的教育和专业协会等评估组织。这些机构通过不断地对各个学校和专业进行评估，来保证高校的办学质量。高等教育专业评估机构具有公正性和专业权威性，受到美国社会各界的广泛认可。评估结果会对高校声誉、财政收入、学生生源有直接影响，因而社会中介评估机构成了控制高校办学目标实现的一种重要手段。

（二）加拿大

1. 加拿大高等教育科技资源配置的基本情况

加拿大高等教育之所以为国家经济的发展培养出大批高素质的优秀人才，主要得益于科技资源的合理配置，进而产生可观的效益。加拿大高等教育发展水平比较高，有着独特的大学管理体制模式，完善的政府、高校、企业间的三螺旋互动关系，并且具有较高的科技投入产出比。在加拿大社会经济发展中，科学技术一直占据着中心地位，成为国家财富和可持续发展的基础。2014 年，加拿大毛入学率高达 72%，其中，25～64 岁人口中的 55% 完成了高等教育，比美国的 48% 高出 7 个百分点；公共教育支出占国民生产总值的 5.4%，高于美国的 5.2%。据 2009 年统计，加拿大大学完成了全国 32.8% 的科研活动，是企业重要的科技创新成果的来源。高等教育是加拿大科学技术发展的中坚力量，在提高整个社会受教育程度方面发挥着至关重要的中心功能。在加拿大学习宣言中，教育部长强调，在 21 世纪，高等教育与受过良好教育的人口、充满活力的知识型经济的国家、可持续发展的社会、提高个人发展机会有着直接的联系。高等教育越来越成为实现这一目标的重要因素。

高等教育在科研和发展的领域起到了不可替代的作用，科技资源的优化配置及产出是知识创新、科技创新的重要力量源泉，是发展知识经济和保证国家长治久安的基础。在加拿大，根据 2013 年度《高等教育研究与发展估计》中的解释，高等教育由所有大学、技术学院、高等教育院校组成。在某种意义上，它还包括由高等教育建立起来并控制或者管理的研究机构、试验站以及诊所。加拿大共有 190 多家大学和可授予学位的教育机构。其中，较为传统的大学包括提供本科学位的大学 45 所、综合性大学 15 所以及医科类大学 15 所。此外，还有 3 家可授予学位的教育机构。加拿大共有 300 多所学院和专科学院，其中包括 30 多所技术学院、120 多所学院提供高等教育文凭、145 所学院提供专业教育，另有 10 所学院从事原著居民的特殊教育使命。

2. 加拿大高等教育科技资源配置的启示

加拿大是一个重视科学技术和科学研究的国家。从以上科技资源配置及产出效益可以看出，相应的科技投入取得客观的经济效益，它们之间呈现正相关的关系。

首先，在人力资源配置方面，加拿大比较倾向于自然科学和工程学领域的发展。自然科学和工程学是衡量国家经济发展是否领先的重要标志。当今，我国比较缺乏能够引领世界向前发展的核心科技。我们知道，要想提高国家综合实力，单靠一方面的发展是远远不够的，在注重核心科技发展的同时兼顾周边领域的进步，注重各领域的综合发展，更有利于提高我国在世界民族之林的地位。

其次，在财力资源方面，加拿大各级部门对高等教育都有不同程度的投入。我国要加强对高等教育的投入，避免高等教育资金短缺现象的出现。同时，加强与商业和企业的合作，吸引更多的资金到高等教育中去，保证高等教育财力充足，更好地促进经济的快速增长。经济的增长使整个社会对高等教育的投入不断增加，这保证了高等教育的不断发展。

最后，在物力资源方面，加拿大主要通过创新基金加强高校科技物力资源的完善。我国经济平稳快速向前发展，在很大程度上依赖于劳动力素质的提高，而劳动力素质的提高则归功于政府对高等教育的重视。在我国，单靠设立创新基金是远远不够的，高等教育基础设施的完善与政府的足够重视分不开，尤其是对科学技术发展的重视。可见，适当的科技配置与较高的科技产出效益之间是良性发展并互相依赖的科技指标，这对我们国家的发展也具有很好的启示作用和借鉴意义。

（三）日本

1. 日本高等教育科技资源配置的概况

20 世纪 90 年代中期，日本为实现经济增长方式的战略性转移，明确提出要通过科学技术创新重振日本经济，即科学技术创新"立国论"。"立国论"指出："要想使我国在国际竞争中持续发展，提高国民生活水平，为解决人类共同问题做出贡献，就必须通过开发我国宝贵的脑力资源实现科技创新立国战略，领先于世界，为此而做出不懈的努力。"在此，开发脑力资源成为实现日本科技创新立国战略的唯一途径和手段。日本提出的脑力资源是要充分开发全体国民的智力，培养人们的创造精神、创造能力及高级技能。这里强调指出的是大多数从事社会经济活动的普通国民，而不是极少数"精英"。知识经济时代对人的智力及能力的要求不同于工业化社会（即只需少数"精英"进行发明创造，而绝大多数人只需努力学习和掌握技能、技巧就可满足社会需要）。基于这一基本认识，1996年，日本科学技术省制定了《科学技术基本法》（以下简称《基本法》），并以此为依据制定了《科学技术基本计划》（第一次计划期间为 1996～2000 年，第二次计划期间为 2001～2005 年）。脑力资源与振兴科学技术融为一体，是振兴 21 世纪日本经济的关键。科学技术是社会持续发展的动力、开拓人类未来的源泉。科学技术水平的提高有赖于学术研究的不断深入，从全球化视角出发追求学术研究的高、精、尖及其前瞻性，成为日本21世纪学术研究的终极目标。要使科学技术创新"立国论"理念变成现实，需要制定具体的政策措施。日本政府制定了行之有效的法律法规及其政策制度，如《科学技术基本法》、《第一期科学技术基本计划》、《第二期科学技术基本计划》、资源重点配置政策、科研体制调整政策等。

21世纪日本科学技术、学术研究的战略重点在《第二期科学技术基本计划》中有集中的体现，该计划主要包括以下三个方面：①增加知识资本，这主要是指创造出可推动社会发展的知识和技术；②使国际市场持续发展、提高产业技术能力、创造出新型产业及雇佣机会，最大限度地谋求其经济效果；③提高国民健康及生活质量，保障国家安全及防止各种灾害，谋求其社会效果。可见，《第二期科学技术基本计划》的主要内容集中在知识、经济、社会三大领域。如果进一步从科学建设领域分析的话，其内容主要集中在生命科学、情报科学、环境科学以及材料科学四大领域。这些领域作为国家及社会重大课题和资源配置重点被予以高度重视。例如，日本政府《科学技术基本计划》中提出了要加大力度扩大政府投资，坚持资源配置的重点化、效率化及透明性原则。在第一期科学技术基本计划期间，政府研究开发投资总额达到17兆日元，在第二期基本计划期间增加到24兆日元，可见投资力度之大。投资的重点主要集中在上述四大领域，且资助金额上限高达5亿~6亿日元，这表明了日本政府科学研究费配置政策的重点倾斜程度。

2001年，日本新设立的科研经费项目有基础研究、学术创造研究、特别领域研究（包括情报学研究、化学等领域）及特定领域研究等。其中，特别领域研究及特定领域研究项目是第二期科学技术计划期间的投入重点。在科研经费分配上，日本很大程度上改变了以往的配置办法，更多地强调通过竞争的方法进行重点配置。例如，2000年，日本竞争性科研经费为0.3兆亿日元，占政府科学研究预算的8.9%，大幅度增加竞争性科研经费是日本政府科研经费配置的一个重点。此外，为使获得竞争性科研经费的研究人员所属院校及研究所进一步改善科研人员的研究环境，提高研究机构的整体研究职能，政府决定对其单位支付间接性补助经费（相当于竞争经费的30%），用于增加、更新科研设施设备等。在改革研究体系方面重点提出要形成研究型基地，构建一批国际先进水准的研究型大学，提高助教及副教授的科研经费，改善教授独立进行研究开发活动环境，使学校的科研成果迅速社会化、产业化等。

2001年1月，日本政府进行了省厅机构调整，将原有的文部省和科学技术省合并为文部科学省，目的是使教育研究与科学技术融为一体，将各省厅的科学技术活动统一起来，加强政府统一管理职能，减少组织机构的重复性等。与此同时，为了全面、综合考虑国家科学技术发展重点，有效地推进科学技术开发，日本政府又在文部科学省之上新设了综合科学技术会议（行政组织）。该组织设在内阁总理府内，主管制定日本科学技术政策、资源重点配置及国家重要政策措施的基本方针，评价国家重要研究开发项目等。文部科学省作为政府研究开发的主体，根据综合科学技术会议制定的发展战略制订具体的研究开发计划，然后通过各高等院校以及研究机构具体实施研究开发计划。这次机构调整重点强化了政府部门对科学技术发展的宏观调控及统一管理、全盘筹划的作用。

2. 日本高等教育科技资源配置的启示

不同的教育资源配置政策反映了一个国家不同时代的价值取向。20世纪60～80年代，日本教育资源配置政策突出教育机会均等准则。到80年代后期，特别是进入90年代以后，投资政策大幅度地导向于效率准则，提出"帕累托最优化"的准则，即政府如何使投入的资源更加符合国家及社会利益。在经济全球化大潮中日本高等教育资源配置政策重点开始向国际化水准"高、精、尖"领域的教育科研活动转移。同时，在这一转移过程中逐渐引入市场竞争原理，不断扩大竞争性资金项目及资金比率，从而凸显日本高等教育资源配置战略的国际化和市场化两大特点。

（1）构建国际一流水平的高校及学科。2001年6月，日本文部科学省出台了《振兴日本经济改革大学结构计划》（以下简称《大学改革计划》），副标题为"大学改革拯救日本"，把教育改革视为日本经济社会的"救世主"。在《大学改革计划》中重点提出了以下内容：①建立国际一流水准的大学，数量为30所，约占高校总数的5%。此类大学无论设置主体是谁（国立、公立、私立），均通过竞争及评价结果产生，而后政府给予其重点投资、重点改善及更新研究设施设备，使其达到国际最先进水平。同时，增加竞争性研究资金的投入力度，使其在5年内翻一番。这部分资金可通过自由竞争的形式申报课题，经专家评审后进行重点投入，以鼓励提高教育研究水平，获得国际最先进的科研成果。可见，日本高等教育资源配置政策正在由量向质、由多向精的方向转移。日本政府强调，高等院校改革的核心内容实际就是调整大学内部结构，使各类院校重新寻找自己的社会定位，重点资助部分院校，使高等教育内部形成新型"金字塔"状。这种做法正符合了马丁·特罗的理论：当高等教育实现了大众化时，高等教育结构内部只有重新调整，才能形成新型"金字塔"状。②建立研究院大学及独立研究科（独立研究学科）。20世纪90年代，日本通过学校布局调整后产生了一种以研究生教育为主体的新型教育机构或教育研究组织。这次调整的对象集中在研究生课程，也称为研究生院。调整的内容包括以下几方面：一是"二战"后设置的地方性国立大学是否设博士课程；二是将战前设置的几所全国性国立大学的以学部为基础的研究生课程独立出来，实行研究生院制度的独立化。日本国立大学分为"二战"前设置的全国性大学（7所旧帝国大学）和"二战"成立的地方性国立大学。战前设置的几所全国性国立大学在战前就有以学部为基础的研究生课程或研究生院；而战后设置的地方性国立大学在初期禁止设置研究生教育课程。但是，在战后60年代，日本国民倍增计划期间，由于人才需求量的增加，地方国立大学于1963年开始设置了研究生课程或研究生院，但只限于硕士课程。博士课程一直到1974年通过制定文部省令、大学设置基准后开始出现，不过在审查资格上极其严格，至今地方性国立大学设有文科博士课程的学校甚少。因此说，从法律来看，全国性国立大学和地方性国立大学处于平等地位，而现实情况却存在着很大差别。就在这种情况下，20世纪90年代，日本政府又提出全国性国立大学的研究生课程或研究生院独立化，实施独立研究生院，开始了以全国性国立大学研究生院为重点的组织结构调整，调整为研究生院的大学以硕士、博士课程为主，学部课程为辅。这样就在日本国立大学内部形成了两种研究生教育组织类型：以学部为依托的研究生院或研究科（地方性国立大学），不以学部为依托的独立研究生院大学或研究科（全国性国立大学），它们各自承担着不同的社会作用。

（2）加大竞争性资金的投入力度。竞争性资金是指由科研人员或研究小组提出研究开发项目，经专家小组事先审查、评议后发放的一种资助研究项目的经费。为防止因申请到的科研项目经费不足而影响项目的顺利进行，根据情况还可申请间接补助费，最高限制在该课题费的30%。设立该项经费及其经费金额不断增加的目的是扩大科研人员选择研究经费的范围、鼓励科研人员自由选题的创新意识、形成一种富有竞争性的科研环境。《第二次科学技术基本计划》在

2001～2005 年将竞争性科研经费增加了一倍，大幅度加大了该项经费的投入力度。计划还指出，随着竞争性资金的不断增加，要更好地发挥竞争性资金的有效性必须改革并完善评估制度，使其公正、透明化，强调了通过公正、透明的审议、评价制度确保项目经费的有效性，以期它发挥应有的作用。竞争性资金主要用于科学研究费补助金、战略性基础研究促进事业、科学技术振兴调整费三个领域。设置科学研究费补助金的目的是充分鼓励科研人员的自由创新意识，培养出色的科研人员，不断发展提高多领域、跨学科的学术研究。这项经费是日本基础研究的主要经费来源。该项经费额 2013 年达到 2670 亿日元，比 2012 年增加 233亿日元，增幅为15.3%，主要用于基础性研究及应用性学科的研究开发、创新等领域，如国际关注的环境、能源问题、新兴科学以及仍处于萌芽阶段的待开发学科、情报学科等。科学研究费补助项目除文部科学省外，日本科学技术振兴会也设立了该项研究补助经费，但二者补助的领域不同。日本科学技术振兴会更侧重资助具有前瞻性、创造性的学术研究项目，如开拓未来学术研究促进事业、战略性创造性研究促进事业等，资助目的在于促进未来科学技术的发展、新兴产业的产生及发展，将科学技术的种子培育成与新兴科技萌芽密切相关的领域。

（3）高等教育拨款政策的导向。20 世纪 80 年代后，日本政府在实施财政紧缩政策的同时，进一步提出受益者负担的原则，重点强调高等教育个人受益、个人负担。这一政策无论给国立大学还是私立大学的教育财政均带来直接影响。一方面反映在政府拨款占学校教育事业费中的比率减少，学校自筹资金比率增大，学生学杂费上涨；另一方面表现为在有限的政府财政拨款中用于专款项目的资金不断增加，特别是学校科研设施设备的投入力度逐年加大。例如，20 世纪 90 年代以后，在国立大学教育事业费中来自政府拨款的比率逐年下降，而学生交纳的学杂费所占比率不断增加，国立大学学费呈现出成倍增长的势头，使私立学校学生与国立院校学生负担的学习费用差额逐渐缩小，这说明日本国立高等院校在21 世纪高等教育普及化阶段以后，日本政府开始逐渐减少向国立大学教育事业费的投入，削弱国立大学完全依赖于政府的状态，目的是使国立大学迅速法人化。日本政府在 90 年代初就已提出国立大学要实行特殊行政法人化设想，而且为实现该设想，日本政府制定了有关法律法规。我们仅从近年日本国立大学学校数的变化情况也可以发现，日本政府为减轻财政负担已经开始行动了。国立大学1990 年 137 所、1995 年 134 所、2000 年 119 所、2013 年 50 所，国立大学占高等院校总数的比率急剧下降。通过这一现象我们可以提出一个问题，即日本在高等教育实现大众化或普及化以后政府是否应继续出资办学？从日本现在高等教育改革政策来看，高等教育设置主体似乎可以完全社会化和地方政府化，中央政府只需以资助的形式向高等院校支付一定的经费，通过经费资助手段引导控制高校按照国家发展的战略方针开展教育研究活动，发挥以往政府对私立高校的资助与调控作用。此外，日本政府对私立大学支付的教育事业费补助金占整个教育事业费的比率也呈下降趋势；相反，用于专款专用的即用于政府根据国家及社会需要重点发展的项目，也称为特殊补助项目的金额却直线上升。通过上述情况我们可以看出，日本政府开始放宽对高等院校的限制，鼓励学校自主办学、自筹资金，强调优胜劣汰、个人受益、个人负担的原则。再有，政府补助金也由原来的重点向学校补助及教育机构补助逐渐向个人补助及指定补助转移。

（四）黑龙江省

以黑龙江省为代表的国内各省高等教育科技资源的形成与发展具有清晰的发展脉络。从科技资源配置体制改革来看，在 1949～1978 年，黑龙江省科技体制受计划经济体制的作用和影响，是一种计划性科技体制。1956 年，与中央政府相对应，成立了省科学规划委员会，制定了科技发展远景规划，发布了《黑龙江省科学技术发展远景规划》。1950 年，成立了省科学技术委员会，其成为主管全省科技事务的政府部门。高等学校、省科学院、各厅局科研机构、企业和国防科工办所属科研机构号称我国科技系统的五路大军，也是科技资源配置的五个方面。

1. 黑龙江省高等教育科技资源配置概况

黑龙江省高等教育科技资源配置从新中国成立初期的由教育部门和其他业务部门"不同条条"的直接管理，到改革开放初期的由各部门和地方政府"条块分割"的集权领导，再到后来由省一级政府统筹的"条块有机结合"的宏观管理，逐渐探索出了一条适应社会主义市场经济体制改革要求的区域化发展道路，形成了由省一级政府统筹协调区域高等教育科技资源配置的新局面。现有的区域高等教育科技资源配置方式与改革前的面向行业进行高等教育科技资源配置格局的最大不同在于"为谁生产"的不同。改革前的高等教育科技资源配置是为了满足政府各部门对该行业人才和知识的需求而进行的，改革后的高等教育科技资源配置是为了满足区域市场千千万万个利益主体对人才和知识的需求而进行的。"为谁生产"的变化直接影响到高等教育科技生产的全过程，继而影响到对与高等教育和科技"如何生产"有关的具体问题的回答，这些具体问题包括资源从哪里获得、由谁来决策资源的生产、怎样调节供给与需求的关系，直接影响着黑龙江省高等教育科技资源配置的演变，形成与改革前的科技资源配置的鲜明区别。

首先，从高等教育科技服务的对象和资源配置的范围来看。改革前，黑龙江省高等教育科技服务对象是中央和地方政府各部门，教育科技资源在全国或省区范围内进行配置，以满足中央及地方政府各部门对人才和知识的需求。而改革后，黑龙江省高等教育科技的服务对象是区域市场，包括希望获得知识和技能的个人，寻求技术和人才的各种企业、事业单位和服务机构等，高等教育与科技立足于区域经济社会的发展需要而在一定区域范围内进行资源配置。可见，改革前高等教育科技资源配置是为了满足政府需求，而改革后高等教育资源配置是为了满足区域社会不同利益主体的需求。

其次，从黑龙江省高等教育科技资源的投资渠道来看。改革前，由于黑龙江省高等教育是为政府提供服务，因而投资渠道单一，高校完全由政府含中央和地方各职能部门出资举办。改革后，黑龙江省高等教育的服务对象转变为区域社会中需要知识和人才的各种利益主体，政府、企业和事业单位、个人甚至高校本身均需要高等教育和科技提供服务，因而投资渠道增加，有来自政府的财政拨款，还有个人缴纳的学费、企业的投资、社会的捐赠以及学校的发展基金等。不同利益主体为了各自的需要，纷纷向高等教育进行投入，构成了区域高等教育科技资源配置多元化的投资格局。

再次，从黑龙江省高等教育科技资源配置的决策主体来看。改革前，政府是高等教育科技活动唯一投资者，非政府机构和其他主体均被排斥在外，投资者享有对其资本的决策权，这是不争的事实。因此，政府自然成为高等教育科技活动的决策主体，并掌握着高等教育科技资源配置的决策权，高校只是作为执行机构行使政府的决策，没有独立的资金筹措权、人事组织权、物资管理权和对外交易权，学校教育科研的各项事务都必须完全听命于政府。改革后，黑龙江省高等教育的投资主体增多，其他利益主体必然要和政府共同分享高等教育科技资源配置的决策权，由多种利益主体形成的高校决策组织使高校作为独立的法人取代政府来行使决策权。区域内各高校成了区域高等教育科技资源配置的决策主体。决策中心下移有利于高校根据区域社会各种需求和变化，灵活机动地调整校内科技资源配置的各项决策，更好地满足社会对教育与科技的需要。可见，由高校取代政府成为科技资源配置的决策主体，是区域高等教育科技资源配置有别于其他配置的突出特点。

最后，从黑龙江省高等教育科技资源配置的宏观调控手段来看。改革前，高等教育科技资源配置不需要宏观调控，这是因为政府是社会各个子系统的决策者，政府根据各部门需求计划编制各行业的生产计划，再通过行政手段下达到各部门和各单位，强制要求其执行上级主管部门制订的生产计划，市场供给与需求的均衡完全是通过政府直接的计划管理和行政手段来实现的。在这种情况下，政府宏观调节市场供需的职能实质上是政府作为微观单位的决策者直接管理社会经济的职能。高等教育领域也不例外，政府通过直接的指令性行政管理来决定高等教育的各项具体事务，包括学校建立、专业设置、招生计划、教学计划、人事调配和资金管理等各个方面。全国高校在政府的计划管理下，统一模式、统一行动，在各自的范围内按政府指令进行资源配置，不存在竞争，也不会出现供大于求的失衡现象，但办学规模偏小、资源配置效率不高。改革后，高校成了资源配置的决策者，高校根据自身利益调节资源配置，无数高校的决策行为都是根据局部个体利益制定的，带有一定盲目性，相互之间也会有冲突，这就需要政府从宏观的角度利用间接调控手段，通过立法、财政资助、信息服务等方式引导高校从自身利益出发，自发地按照政府的需要调节资源配置。可见，改革前，政府不存在真正意义上的宏观调控，而是一种直接行政管理手段；改革后，政府对区域高等教育科技资源配置的宏观调控主要通过利益驱动型的间接调控手段引导基层决策主体的自发调节来实现。

2. 黑龙江省高等教育科技资源配置的启示

首先，从统筹机构产生的背景看，国内北京、上海、江浙等高等教育较发达地区的高等教育科技资配置统筹机构虽然仍为政府力量，但因这些地区良好的经济基础和较发达的市场体系，其统筹科技资源配置的社会力量日益增强。黑龙江省高等教育科技资源配置统筹管理机构设立仍然是政府为适应社会主义市场经济体制而进行的政治体制改革的直接产物。

其次，从管理组织类型看，国内各省无一例外地由人事厅、教育厅、科技厅等这样统一名称的官方组织直接负责辖区范围内的高等教育科技资源配置工作。

所不同的是，近年来，北京、上海和江浙等发达地区随着行政体制改革的深入推进，一些类似协调型的科技资源配置管理组织陆续出现，而且自主配置权力明显增加，这方面黑龙江省仍相对比较滞后。

最后，从机构的统筹管理职能看，我国各省区高等教育科技管理机构的基本职能是决策和统筹。决策权主要是指省级政府主管部门对其行政管理范围之内的高校发展等重大问题做出政策抉择的权限、编制大学教育科技事业发展计划与规划、制定大学财政投入预算和有关财政补贴、任命大学主要行政人员等。统筹权主要是指省级政府主管部门在其地域所属范围内，综合协调各办学主体之间相互关系的权限，如对招生规模、毕业生就业、专业布局、教师职称评定和人事管理等方面进行统筹协调。不同的是，北京、上海和江浙等地区高校科技管理主管部门对高校的指导型在逐步增强，指令计划性逐步减弱，学校自身决策权增大，自主性加大，自我统筹能力增强。

二、国内外高等教育科技资源配置的评价与启示

（一）对国外高等教育科技资源配置的评价

通过分析以上典型市场经济国家的高等教育科技资源配置模式、特点及其政策，不难看出，科技水平世界领先的国家在高等教育资源配置方面存在以下共同点：

第一，各国的高等教育科技资源配置模式的设立都与本国的政治经济体制以及国际竞争环境相适应，如日本强调国家科技规划的重要性，美国强调市场在科技资源配置中的主导作用。

第二，高等教育科技管理与决策机构的地位不断提高。乔治·赫伯特·沃克·布什任美国总统期间，把科技政策办公室主任提到内阁部长级；克林顿上台后又成立了国家科学技术委员会，负责统筹与规划研究开发工作，委员会的主席和副主席由总统和副总统兼任，其成员也均为内阁部长和局长。决心走"技术立国"路线的日本，从2001年1月起取消了原来的科学技术会议，在内阁新设综

合科学技术会议，使其成为名副其实的科技行政"最高司令部"，在总理的直接领导下工作。

第三，科技人才的引进和培养成为全球科技竞争焦点。美国不拘一格地利用难民政策收容美国急需的技术人才，利用非移民类的签证吸引高科技人才，日、韩等国还专门制定了培养青年学者的政策等。

第四，注重高等教育科技资源配置机制的完善与创新。发达国家都通过建立一套合理的科研项目评审和监督机制，确保科研经费的高效使用。

（二）国内外高等教育科技资源配置的启示

第一，设立高等教育科技管理高层决策机构，加强政府宏观调控职能。由于科技资源投入产出具有公共性、外部性，科技资源完全由市场进行最优配置，因此必须发挥政府在科技资源配置中的宏观指导作用。例如，美国政府出于国家安全的需要，"二战"后开始广泛地介入科学研究和技术发展。由于政府中没有专门的科学管理部门，联邦政府于1993年成立了国家科学技术委员会，由政府各主要部门领导共同组成，总统兼任主席，加强了政府在科技领域的宏观调控职能。再如，日本的科技管理曾经也存在"九龙治水、各自为政"的问题，但迫于日趋激烈的竞争压力，日本政府进行了科技体制改革，于2001年成立了国家科技最高决策机构——"综合科学技术会议"，通过精简机构、整合职能，强化政府对科技资源的统筹管理。

反观我国的高等教育科技管理体制，至今还没有设立或明确最高决策机构。按现有的科技预算和投入体制，国家综合部门、产业部门和公共事业部门都可以独立提出国家级科技计划并获得财政支持，其中相当一部分计划从策划、预算到实施完成，都有着较强的部门意识，相互联系和协调很少，这也导致科研经费分散和重复使用，不利于国家目标的实现。国外高等教育科技管理体制和科技资源配置的经验告诉我们，解决这些问题的根本途径在于建立科学合理的决策架构，要求决策管理层既有横向职能分工又有纵向职权分层，同时强化高层决策、集体决策、程序决策和动态决策的形成，建立科学民主的决策机制，既能有效提高产业研发能力，又能有效加强基础科研水平，使科技资源最大限度服务于国家综合竞争力的提高。

第二，制定和完善相关法律法规，维护科技活动正常秩序。发达国家高等教育科技资源优化配置的经验表明，健全完善的法律体系是实现科技资源优化配置的根本保障。而对于一个市场机制不完善、法制尚不健全、政策不配套的发展中国家来说，加强国家一级调控职能显得尤其重要。改革开放后，我国先后制定了一系列与高等教育科技活动相关的法律规范，但由于各种原因，原有的科技管理法律规范缺乏更具约束性的量化指标，不但影响了相关法律的严肃性和权威性，而且制约了高效高等教育科技管理体制的建立与完善。为此，可以借鉴先进国家的经验，加强管理过程中的立法工作，完善配套法规，细化操作细则，加强法规执行的监督，提高法律的权威性、系统性、可操作性和执行力。

第三，建立一套完整的科技评估和监督体系。国外科技管理实践表明，建立科技成果评价和监督机制是优化高等教育科技资源配置的关键环节。在我国科技活动资金中，财政资金占有很大比重，但由于缺乏针对科技计划和项目科学、独立、系统的评估监督机制，造成了科研经费的巨大浪费。许多国家级重大科技计划是部门自己立项、自己验收，没有其他部门的协商、评价和监督。借鉴发达地区的监评模式，可在对监督机制的目标定位、组织体系、运作工程和相关法规进行详细考察和科学规划的基础上，制定符合我国实际并行之有效的科技成果评价和科研活动监督机制。

第四，营造科技人才成长的良好环境。这是优化高等教育科技资源配置、实现科技创新可持续发展的基本要求。美国通过高薪、设立奖项和创造公平的科研竞争环境来吸引人才，日本通过立法为研究人员配备助手并对职务发明建立专利个人归属制度等。实践表明，科学合理的人才激励机制和评价机制，良好的科技人才创新服务和发展环境，有利于激发科技人员的积极性和创造性，是实现人才资源科学管理的必然选择。

第八章　内蒙古自治区高等教育科技资源优化配置对策研究

以上章节评价了内蒙古自治区高等教育科技资源配置的现状，并分析了存在的问题。本章针对这些问题，从宏观对策与具体措施两个角度提出优化内蒙古自治区高等教育科技资源配置的相应对策及建议。

一、内蒙古自治区高等教育科技资源优化配置的宏观对策

（一）建设有利于高等教育科技资源优化配置的外部运行环境，转变政府职能，加强对高等教育科技的统筹管理

1. 转变政府职能，加强对高等教育科技的统筹管理

政府在高等教育科技发展运行中应转变职能，充分认识到自己的地位与角色，实现职能三个转变——偏重微观项目向加强宏观管理转变，偏重按专业技术领域组织科技工作向围绕经济建设需求转变，偏重组织单独完成任务向积极协调联动和组织之间协作配合转变。加强集成，突出重点，坚持"有所为，有所不为"。

（1）从制度创新入手，大力加强项目的产学研合作。应该注意到内蒙古高等学校的专利意识还比较淡薄，真正能够面向市场的科技成果不多，成熟度不够，使自己的研究成果转化为生产力的欲望不强烈。政府应在企业和大学之间发

挥好"拉郎配"作用，加强信息基础设施与网络建设，把大学与企业的应用连接起来，使两者能相互作用。通过科研经费"返还"优惠政策、给企业委托大学的课题匹配经费等手段，刺激企业投资于大学科研的积极性。同时，大学教师在积极主动参与大学与企业的合作中也起着关键作用。教师在选题时必然要与企业市场等信息接触，他们比政府更了解技术市场状况。例如，加拿大"杰出中心网络"的建立，使大学教师能方便、迅速找到应用企业，了解企业需求，企业也能迅速、方便地找到大学教师来解决技术问题和开展委托与合作研究。总之，产学研合作要坚持优势互补和利益共享原则，鼓励产学研之间建立形式多样、机制灵活的技术创新合作机制。

国际上的成功经验是把科学推进和需求牵引结合到一起。一般由政府、企业界和科学界共同进行选择确定研究领域和项目。项目组织也通常采取科研机构和企业联合的方式，它的组织和管理本身就是一项制度创新。目前有的采取把企业需求项目在网上或在新闻媒体上公开招标，也不失为一种有效的探索模式。

（2）集成有限的资源，统筹各项科技计划。目前，高等教育科技计划项目实施有不成功的教训。例如，条块分割、各自为政、缺乏衔接及资源配置缺乏协调等；对已有一定基础和成果的项目，则众多计划一拥而上，生成"橄榄球效应"，"锦上添花"容易，"雪中送炭"难；选择和实施研究项目与需求脱节，项目完成后再找市场，造成很多困难，这些都是高等教育科技投入管理机制不完善造成的问题。政府要加强高等教育科技计划的系统性和协调性，各计划之间要有关联和侧重，这些都是提高计划效率和活动产出的重要保证，也是政府适应科技、经济和社会发展不同阶段的要求。高校科技计划应在市场失效领域中组织重大的共性和关键技术的研究与发展，逐步形成创新系统的激励机制，吸引和积极引导研究参与地方科技计划，并通过计划的统筹实施，打破现存的条块分割和高等教育科技与经济"两张皮"的尴尬局面。经费投入必须与经济发展阶段和财力相适应，因此，如何构建合理的高等教育经费投入结构（经费来源结构），以实现资源的优化配置问题，已成为高等教育科技政策研究的重点。我国应积极借鉴科技发达国家在此方面的成功经验，并加以分析研究，积极采用财政手段、法律手段和政府引导等多种方式，加大对高校的投入，提高技术储备能力，形成良好的反馈循环，从而解决高等教育经费来源的结构失衡问题，使高校成为有效的技术创新推动力量，这也是实施科教兴战略，使生产方式由粗放型向集约型转变的前提之一。

人们总希望国家和地方大幅度增加科技投入，但是政府对科技投入的质量、效果以及科技资源的优化配置尚未给予应有的重视。加大科技投入应该包含两个方面的含义：一是增加科技经费和人力的投入，但是它的数量和规模受到本地区的经济水平和所处的发展阶段的限制；二是在保持现有科技投入水平的前提下，通过提高科技系统的运行效率，优化有限资源的配置，达到提高科技产出的目的。

（3）探索高等教育投入的新型模式。根据科技投入的不同对象，将科技经费投入分为四种基本模式，即项目模式、机构模式、基地模式和个人模式。其中，项目模式分配科技经费是科技财力资源配置最主要的模式，主要采用科技计划、科学基金和委托研究等几种形式。前面讲到，高校科研计划成功的关键是把科学推进和需求牵引结合到一起，一般采取由政府、企业、高校以及科学界共同选择与确定研究领域和项目的指南。科学基金制以自由选题和鼓励创新为主要特征，注重知识的积累和人才的培养，既适应了公平竞争的市场机制，又符合科学本身具有的积累性、自由探索性和创新性的规律，也是国际上通行的支持科学研究的一种重要机制。目前，科技部科研计划实行的是课题管理制的新型模式，内蒙古高校应从科技管理中大力进行改革创新，实行重大课题招标制和首席专家负责制。

（4）开展科技评估。为及时掌握内蒙古自治区高等教育科技资源配置情况及高等学校科技工作的开展情况，必须开展高等学校科技评估工作。通过深入研究，建立科技评估的指标体系，制定评估方案，并委托专业评估机构对各高校的科技活动进行全面评估。一方面，监测各高校科技资源的利用率及其使用效率，并将评估结果作为新一轮资源配置的主要依据；另一方面，检验高等学校科技资源配置的效率，从而实现科技资源配置的动态优化。

2. 建立和完善高校科技服务体系

（1）建立共享科技资源配套服务体系。进行科技资源整合，实现优质科技资源共享，必须完善科技资源硬性设备和软性资源配套服务，通过整合，实现内蒙古自治区各高校实验室、仪器设备等硬性设备资源共享，一并提供这些设备、科学仪器的操作维护等配套服务。软的服务包括专业实验人才的培养、共享资源的管理等许多方面。因此，完善共享科技资源的配套服务是真正实现优质科技资源共享的必备条件。

（2）建立和完善高校科技中介服务体系。科技中介机构以知识、技术、经验、资金和信息等为参与主体，提供实现技术创新和应用的各种技术服务，是连接科技成果、市场、企业的纽带，是相关各类主体的黏结剂和创新活动的催化剂，是科技创新体系中不可缺少的重要组成部分。从上一章分析可以看出，内蒙古自治区各地市高校发挥科技优势的潜力还很大，宝贵的科技人才资源和科研成果需要通过专业化的科技中介盘活人才市场和技术市场，如生产力促进中心、技术贸易机构、科技孵化器等机构，它们为科技创新活动提供了管理、信息、技术咨询、技术转让、知识产权保护、金融、法律等多方面的服务，在科技成果供应方和需求方之间架起桥梁，并在促进成果转化、专业人员的培训发挥了很好的作用。科技中介服务机构的发展不应只注重数量，更重要的是要专业化强、诚信高、提供多方位的服务。政府在加强和完善科技服务体系中要情况清、目标明，打破旧观念、提出新理念，为中介机构的发展创造良好环境。因此，应进一步发挥高校科技中介的纽带桥梁作用，加强科技信息发布和科技成果宣传，从而确保技术诀窍的广泛传播，及时进行技术需求者与持有者之间沟通联络，使大学、研究机构和企业之间的技术能够合理流动，促进各参与主体间的互动，并运用市场调节功能，实现对市生产要素的优化配置。另外，还要重视高校科技成果资源的群体转移。对于大量的科技成果，中介机构应加以归类整理，将其中一些科技含量高、场前景好的高科技项目及其相应配套技术再加上与其关联的技术，"打包"推荐给企业或风险投资公司，从而实现技术的整体转移，为企业提供系列的服务，增强服务于国有大中型企业转型的功能。同时，强化行业共性和关键技术的策划及孵化、推广与扩散，进行技术的资本化运作，形成多渠道、多形式的促成科技成果向现实生产力转化的格局，推动高新技术产业快速向前发展。

（3）加强信息化服务平台建设，积极构建科技资源协作平台。依托高校之间已有的科技资源信息网站，建立高校动态科技人才库、科技成果库和科技资源库，分层次架构建立高等院校、科技系统、内蒙古三级科技资源协作网络。借助科技交流市场和人才交流中心，或建立级技术转移中心，将高校整合、集成后的资源整体布局和科研实力情况向社会发布，实现高校群体知识资源及智力资源的社会化转移和服务。同时，努力畅通高校与企业、社会之间的信息交流渠道，不断吸引企业、社会参与到高校科技资源的开发与配置上来，不断拓展高校参与社会经济建设的服务领域，使高校的科技资源整体纳入经济社会建设的大环境之中。

（4）要积极构建科研基础设施条件平台。鼓励高校与国内外企业共建实验室、研究开发中心等研究机构，加强开放的科技基础设施条件平台建设，调整改革现有重点实验室结构和布局，加强重点科研基地整合重组。根据学科方向和区域重新布局，构建一批重点实验室。通过资源整合，实现优质科研基础设施资源共享，为学科交叉融合创造良好环境，为科技创新提供保证。

3. 建立以高校为中心和以企业为主体的技术创新体系

建立技术创新体系，要从以下两点着手：一是必须从体制、机制、政策和具体措施等多方面考虑为企业自主创新营造良好环境。具体包括建立和落实鼓励企业增加科技投入的政策，使企业始终成为科技创新的投入主体。通过投资、信贷、优惠税收政策、财政补贴、政府技术采购、知识产权保护等多种政策措施，进一步发挥政府科技投入的引导作用，形成鼓励企业增加科技投入的激励机制。积极改革科技计划和强化项目管理，使企业真正成为承担重大科技创新任务的主体，支持企业牵头实施重大科技项目。加快高新技术产业化，要支持大型骨干企业建立研发中心，促进其加大研发投入，增强研究开发能力。二是要充分发挥高校和科研院所的科技创新作用，使其真正成为科研中心和科技创新的主力军团。发挥各个高校和科研院所在学科和科研上的特点及优势，进行特色创新基地建设试点，提高高校在基础研究和应用基础研究领域的整体水平，建设具有高水平科研团队的研究型大学。深化科技体制改革，在建设科研队伍的同时，通过政策引导和激励。鼓励高校和科研机构进行联合科学研究，加强国家级和级重点实验室的建设。加大对重点实验室的投入力度，以支柱产业和优势研究领域为主要方向，在高校和科研机构建设重点实验室，为内蒙古自治区创新系统的建设和发展建立知识基础。注重与老工业基地改造和可持续发展相关的基础研究及应用基础研究，与现有的各级实验室相结合，建成能够持续增强创新能力，并为技术创新提供强大科技资源的知识生产平台。

（二）完善有利于高等教育科技资源优化配置的内部运行机制

1. 建立健全人才激励机制，合理配置高校人力资源

人才是科学技术的主要载体。人才问题，特别是高层次拔尖人才的极端重要

性无论怎么强调都不过分。高校系统拥有众多人才，而且高校是培养科技人才的基地。稳定、引进和培养人才，特别是具有创新意识和创造能力的高水平人才，充分发挥他们的创造性是提高科技竞争力的核心。所以，应该把高校科技人力资源的合理配置放到突出位置上来，切实通过加强内蒙古自治区科技人力资源的建设，为高等教育科技资源运行提供良好的人才环境。高校科技人力资源的合理配置主要包括两个方面的问题：一是科技人力资源的合理配置；二是科技人力资源和其他资源的合理组合。

（1）科技人力资源的合理分配。要实现科技人力资源的合理配置，必须要保证人力资源的流动性。人力资源流动的模式主要有三种。第一种是排斥市场机制的计划调配模式。这种模式只承认社会主义经济是计划经济，而不是商品经济，因而否认价值规律对人才流动的调节作用，认为市场机制运行必然导致人才的自由流动。这种模式的基本特征是人才的调配权高度集中在国家手里，由国家统包分配，单位没有用人权。此模式的优点在于从宏观上可以对人才结构变化进行预测，并采取相应的调整对策，便于集中人才，保证国家重点发展项目。但其最大的局限性在于难以适应社会化大生产和商品经济对人才流动提出全面的、灵活的内在要求，造成了人才资源微观配置不合理和使用上的低效率。第二种是对市场机制的运行不加控制的自由市场调节模式。这种模式只承认社会主义经济是商品经济，否认计划对市场机制控制的必要性。这种市场调节的基本特征是人才流动以市场为中心，完全由市场进行调节。通过人才之间的竞争，人才按供求规律流动，国家只制订没有约束的参考性计划。此模式的优点在于从微观上能够为人才的合理配置以及高效率的使用创造可能性，其弊端在于无法在宏观上进行预见性的人才结构调整，导致人才盲目流动，并产生经济和社会的不稳定。第三种是计划与市场共同调节的模式。这一模式的理论基础是社会主义经济是有计划的商品经济。它的基本特征是既要在人才管理中引进市场机制，允许人才在市场进行流动，又要健全宏观调控体系，通过指导性计划和相应的经济杠杆、立法措施和行政手段控制人才市场的运行。这种模式是社会主义人才市场的理想模式。建立这种机制的基本思路是按照分类管理的原则，围绕落实单位用人自主权和个人择业自主权，建立一种新型的用人制度。

根据第三种人力资源流动模式，在流动的政策上给予支持。首先，要完善专业技术职务聘任制。职务聘任制必须实行评聘分开，竞争聘任，并逐步向聘用合同制过渡，即在主管部门计划指导下，单位选用人才，人才选择职业，双方享有充分的自主权力，两者以合同形式规定职责和权力，促进人才市场的开放。其次，要改革现行的工资制度，在工资总额包干的前提下，给单位工资管理自主权，以利于按工作实绩与贡献大小确定工资及奖金数额。单位应逐步增大工资收入的可变部分，相对缩小固定收入部分，以便逐步实行工资全浮动，即市场工资。再次，要建立社会保障制度，实行多层次保障制度和多层次资金来源。最后，还要对户籍制度、住房制度等进行相应改革。

（2）科技人力资源和其他资源合理组合。科技人力资源的利用需要与之相配套的财力、物力和信息资源。现代科学的综合性与系统性使一项研究成果的获得往往需要很多人的合作，因此，合理的人才结构，年龄结构、专业结构、学历结构同样是提高科技人力资源利用所不可缺少的。通过宏观调控与市场机制，合理配置科技资源，合理进行人才分流，优化组织结构，完善编制。对于重大科技项目，发挥学科带头人作用，织织跨学科、跨专业的科技人员，形成"兵团作战"优势。同时，要有计划地安排好各类人员在教学、科研与技术开发三大任务之间的分布，并根据需要及时进行调整。另外，一定要稳住基础研究，切实提高学术水平。

基于以上分析得出结论，人才资源是提高自主创新能力、推动经济发展的第一资源。培养和造就千千万万高素质的劳动者和庞大的人才队伍是提高内蒙古自治区自主创新能力的根本所在。内蒙古自治区是教育大区，劳动者平均受教育年限较长，人力资源相对丰富，如果能在创新型人才培养及使用机制上实现新的突破，营造出有利于创新型人才脱颖而出的优良环境，就可以把内蒙古自治区的人口资源变成创新型人才资源，为振兴内蒙古自治区提供源源不断的创新型人才储备，并最终提高内蒙古自治区的科技水平。因此，必须把"以人为本"的教育理念贯穿到各项工作中去，通过多种机制，培养、引进和开发扩大人才队伍。坚持以人为本，就必须着力营造有利于科学家成长的条件和环境，包括工作环境、政策环境和人文环境等。过去，在人才的培养和引进方面，比较注重于津贴、住房、安家费、子女就业等生活条件的改善，这也确实起到了很好的作用。但是随着竞争的日益激烈，单靠改善生活环境已经远远不够了，况且一个真正有事业心的高水平人才注重的并不是这些。一个人才的成长往往更依赖于工作环境、政策环境和人文环境，必须在这些方面为其构建一个宽松的能自由发展的空间，一定要使他们感到这里才是最适合其发展的地方，这样才能引得进、留得住、用得上。工作环境包括公共基础设施建设，科学数据共享，科学资料提供，必要而先进的科研仪器设备，研究经费，组建学术梯队，配备助手，为其出国考察、合作研究及学术交流提供方便条件等。政策环境是指在人才的使用上引入"能者上庸者下、强者进弱者退"的竞争机制，在人才的管理上推行岗位责任制和目标责任制，在分配制度上坚定不移地贯彻按劳分配原则，正确利用利益驱动的杠杆作用。由于利益是相对的，利益机制往往通过比较发生作用，因此，只有在效率优先、兼顾公平的原则下，真正拉开差距，体现多劳多得、优劳优酬，才能产生激励效果。所以，必须打破干与不干一个样，干多干少一个样、干好干不好一个样的状况，强化激励、鼓励冒尖。人文环境是指提供自由发展的学术空间和科学民主的学术氛围，破除僵化思想，激发创新思维。广大教师和科研人员要有强烈的市场意识、风险意识、法律意识、团队意识，敢于标新立异、承担风险，形成一种提倡创新、鼓励创新、奋勇创新的良好局面。坚持以人为本就是要推进管理机制改革，建立新的科技管理机制。要针对科学探索、科技开发和产业化等科技工作的不同特点建立相应的评价体系和激励机制。针对研究型人才，就要与人才培养紧密结合，实行开放、竞争与协作，给予宽松的政策环境，形成浓厚的学术氛围；针对开发型人才，就要实行市场导向、技术推动、自主发展、自我约束，技术职务评聘和工资待遇与教学科研单位区别对待，互不攀比；针对产业型人才，就要实行企业化管理，建立现代企业制度。通过这样的机制使所有科技人员各尽其责、各得其所、各乐其业。

2. 加强产学研合作，促进高校科技成果向现实生产力转化

促进高校科技成果转化，加强产学研合作是必然的趋势和最有效的选择。从高校自身看，科技成果转化是一个系统工程，它包含着从产品创新到商品化生产再到形成产业等一系列环节，大体经过产品概念的形成、研究与开发、设计实验试制、中间试验、生产准备、批量生产、营销和市场七个阶段。在上述七个阶段中，第一阶段和第四阶段需要高校、科研单位和企业共同参与；第五阶段至第七阶段主要是解决正式生产与市场开拓相关的问题，因此通常是生产、销售企业的优势；只有第二阶段和第三阶段的主体是知识产品，在高校和科研单位中实施方为有效。换句话说，现阶段我国的绝大多数高校科研机构只能相对独立完成科技成果转化七个阶段中的少数阶段，多数阶段都离不开企业的参与，内蒙古高校也不例外，原因是它们缺乏独立的实现科技成果转化所必需的条件。一是对于市场的感应力比较弱，常常不去找或找不到科技和市场的结合点，这也是许多科技成

果被"烂"在抽屉里的重要原因。二是由于长期与经济、市场的脱离,高校多数不具备批量生产的技艺能力和生产能力,不具备产业化所必需的市场营销、开拓能力及形成产业规模所必需的资金实力。三是它们特别缺乏成果转化所必需的组合各种社会资源的操作能力。所以,高校的科研人员要把自己的科技成果转化为生产力,能独立走完的仅仅是漫漫长路中的一段或几段,离开与企业和社会的合作,大多数不能拥有自己的"产业化成果"。要改变这种局面,具体对策如下:

(1)政府加强宣传、引导,优化产学研合作的外部环境。国内外经验表明,对产学研合作的推动,要在市场机制下充分发挥政府的作用。一方面,政府要进一步加大宣传力度,发挥各种新闻媒体的作用,使产学研各方清楚地认识到在科学技术迅猛发展、市场激烈竞争的今天,产学研合作对全局和对自身发展都有重要意义。另一方面,在转变政府职能时,要强化政府对产学研合作的宏观调控,成立专门的机构,负责组织、协调产学研合作,通过政策计划引导产学研合作。这里的政策主要包括保护知识产权及财政、税收、信贷、价格、技术入股、奖惩办法等方面。在这些方面政府都应做出明确规定并加以规范,使产学研合作项目能得到较大财政支持、优惠的税收、低息的贷款、灵活的价格。内蒙古自治区也可根据《科技进步法》精神,结合本地实际,制定出地方性法规,规范产学研合作行为,正确处理合作中的矛盾。

(2)探索校企全方位的合作模式,加强高校科技资源的服务性开发。内蒙古自治区是国家老工业基地。据统计,大部分大中型企业没有或只有极少数的研究开发机构,没有能力独立开展技术开发活动,每年科技成果转化率只有四分之一左右,最后形成产业的不到一成。高等院校与企业共建"技术开发机构"或根据企业实际需要进行项目技术经济论证,有利于充分发挥高校在人才和技术、企业在资金和设备上的各自优势及潜能,将科研成果尽快转化为生产力促进内蒙古自治区经济结构调整和国有大中型企业的技术改造,同时使高校和企业建立起优势互补、互利互惠的长期而稳定的合作关系。

(3)积极开展校企多渠道交流合作。高等院校以智力资源为支撑,以优势学科和核心技术为媒介,可以与企业开展全方位交流合作。对高校而言,企业可作为学校校外科研基地,优先承担企业遇到的技术难题攻关与科技开发及技术改造。企业还可作为学校的教学实践基地,接纳教师实践培训、学生生产实习、毕业设计等。对企业而言,能够优先获取高校科技成果转让或直接与高校联合创办高新技术企业,获得为其定向或重点培养各类人才以及优先吸纳学校优秀毕业生的权利。校企双方互利互惠，从而获得"双赢"。

（4）建立健全产学研合作服务机构。完善促进产学研一体化社会服务体系，包括市场调研、决策咨询、信息服务、产权评估、技术交易等建设，顺畅科技成果从高校到企业和到地区的传递、转移和转化机制。科研成果转移代办分为营利和非营利性质两种。营利性质的如国家各部委、地方政府所属的工程技术咨询公司、技术开发公司，各科研院所、高等学校的新技术、新产品推广部；非营利性质的如包装技术协会、机电工程学会等专业技术团体。科研成果转移代办主要代理服务于专业的科研成果。创新、技术转移服务中心亦可被称为创业服务中心，主要为企业提供技术帮助、经营帮助，提供信贷或充当信贷担保人，培训企业负责人，以及从法律、技术、商务等方面为企业提供服务。上述三类机构各有所长，都有其特定的服务领域。当然，中介服务机构的生存和发展尚需一个良好的政策法律等外部环境和规范有效的管理制度。政策应鼓励中介机构面向市场，实施中介机构资格认证制度和从业人员考核晋级制度，制定出规范中介行为的法律法规和管理条例。

（5）遵循基本原则，建立健全产学研合作运作机制。产学研合作应遵循的基本原则为优势互补、资源共享、风险共担、共同发展。产学研各方在遵循这四个基本原则的基础上，应形成合理的运作机制。①动力机制。在市场经济条件下，动力主要来自两个方面：一是来自政府的引导支持，即通过组织、计划、政策、法规等来推动的外力；二是来自合作各方自身发展目标和利益需要产生的内力。产、学、研三者相互作用，将共同构成产学研合作的动力机制。②利益分配机制。这是产学研合作能否巩固和发展的关键。不少产学研合作开始热热闹闹，但很快就冷下去，重要原因在于产学研分配机制未解决好。合理的产学研利益分配机制应遵循"互惠互利、各得其所"的原则，各方都应按投资比例分成，凡超过基数的也应按一定比例分成。各方为对方提供服务都应有偿，坚持按劳付酬原则，对产学研合作人员的业绩津贴、奖惩、晋升都应有明确的规定。③融资机制。政府要尽早介入并大力支持，产学研各方要多渠筹资解决产学研合作中资金短缺的问题，建立产学研合作的稳定融资机制。在产学研资金筹集上，完善投资风险机制是解决合作资金缺乏的主要途径。各级政府应从每年的科技开发贷款中划拨部分用于产学研合作的资金支撑。地方可设立产学研合作专项基金，用来吸引和鼓励地方产学研结合，争取国家基金和企业投入来资助产学研合作。另外，还可以建立产学研合作基金、创新基金、创业基金、产业基金等，或是建立新技术企业风险投资公司，多渠道筹措产学研合作专用资金，包括鼓励企业向大学捐赠或折价提供先进技术、科研仪器等，使产学研合作向多元化投资方向发展。

3. 建立健全技术转移市场运行机制

科技创新是社会经济发展的原动力，但它又是一种高风险的事业，其风险性至少表现在两个方面。首先，研究活动本身具有不确定性，如果研究活动失败，投入的资源将无法收回。其次，即使研究活动成功，并取得了有用的成果，能否收回投入资源并获利还取决于研究成果是否能以适当的价格转让出去，或者是否能自主地将研究成果成功地进行产业化，而这又取决于技术市场是否健全、知识产权保护是否有效、宏观经济环境是否适宜等因素。所以，要想提高并维持科技工作者投入资源、从事科技创新的积极性，除了提高他们参与科技创新活动可能获得的收益水平这一重要途径以外，建立健全技术转移市场机制也是至关重要的。

（1）制定和完善技术市场交易规则，规范技术市场运作，特别是完善专利制度和其他知识产权保护制度，保护科技成果所有者的合法权益。同时，完善技术成果评估鉴定制度，防止假冒的技术、商品流入市场，坑害技术受让者，确保市场交易双方公平交易，约束双方不正当行为，避免交易本身带来的市场风险。

（2）加强技术市场中介机构建设。近年来，内蒙古自治区技术市场发展较快，签订技术合同项数和成交额年增长率均在攀升。然而，其技术市场仍显得过于薄弱，且这已成为影响科技成果转化为生产力的重要因素之一。技术市场是进行技术交易、实现技术商品化的市场，是实现技术开发走向应用、扩散的纽带和桥梁。它的功能特征就是使技术创新能够高效率地顺利运行。为此，应该加强技术市场中介机构的建设。技术市场中介行业是一个知识密集型的行业，按照中介机构的市场定位，其从业人员和中介机构自身需要具备信息、技术、经济、政策、法律以及人才管理等方面的功能优势和市场信誉。中介机构之间应该形成某种协作网络，包括技术后援机构、专家网络、信息网络等。要贯彻实施原国家科委制定的《技术经纪人资格认定暂行办法》和《全国技术经纪人培训大纲》，提高中介机构人员的素质，培养和造就一支高素质的技术中介队伍，这是增强技术中介机构功能优势的一个最重要条件，也是一项根本性的建设工程。

（3）增大保险力度，大力推广重点科技成果。理论上讲，保险最重要的意义在于对那些风险厌恶者提供一种风险损失补偿保障机制，以激励他们从事那些原以为过于危险而放弃的活动。为解除技术交易者特别是技术吸纳者的后顾之忧，可以考虑运用保险制度建立风险转移和补偿机制，这有可能成为科技成果转化推广的新的有效措施。为了稳妥起见，可先行试点，待试点基本取得成功后，再逐步向更大范围推广。

二、内蒙古自治区高等教育科技资源优化配置的具体措施

（一）树立正确的高等教育理念

日本在"二战"后完成高等教育大众化的任务仅仅用了 18 年，这与日本政府正确的高等教育理念息息相关。"二战"后的日本百废待兴，日本政府意识到经济、文化、科技的发展很需要高等教育来带动。随着技术密集型产业的发展，日本政府深刻地认识到高技术、高素质人才对发展经济的重要性，因而十分重视人才，将科技创新的重要基地设立在高等学校。日本政府在刺激教育需求的同时，将高等教育的供给数量增多，提供了公立高校、私立高校、专修学校等多层次的高等教育产品。在 1963 年，日本高等教育迅速进入大众化时期，这与日本政府对高等教育的重视程度是密不可分的。通过日本政府高等教育供给的经验，我们可以得到启示，要发展地方经济社会，必须要先转变观念，树立正确的教育意识，尤其是正确的高等教育观念。各级政府特别是地方政府要提高对高等教育的重视程度，提供优质的高等教育产品。首先，内蒙古自治区政府及各地方政府应该转变观念，明确自身的职责、权限。不应把工作重点全部投向拉动经济增长的领域，唯"GDP"是从，应该制定并执行相关教育政策，重视高等教育的供给。其次，内蒙古自治区地方政府应树立起对高等教育的投入也是一种生产性投入的思想观念，要有长远的眼光、长远效益的意识，不应用短期的效益牺牲长远的效益。最后，要树立把高等教育供给切实放在建立公共文化服务体系战略位置中的观念。要树立内蒙古自治区高等教育"一盘棋"的系统性理念和思想，从全局出发、从长计议，进一步整合与优化高等教育资源配置，促进高等教育供给均衡化。

（二）提高政府教育服务意识

党的十八次代表大会中指出，要深化教育领域的综合改革，提高教育质量。按照这一思路，内蒙古自治区各级政府应该明确责任，深入推进教育领域的综合改革。改革的重点就是提高政府在教育领域的公共服务意识，努力向服务型政府转变。主要应该做好以下工作：

一方面，解决好高等教育供给问题对各级政府来说是责任也是义务，既离不开国家及各级政府的统筹管理，更离不开地方政府的支持。要做到权责统一，有权必有责，层层落实各级政府责任。政府的不作为也是政府缺位的表现，因此政府要充分发挥自身职能，做到不缺位、不错位，提供教育公共服务。

另一方面，政府也要转变职能，特别是要增强服务意识，要充分认识到政府提供教育服务的重要性。首先，在管理方式上要尽快实现由行政管理为主的方式向以法律和政策为主的方式过渡。这就要求各级政府要以转变职能和简政放权为重点，内蒙古地方政府不应把高等教育供给完全行政化，而是应该把改革的重点放在转变政府职能上。其次，政府应在宏观上进行指导和引导，以提供更好的公共服务为目标，正确处理好政府、学校和市场的关系，这是改革的重中之重。最后，各地方政府应以教育促发展，不同地区的不同大学应根据地方经济社会发展的需要和特殊文化特色调整办学定位。由于内蒙古各地方大学培养的人才主要是为地方经济社会发展服务，只有设立学科和设置专业符合地区经济的发展，才能发挥高等教育的公共服务功能。为此，内蒙古各地方大学应根据地方支柱产业以及资源优势和地理位置，抓好有地方特色的重点学科和专业，积极发展当地经济、社会急需的专业，实现地方高校与地方发展良性的互动。例如，近年来内蒙古财经大学以"一带一路"建设的时代为背景，积极与蒙古国高校合作，致力于培养适应国家向北开放战略需要的经管专业人才和"蒙古语＋专业"的应用型、复合型人才，在全区经济社会发展建设格局中，正在发挥着日益重要的作用。

（三）完善教育供给制度和监督机制

1. 进行教育供给制度改革

合理有效的制度对于一国高等教育事业的发展具有举足轻重的意义。通过对高等教育政府供给问题成因的客观分析可以看出，当前高等教育的供给制度是以政府为主导的，其很明显的弊端就是垄断性。因此要提高高等教育的供给质量，必须改革教育供给机制，从根本上改变供给制度。完善教育供给机制和进行改革，又必须符合实际，不能脱离现实，要紧紧结合内蒙古自治区的经济社会发展现状，这样改革才不会变成理想、陷入空谈。深化教育供给机制改革，其实质就是要改变目前政府垄断高等教育供给的制度，建立多元化供给的制度。根据"新公共管理"理论，高等教育供给体制改革的方向应该是建立多元主体的供给机制，多元主体包括政府、市场和社会。

党的十八届三中全会《全面深化改革若干问题的决定》中指出的政策要求极具创新性，即要完善政府主导、鼓励社会参与、实现办学主体多元和办学形式多样化，建立充满生机活力的办学体制，鼓励教育领域通过不同方式引入社会资金，各级政府根据自身特点应采取多样化政策措施，提倡公办学校、行业企业等社会力量的参与，实现政府为主导、公办与民办教育通力协作，社会力量积极参与的局面。根据内蒙古已经初步形成了以政府财政投入为主、学费和税费等教育资金为辅的教育供给体制。首先，在改革供给机制的同时要建立与之相适应的公共财政体制，由中央政府进行宏观调控，保障公平，确保供给均衡。由于内蒙古自治区特殊的区情和教育环境，建议高等教育的经费可以由国家统一拨付给地方政府，建立教育经费投入保障机制，这样才能解决好长久以来的顽疾，诸如教学设备缺乏、老旧，师资力量薄弱，教师欠薪，学校办公费用紧张等由于地方经济发展水平欠发达影响教育发展的各种问题。其次，面对"穷国办大教育"的现实，仅仅依靠中央和地方政府的投入不能从根本上解决供给不足问题，所以要建立多元化的供给机制。根据内蒙古自治区高等教育的供给现状，在政府财政性投入为主体的前提下，建立多渠道的投资机制和多主体的供给机制，这样不仅可以使政府从巨额的财政投入压力中解脱，更好地实现其他政府责任，还能够优化供给的结构，提高供给的质量。

2. 建立健全教育供给监督机制

为了保证教育公共物品的有效供给，确保决策的透明化，保障教育经费拨款能够得到合理的利用，就必须有健全而强有力的监督机制做保障。但现实的情况是内蒙古自治区很多地区还受计划经济时期的习惯影响，工作重心都落在教育资金的审核和下发，没有相对应的反馈制度来确保资金的使用效果，导致利用资金的效率不高，客观上也为教育资金的侵吞和挪用创造了条件。为使教育资源的效用发挥到最大，需要建立和健全经费使用监督体制。从教育经费的拨款到教育经费的使用，应做到政务公开透明，实行阳光、透明行政，要扩大民主参与的方式和途径，做到政府自身监督和社会监督相结合。

第一，要建立关于教育拨款的监督机制，根据高等教育经费使用的实际情况建立相关的法律法规，使监督工作有法可依。首先，内蒙古自治区应设立相关监督机构，建立高等教育的监管机制，对主管部门负责人施行行政问责制度。其次，资金审批后的使用情况至关重要，要确保教育经费使用在需要的地方。最后，使各级教育部门财务管理的监督体制得到有效实施，不能空有监督体制而没有执行，不能让法律法规躺在纸面上，这样可以有效地防止官员腐败。

第二，对于资金的使用效果也要进行监督，明确各级政府的责任，确保资金到位，存在问题的应给予行政处罚，情节严重的追究其法律责任。政府应重视这项工作，科学合理地使用教育资金，对于专款不得挪用以及侵占。如因严重失误致使教育资金损失、影响资金的使用，应按法律、法规严肃处理，同时追究各级监督部门监管不力的责任。另外，还应利用社会监督的作用，鼓励社会组织参与对高等教育的评估监测，并开展第三方机构对教育满意度测评，构成政府与学校分工明确、社会积极参与的新局面，做到公开、透明，使社会监督有效地进行。

（四）强化服务职能，保障高等教育供给

1. 增加政府财政性投入

增加内蒙古自治区高等教育的供给，首先要明晰中央和地方政府的事权和财权。在美国高等教育供给中有明确的事权划分规定，即中央政府主要负责全国性公共物品供给，地方政府则负责地方性公共物品供给。所以，改变地方政府在高等教育供给中"缺位"和"错位"的问题，首先要明确中央和地方政府在高等教育供给的权责关系。内蒙古自治区普通高校目前占据高等教育的绝大部分，这些普通高校经费主要依靠地方政府财政拨款。因此，地方政府需提高对高等学校的关注程度，确保国家发展高等教育的政策得到实施、各项资金发放到位，应通过各种方式加大财政对高等教育的投入力度，落实好对教育的资金投入。首先，学科建设的投入需要加强，科学研究的投入要加大，尤其是科研方面以及基础学

科建设方面的投入，要确保高校进行各项教学和科研活动的资金充足；还应适当在体育馆、图书馆、学生宿舍、教学楼等学校基础设施建设资金的审批方面给予优惠政策。其次，积极化解高校债务。自治区政府要高度重视学校的债务问题，债务问题的化解不仅可以减轻政府财政负担，还可以使学校有可持续发展的资源。最后，要切实增加对师资力量的投入。师资水平是保障教育质量的关键因素，提高教师待遇水平，使用专项经费进行高校人才资源培养。

2. 促进高等教育多元化供给

一方面，要促进内蒙古自治区高等教育供给主体多元化。美国联邦政府大量利用非营利组织来直接提供公共服务，而且在提供公共服务方面会利用州及州以下的政府。美国的服务组织数量多，十分复杂。在美国，有一半左右的大学是私立非营利机构，因为美国不设立国立大学，这些高校虽然单个规模比州立大学小，但是加起来形成了庞大的高等教育数量和规模，在美国高等教育供给中起到极其深远的作用和影响。美国政府在高等教育供给中的职能则是凭借其良好的资助非营利教育机构的传统，对缺乏资金的非营利组织进行资助。美国联邦政府并不直接进行高等教育的供给，所以我国政府可以借鉴美国在高等教育供给方面的经验，即应该充分地重视非营利组织所能发挥的作用，重视市场的作用，重视民办高校所发挥的作用，并为其提供良好的政策制度安排和法律框架，并适度发挥政府在教育供给中的职责。这样不但可以提高供给的效率，还相对减轻了政府在教育领域的财政负担。这也就是说，具有外部效应的准公共产品不需要全部由政府财政负责，其有效供给可以结合政府与市场合力提供。内蒙古自治区高等教育应从政府提供高等教育为主的模式向实现投资主体多元化转变，从而进一步解决内蒙古自治区高等教育供需失衡的问题。

通过借鉴美国政府供给高等教育的经验，内蒙古自治区高等教育可以在由政府为主导提供的基础上，实现供给主体的多元化，让更多的非营利组织和市场主体参与到供给当中。加快高等教育办学主体多元化，提升对社会参与的开放性，鼓励市场经济主体参与。政府重要的职责是应在各种层次、类型的高等教育领域做好本职工作，同时做好"监管者"的角色。首先，内蒙古自治区政府和教育行政部门应引导其发展，提供优惠政策为高校与企业的广泛合作打造良好的环境，为高校与企业的合作提供相应的税收减免优惠，引导高校与企业合作模式快速、健康地发展。同时，鼓励直接采取市场提供方式办私立民办学校，政府给予适当补助。比如，民营资本对于热门专业有着很高的投资热情，在确保良好的教育质量和平稳的市场秩序的前提下，政府应作为"监管者"充分让市场介入。其次，加快立法，使双方合作有相关的法律、法规作为依据，做到依法行政，让法治确保其走上规范化的轨道。政府可通过立法规定将高等教育产品和服务委托给非营利组织等市场经济主体，让其按照法律的规定提供高等教育的产品和服务。

另一方面，要促进内蒙古自治区高等教育筹资渠道多元化。美国的私立高校占高校总数的比例很高，在办学初期，美国私立高等学校的经费主要来源如下：一是政府的资助，政府的资助有多种形式，如拨款和税收通过；二是社会捐赠；三是赠土地使用权；四是学费。从美国的经验中可以得到启发，就是要做到切实增加内蒙古自治区高等教育的投入，严格要求地方各级政府履行其职能，投资理念与时俱进，健全教育投资的制度和政策，设立更多的融资渠道，使内蒙古自治区高等教育总体投入不足的问题得到妥善解决。在我国，高等学校的筹资渠道主要是来源于政府的财政投入，投入高等教育的资金则来源于政府的财政收入。然而，内蒙古自治区高等教育完全由政府供给必然不能满足日益丰富多元的高等教育需求，单纯依赖政府对高等教育的投入最终也会使政府陷入失灵状态。2001年，《内蒙古自治区人民政府关于支持高等学校改革与发展的意见》指出了教育投资需要改变现有的单一资金来源渠道；《中国教育改革和发展纲要》对于教育经费部分有相关的规定，确保教育战略地位的最主要办法就是加大对教育的投资，社会各方面的力量包括政府均可以增加对教育资金的投入，优先保障和开展教育事业。具体的做法是应建立健全征缴教育税费、非义务教育学杂费、募集社会资金的机制，以国家财政资金为主和其他渠道资金、捐助为辅的模式进行筹资。同时，应对相关制度进行立法，从而使教育经费的来源得到保障并持续增加。

由此看来，对于内蒙古自治区高等教育资金、经费的筹集应建立多种渠道，使社会资金流向高等教育，做到不完全依靠政府财政。第一种方式，可通过金融机构向个人投资者、机构投资者发行内蒙古自治区高等教育的债券来补充高等教育资金，保障资金流向教育资源缺乏的边远区。第二种方式，内蒙古自治区可尝试创立新的资金筹措机制，以其他地区福利彩票的操作体制为依据和参考设立教育彩票，扩大教育资金的来源渠道，使高等教育投入总量少的问题得到妥善解决。第三种方式，针对现阶段内蒙古自治区财政资金并不充足，无法实现对高校的持续性财政支持的问题，应大力鼓励、引导社会各方的力量进行捐资和银行贷款，可尝试从其他省份或者海外的地区吸引资金，创新并增加自筹经费等新机制。可通过建立健全教育捐资捐助等相关制度和法律、法规，采取优惠的税收政策等措施，吸引社会公众重视高等教育，达到促进高等教育投资多元化的目的。通过以上措施，可以使高等教育供给的总量增加、供给质量得到提高，由此促进高等学校积极、灵活地发展。

（五）利用民族自治地方优惠政策增加供给

根据我国《宪法》第117条规定，对于地方财政，民族自治地方的自治机关享有管理自治权。《民族区域自治法》第34条也有关于民族地方根据地方实际情况制定相关规定和具体办法的说明。通过发达国家教育立法的相关经验和以上我国《宪法》和《民族区域自治法》所规定的部分内容我们可以看出，要促进高等教育的发展，必须完善、健全相关法律法规，坚持依法治教。民族自治地方政府不同于其他直辖市人民政府，所享受的民族优惠政策从各方面可以表现出民族自治地方自治权的优越性，而且这种自治权是由国家通过《宪法》和《民族区域自治法》以及其他相关法律法规所赋予的，所以具有较高的权威性和较强的约束力。因此，内蒙古自治区在高等教育政府供给方面具有显而易见的优越性，和其他省份相比有法律、政策和各方面的优惠条件。内蒙古自治区政府要善于利用这样的优惠条件，发挥民族自治地方的各种优势，以《宪法》和《民族区域自治法》为基准，加强法律制度建设，并保证相关政策的稳定性；应当结合民族地区特点和需求，制定相关的法规和政策，使之与内蒙古自治区经济、文化、社会相协调，促进经济发展和科技进步，服务于地方经济发展；应当承担供给高等教育的重任，结合民族地区特点，在法律政策方面合理给予民族教育全方位的支持，切实保障民族地区公民享受教育权的平等性，尤其是享受高等教育权利的平等性。

附　录

附表 1　2010～2015 年内蒙古自治区各级各类学校数统计

单位：所

指标名称	2010 年	2011 年	2012 年	2013 年	2014 年	2015 年
1. 研究生培养机构	9	9	9	10	10	10
其中：科研机构	1	1	1	1	1	1
2. 普通高等学校	44	47	48	49	50	53
其中：本科	14	14	15	15	15	17
本科学校中独立学院	2	2	2	2	2	2
高职（专科）	30	33	33	34	35	36
3. 成人高等学校	1	1	1	1	1	1
4. 高中阶段教育	574	562	548	541	536	534
高中阶段职业教育	285	283	276	264	258	250
普通中专	86	90	86	81	80	73
中技	84	88	84	80	79	73
中师	2	2	2	1	1	0
成人中专	61	62	61	61	61	61
职业高中	138	131	129	122	117	116
普通高中	289	279	272	277	278	284
完全中学	142	124	116	114	113	116
高级中学	147	144	140	146	145	147
十二年一贯制学校	—	11	16	17	20	21

续表

指标名称	2010 年	2011 年	2012 年	2013 年	2014 年	2015 年
5. 义务教育	4067	3796	3206	3057	2899	2569
小学	2767	2613	2443	2308	2174	1853
小学教学点（个）	466	375	363	406	470	678
普通初中	834	808	763	749	725	716
其中：初级中学	605	569	546	533	512	495
九年一贯制学校	229	239	217	216	213	221
6. 幼儿教育	2039	2197	2585	2740	3140	3516
7. 特殊教育学校	30	34	39	42	44	45
8. 中等职业技术培训	2423	2235	2056	1682	1606	1186
9. 成人基础学校	1869	1492	1527	1365	773	351

附表 2　2010～2015 年内蒙古自治区毕（结）业生数统计

单位：人

指标名称	2010 年	2011 年	2012 年	2013 年	2014 年	2015 年
1. 研究生	3384	3977	4657	5125	5469	5386
博士生	145	145	150	175	179	149
硕士生	3239	3832	4507	4950	5290	5237
2. 普通高等教育	94704	95957	105054	108272	111723	107863
本科	36201	41321	45711	50275	53455	54471
高职（专科）	58503	54636	59343	57997	58268	53392
3. 成人高等教育	26387	26187	29524	33492	49564	54851
独立成人高校	490	639	897	804	929	906
普通高校成人班	25897	25548	28627	32688	48635	53945
4. 高中阶段教育	260111	259449	270769	257095	243434	248874
高中阶段职业教育	85296	91335	109495	95508	81296	82938
普通中专	39018	43639	53353	45571	39539	43104

续表

指标名称	2010 年	2011 年	2012 年	2013 年	2014 年	2015 年
中技	38351	42373	52367	45192	39052	43104
中师	667	1266	986	379	487	0
成人中专	7254	5978	12259	10795	10192	9077
职业高中	39024	41718	43883	39142	31565	30757
普通高中	174815	168114	161274	161587	162138	165936
完全中学	—	41118	40851	31523	34545	35414
高级中学	—	125169	118879	128274	126134	128363
十二年一贯制学校	—	1827	1544	1790	1459	2159
5. 义务教育	538731	514912	506192	482281	448701	423544
小学	269753	254920	242927	232846	221107	201145
小学	—	233848	223291	215374	205096	186026
九年一贯制学校	—	20084	18454	16007	14886	13954
十二年一贯制学校	—	988	1182	1465	1125	1165
普通初中	268978	259992	263265	249435	227594	222399
初级中学	—	204075	212600	201977	182717	175236
九年一贯制学校	—	20836	20223	18592	16437	16882
十二年一贯制学校	—	1445	2261	1970	1964	2281
完全中学	—	33636	28181	26896	26476	28000
6. 幼儿教育	149087	173031	197174	199034	201007	208990
7. 特殊教育学校	362	197	392	353	457	719
8. 中等职业技术培训	429539	437945	416459	389625	360136	164819
9. 成人基础学校	107577	60620	55292	19685	19873	5571

附表 3　2010～2015 年内蒙古自治区招生数统计

单位：人

指标名称	2010 年	2011 年	2012 年	2013 年	2014 年	2015 年
1. 研究生	5168	5548	5698	5886	8118	7847
博士生	215	225	236	246	257	267

续表

指标名称	2010 年	2011 年	2012 年	2013 年	2014 年	2015 年
硕士生	4953	5323	5462	5640	5730	5928
2. 普通本专科	116477	115242	110894	119263	122755	127536
本科	55663	56326	57409	59714	59750	60996
高职（专科）	60814	58916	53485	59549	63005	66540
3. 成人高等教育	30981	36453	51341	54446	49849	13726
独立成人高校	932	1249	884	906	1234	233
普通高校成人班	30049	35204	50457	53540	48615	13493
4. 高中阶段教育	290591	275536	267743	248084	237657	224548
高中阶段职业教育	124227	105862	96021	83852	82400	76159
普通中专	58909	47181	45390	36926	41917	38134
中技	57892	45783	43615	36216	41110	38134
中师	1017	1398	1775	710	807	0
成人中专	6886	12101	10309	7994	7065	6954
职业高中	58432	46580	40322	38932	33418	31071
普通高中	166364	169674	171722	164232	155257	148389
完全中学	—	41693	43074	37777	38000	36945
高级中学	—	126106	126525	124173	115088	108667
十二年一贯制学校	—	1875	2123	2282	2169	2777
5. 义务教育	492125	503065	476010	458236	444187	423961
小学	221764	246419	233545	230674	224453	223680
小学	—	228146	216185	213900	207801	205991
九年一贯制学校	—	17669	16312	15703	15396	15688
十二年一贯制学校	—	604	1048	1071	1256	2001
普通初中	270361	256646	242465	227562	219734	200281
初级中学	—	201609	195424	181576	173957	158204
九年一贯制学校	—	19675	18970	17388	17653	16728
十二年一贯制学校	—	1668	2155	1939	1765	2247
完全中学	—	33694	25916	26659	26359	23102
6. 幼儿园	218259	229593	231974	225963	238489	246060
7. 特殊教育学校	564	690	874	701	1200	1615

附表4 2010～2015年内蒙古自治区在校学生数统计

单位：人

指标名称	2010 年	2011 年	2012 年	2013 年	2014 年	2015 年
1. 研究生	13964	15316	16227	16897	1102255	7847
博士生	900	967	1035	246	257	267
硕士生	13064	14349	15192	5640	5730	5928
2. 普通本专科	371388	384440	391434	119263	122755	127536
本科	197649	211422	221873	59714	59750	60996
高职（专科）	173739	173018	169561	59549	63005	66540
3. 成人高等教育	70975	74956	99197	54446	49849	13726
独立成人高校	1900	2413	1733	906	1234	233
普通高校成人班	69075	72543	97464	53540	48615	13493
4. 高中阶段教育	834000	801395	775807	248084	237657	224548
高中阶段职业教育	334720	307919	275527	83852	82400	76159
普通中专	168166	149648	137575	36926	41917	38134
中技	164815	146243	133448	36216	41110	38134
中师	3351	3405	4127	710	807	0
成人中专	10315	24298	19428	7994	7065	6954
职业高中	156239	133973	118524	38932	33418	31071
普通高中	499280	493476	500280	164232	155257	148389
完全中学	—	120599	122247	37777	38000	36945
高级中学	—	368192	372403	124173	115088	108667
十二年一贯制学校	—	4685	5630	2282	2169	2777
5. 义务教育	2245437	2196733	2111388	458236	444187	423961
小学	1430751	1405322	1365080	230674	224453	223680
小学	—	1296515	1265073	213900	207801	205991
九年一贯制学校	—	104082	93154	15703	15396	15688
十二年一贯制学校	—	4725	6853	1071	1256	2001
普通初中	814686	791411	746308	227562	219734	200281

指标名称	2010 年	2011 年	2012 年	2013 年	2014 年	2015 年
初级中学	—	623916	601598	181576	173957	158204
九年一贯制学校	—	59563	57749	17388	17653	16728
十二年一贯制学校	—	5156	6318	1939	1765	2247
完全中学	—	102776	80643	26659	26359	23102
6. 学前教育	380756	448222	492175	225963	238489	246060
7. 特殊教育	3976	3221	4455	701	1200	1615

附表 5　2010～2015 年内蒙古自治区教职工人数统计

单位：人

指标名称	2010 年	2011 年	2012 年	2013 年	2014 年	2015 年
1. 普通高等学校	36439	37381	38057	37295	37691	38648
本科学校	22769	23057	24462	23731	23952	24122
高职(专科)院校	13670	14324	13595	13564	13739	14526
2. 成人高等学校	690	540	548	562	553	587
3. 高中阶段教育	20512	71453	71538	69527	71803	71602
高中阶段职业教育	20512	20755	21120	20109	19784	18991
普通中专	7667	7420	7208	6750	6509	5733
中技	7390	7112	6899	6613	6379	5733
中师	277	308	309	137	130	
成人中专	2392	2307	2295	2331	2312	2368
职业高中	10453	11028	11475	11028	10963	10890
完全中学	—	20689	19604	18643	19270	19381
高级中学	—	28519	28889	30775	30511	30825
十二年一贯制学校	—	1490	1925	1982	2238	2405
4. 义务教育	138473	208778	209466	205026	201846	196833
小学	138473	126569	127745	124593	122202	118137
初级中学		62038	62043	60856	60085	58509

续表

指标名称	2010 年	2011 年	2012 年	2013 年	2014 年	2015 年
九年一贯制学校		20171	19678	19577	19559	20187
5. 幼儿园	27487	34600	41035	46246	53135	59684
6. 特殊教育学校	1104	1183	1312	1317	1437	1494
7. 中等职业技术培训	6313	7394	6029	5763	5237	4947
8. 成人中小学	3923	5029	3981	3604	1247	1048

附表6　2010~2015 年内蒙古自治区专任教师数统计

单位：人

指标名称	2010 年	2011 年	2012 年	2013 年	2014 年	2015 年
1. 普通高等学校	23332	24136	24654	24554	25000	25523
本科学校	14276	14557	15405	15137	15513	15597
高职（专科）院校	9056	9579	9249	9346	9487	9926
2. 成人高等学校	283	255	267	274	239	269
3. 高中阶段教育	46154	46381	47554	47835	48204	48100
高中阶段职业教育	14567	15077	15325	14755	14645	13992
普通中专	4806	4973	4834	4494	4256	3746
中技	4604	4743	4600	4408	4176	3746
中师	202	230	234	86	80	0
成人中专	1779	1739	1727	1774	1788	1745
职业高中	7982	8365	8715	8487	8601	8501
普通高中	31587	31304	32229	33080	33559	34108
4. 义务教育	177547	176299	175052	172510	167886	160833
小学	113564	113734	112898	110576	107217	101730
初中	63983	62565	62154	61934	60669	59103
5. 幼儿教育	18108	21785	25807	28666	33244	37250
6. 特殊教育学校	916	982	1103	1121	1209	1259
7. 中等职业技术培训	3932	5320	4420	4176	3765	3543
8. 成人中小学	2087	3383	2675	2630	760	619

附表 7　2010～2015 年内蒙古自治区
教育综合指标统计

附表 7－1　2010～2011 年内蒙古自治区教育综合指标统计　　　单位：%

指标名称	2011 年	2010 年	增减值
小学适龄人口入学率	99.96	99.99	－0.03
*初中阶段毛入学率	113.14	106.26	6.88
小学毕业生升学率	100.68	100.23	0.45
初中毕业生升学率	95.97	91.52	4.45
小学五年保留率	93.72	95.11	－1.39
初中三年保留率	93.25	94.63	－1.39
九年义务教育完成率	88.73	83.40	5.33
*高中阶段毛入学率	91.50	89.73	1.77
*高等教育毛入学率	30.52	25.94	4.58
小学	99.79	99.66	0.13
其中：专科毕业及以上教师比例	88.13	85.30	2.83
普通初中	99.11	98.84	0.27
其中：本科毕业及以上教师比例	73.04	69.92	3.12
普通高中	95.30	94.18	1.12
其中：研究生毕业教师比例	4.64	3.56	1.08
职业高中	82.70	82.11	0.59
其中：研究生毕业教师比例	1.72	1.10	0.62
幼儿园	98.60	98.37	0.23
其中：专科毕业及以上教师比例	78.92	75.92	3.00
特殊教育	98.98	99.45	－0.47
其中：专科毕业及以上教师比例	87.78	85.15	2.63
小学	99.86	99.94	－0.08
其中：专科毕业及以上教师比例	85.74	83.67	2.07
普通初中	99.15	98.93	0.22
其中：本科毕业及以上教师比例	64.75	63.65	1.10

指标名称	2011 年	2010 年	增减值
普通高中	94.36	94.48	-0.12
其中：研究生毕业教师比例	—	—	—
职业高中	91.34	85.14	6.20
其中：研究生毕业教师比例	—	—	—
幼儿园、学前班	98.81	98.99	-0.18
其中：专科毕业及以上教师比例	71.63	78.58	-6.95
全区总计	99.79	99.66	0.13
其中：专科毕业及以上教师比例	88.13	85.30	2.83
城市	99.98	99.94	0.04
其中：专科毕业及以上教师比例	95.17	93.35	1.82
县镇	99.78	99.61	0.17
其中：专科毕业及以上教师比例	89.62	88.18	1.44
农村	99.65	99.55	0.10
其中：专科毕业及以上教师比例	80.23	78.43	1.80
全区总计	99.11	98.84	0.27
其中：本科毕业及以上教师比例	73.04	69.92	3.12
城市	99.62	99.64	-0.02
其中：本科毕业及以上教师比例	80.50	77.59	2.91
县镇	99.06	98.76	0.30
其中：本科毕业及以上教师比例	70.71	68.33	2.38
农村	97.89	97.67	0.22
其中：本科毕业及以上教师比例	62.52	61.29	1.23
全区总计	95.30	94.18	1.12
其中：研究生毕业教师比例	4.64	3.56	1.08
城市	96.48	95.40	1.08
其中：研究生毕业教师比例	6.37	5.28	1.09
县镇	94.17	93.14	1.03
其中：研究生毕业教师比例	2.91	1.98	0.93
农村	92.88	89.77	3.11
其中：研究生毕业教师比例	2.75	3.63	-0.88
全区总计	98.60	98.37	0.23
其中：专科毕业及以上教师比例	78.92	75.92	3.00

续表

指标名称	2011 年	2010 年	增减值
城市	99. 37	99. 21	0. 16
其中：专科毕业及以上教师比例	84. 56	81. 46	3. 10
县镇	98. 37	98. 18	0. 19
其中：专科毕业及以上教师比例	76. 00	73. 44	2. 56
农村	95. 36	95. 44	− 0. 08
其中：专科毕业及以上教师比例	62. 45	61. 22	1. 23
＊普通高校（全口径）	17. 30	17. 48	− 0. 18
普通中专	30. 88	34. 99	− 4. 11
普通高中	15. 76	15. 81	− 0. 05
普通初中	12. 65	12. 73	− 0. 08
职业高中	16. 02	19. 57	− 3. 55
小学	12. 36	12. 60	− 0. 24

附表 7 － 2　2012～2013 年内蒙古自治区教育综合指标统计

指标名称	2013 年	2012 年	增减值
1. 普及程度（%）			
小学适龄人口入学率	99. 86	99. 76	0. 10
＊初中阶段毛入学率	97. 68	101. 57	− 3. 89
小学毕业生升学率	97. 73	99. 81	− 2. 08
初中毕业生升学率	94. 31	90. 67	3. 64
小学五年保留率	89. 36	93. 12	− 3. 76
初中三年保留率	88. 89	92. 35	− 3. 46
＊高中阶段毛入学率	96. 57	93. 23	3. 34
2. 专任教师学历合格率（%）			
小学	99. 91	99. 86	0. 05
其中：专科毕业及以上教师比例	91. 75	90. 03	1. 72
普通初中	99. 38	99. 31	0. 07
其中：本科毕业及以上教师比例	77. 69	75. 91	1. 78
普通高中	96. 71	96. 18	0. 53
其中：研究生毕业教师比例	7. 27	6. 03	1. 24

高等教育科技资源配置效率与优化

指标名称	2013 年	2012 年	增减值
职业高中	85.03	84.56	0.47
其中：研究生毕业教师比例	4.92	2.29	2.63
幼儿园	98.81	98.21	0.60
其中：专科毕业及以上教师比例	81.22	78.49	2.73
特殊教育	99.73	99.73	0.00
其中：专科毕业及以上教师比例	95.27	91.30	3.97
2−1 蒙语授课专任教师学历合格率（%）			
小学	99.98	99.90	0.08
其中：专科毕业及以上教师比例	90.07	88.28	1.79
普通初中	99.25	99.77	−0.52
其中：本科毕业及以上教师比例	74.96	70.80	4.16
普通高中	95.70	95.32	0.38
其中：研究生毕业教师比例			—
职业高中	91.25	90.81	0.44
其中：研究生毕业教师比例			—
幼儿园、学前班	99.27	99.39	−0.12
其中：专科毕业及以上教师比例	78.60	79.12	−0.52
2−2 专任教师分城市、县镇、农村学历合格率			
（1）小学			
全区总计	99.91	99.86	0.05
其中：专科毕业及以上教师比例	91.75	90.03	1.72
城市	99.99	99.98	0.01
其中：专科毕业及以上教师比例	97.08	96.25	0.83
县镇	99.91	99.91	0.00
其中：专科毕业及以上教师比例	92.25	90.77	1.48
农村	99.81	99.68	0.13
其中：专科毕业及以上教师比例	84.94	82.81	2.13
（2）普通初中			
全区总计	99.38	99.31	0.07
其中：本科毕业及以上教师比例	77.69	75.91	1.78
城市	99.82	99.75	0.07

指标名称	2013 年	2012 年	增减值
其中：本科毕业及以上教师比例	84. 16	83. 11	1. 05
县镇	99. 36	99. 17	0. 19
其中：本科毕业及以上教师比例	74. 87	72. 86	2. 01
农村	97. 53	98. 42	− 0. 89
其中：本科毕业及以上教师比例	67. 04	66. 05	0. 99
（3）普通高中			
全区总计	96. 71	96. 18	0. 53
其中：研究生毕业教师比例	7. 27	6. 03	1. 24
城市	97. 61	97. 10	0. 51
其中：研究生毕业教师比例	9. 42	8. 10	1. 32
县镇	95. 66	95. 15	0. 51
其中：研究生毕业教师比例	4. 75	3. 64	1. 11
农村	98. 65	94. 24	4. 41
其中：研究生毕业教师比例	11. 71	5. 76	5. 95
（4）幼儿园			
全区总计	98. 81	98. 21	0. 60
其中：专科毕业及以上教师比例	81. 22	78. 49	2. 73
城市	99. 35	99. 31	0. 04
其中：专科毕业及以上教师比例	85. 11	79. 80	5. 31
县镇	98. 87	97. 81	1. 06
其中：专科毕业及以上教师比例	80. 29	77. 32	2. 97
农村	95. 40	93. 94	1. 46
其中：专科毕业及以上教师比例	64. 21	62. 10	2. 11
3. 生师比			
普通高校	16. 26	15. 88	0. 38
＊普通高校（全口径）	17. 89	17. 62	0. 27
成人高校	6. 69	6. 49	0. 20
普通中专	26. 88	30. 88	− 4. 00
普通高中	14. 94	15. 52	− 0. 58
普通初中	11. 12	12. 01	− 0. 89
职业高中	12. 34	13. 60	− 1. 26
小学	11. 85	12. 09	− 0. 24

指标名称	2013 年	2012 年	增减值
4. 办学条件			
4-1 危房比重			
小学	1.52	2.40	-0.88
普通中学	1.07	1.70	-0.63
初中	1.12	2.15	-1.03
高中	0.50	1.22	-0.72
职业高中	0.02	0.12	-0.10
4-2 生均校舍面积			
普通高校	33.65	34.93	-1.28
普通中学	14.33	12.73	1.60
初中	12.49	10.87	1.62
高中	16.88	15.51	1.37
职业高中	14.5	15.45	-0.95
小学	8.24	7.55	0.69
4-3 生均图书（册）			
普通高校	82.35	81.50	0.85
*普通高校（全口径）	65.66	64.95	0.71
普通高中	22.71	21.42	1.29
普通初中	24.63	22.32	2.31
职业高中	23.88	22.6	1.28
小学	17.84	17.18	0.66
4-4 生均仪器（元）			
普通高校	11159	9668	1491
*普通高校（全口径）	8898	7705	1193
普通高中	2018	1829	189
普通初中	1211	909	303
职业高中	3858	3838	20
小学	722	574	148
4-5 校均规模（人）			
普通高校	8147	8155	-8
本科学校	17853	17452	401

指标名称	2013 年	2012 年	增减值
高职（专科）学校	3865	3929	-64
普通高中	1784	1839	-55
普通初中	919	978	-59
职业高中	858	919	-61
小学	568	559	9

附表 7-3　2014～2015 年内蒙古自治区教育综合指标统计

指标名称	2015 年	2014 年	增减值
1. 普及程度（%）			
小学适龄人口入学率	100.00	100.00	0.00
*初中阶段毛入学率	100.22	97.28	2.94
小学毕业生升学率	99.57	99.38	0.19
初中毕业生升学率	95.41	98.42	-3.01
小学辍学率	0.48	1.10	-0.62
其中：辍学人数	6257	18060	-11803
普通初中辍学率	1.35	1.55	-0.20
其中：辍学人数	9032	11587	-2555
小学五年保留率	91.88	89.85	2.03
初中三年保留率	96.68	91.82	4.86
九年义务教育巩固率	84.57	85.43	-0.86
*高中阶段毛入学率	93.42	96.17	-2.75
*高等教育毛入学率	33.66	33.70	-0.04
2. 专任教师学历合格率（%）			
小学	100.00	99.96	0.04
其中：专科毕业及以上教师比例	95.55	93.81	1.74
普通初中	99.86	99.67	0.19
其中：本科毕业及以上教师比例	84.18	81.11	3.07
普通高中	97.45	97.26	0.19
其中：研究生毕业教师比例	9.50	8.31	1.19
职业高中	88.14	87.70	0.44
其中：研究生毕业教师比例	5.68	4.44	1.24

续表

指标名称	2015 年	2014 年	增减值
幼儿园	99.17	99.18	-0.01
其中：专科毕业及以上教师比例	85.05	83.26	1.79
特殊教育	100.00	100.00	0.00
其中：专科毕业及以上教师比例	96.35	94.95	1.39
2-1 蒙语授课专任教师学历合格率（%）			
小学	100.00	100.00	0.00
其中：专科毕业及以上教师比例	93.80	91.54	2.26
普通初中	99.69	99.44	0.25
其中：本科毕业及以上教师比例	82.51	77.31	5.20
普通高中	98.12	96.73	1.39
其中：研究生毕业教师比例	—	—	—
职业高中	93.06	89.14	3.92
其中：研究生毕业教师比例	—	—	—
幼儿园	100.00	99.69	0.31
其中：专科毕业及以上教师比例	86.32	80.00	6.32
2-2 专任教师分城市、县镇、农村学历合格率			
（1）小学			
全区总计	100.00	99.69	0.31
其中：专科毕业及以上教师比例	95.55	78.24	17.31
城区	100.00	100.00	0.00
其中：专科毕业及以上教师比例	98.17	97.84	0.32
镇区	100.00	99.96	0.04
其中：专科毕业及以上教师比例	95.82	94.22	1.60
乡村	100.00	99.95	0.05
其中：专科毕业及以上教师比例	91.34	88.05	3.29
（2）普通初中			
全区总计	99.86	98.40	1.46
其中：本科毕业及以上教师比例	84.18	72.79	11.39
城区	99.96	99.89	0.07
其中：本科毕业及以上教师比例	88.28	86.49	1.79
镇区	99.88	99.69	0.20

指标名称	2015 年	2014 年	增减值
其中：本科毕业及以上教师比例	82.37	78.24	4.13
乡村	99.20	98.40	0.80
其中：本科毕业及以上教师比例	77.22	72.79	4.43
（3）普通高中			
全区总计	97.45	0.00	97.45
其中：研究生毕业教师比例	9.50	0.00	9.50
城区	97.93	97.66	0.26
其中：研究生毕业教师比例	11.78	10.50	1.28
镇区	96.99	96.77	0.21
其中：研究生毕业教师比例	7.20	5.78	1.42
乡村	96.01	96.22	-0.21
其中：研究生毕业教师比例	5.25	5.96	-0.71
（4）幼儿园			
全区总计	99.17	10.50	88.67
其中：专科毕业及以上教师比例	85.05	96.77	-11.72
城区	99.49	99.49	0.00
其中：专科毕业及以上教师比例	87.21	87.00	0.21
镇区	99.18	99.22	-0.04
其中：专科毕业及以上教师比例	85.66	81.98	3.69
乡村	97.84	97.62	0.22
其中：专科毕业及以上教师比例	73.43	71.19	2.24
3. 生师比			
普通高校	16.52	16.26	0.26
*普通高校（全口径）	18.50	18.19	0.31
成人高校	5.45	8.95	-3.50
普通中专	29.38	28.33	1.05
普通高中	13.58	14.42	-0.85
普通初中	10.82	11.04	-0.22
职业高中	10.68	11.10	-0.42
小学	12.91	12.09	0.82

续表

指标名称	2015 年	2014 年	增减值
4. 办学条件			
4－1 危房比重			
小学	0.00	0.00	0.00
普通中学	0.00	0.00	0.00
初中	0.00	0.00	0.00
高中	0.00	0.00	0.00
职业高中	0.29	0.00	0.29
4－2 生均校舍面积			
普通高校	31.52	32.14	－0.61
普通中学	16.68	15.33	1.35
初中	14.39	13.27	1.12
高中	19.83	18.17	1.66
职业高中	21.51	19.61	1.90
小学	8.72	8.54	0.17
4－3 生均图书（册）			
普通高校	81.64	81.56	0.09
*普通高校（全口径）	64.11	64.79	－0.68
普通高中	27.34	25.39	1.95
普通初中	26.80	25.58	1.22
职业高中	31.44	28.26	3.18
小学	17.43	18.06	－0.63
4－4 生均仪器（元）			
普通高校	14542	12651	1890.89
*普通高校（全口径）	11420	10046	1373.88
普通高中	3207	2418	788.62
普通初中	2022	1438	583.68
职业高中	7589	6208	1381.03
小学	1394	969	424.81
4－5 校均规模（人）			
普通高校	7940	8128	－188.53
本科学校	16102	18005	－1903.00

指标名称	2015 年	2014 年	增减值
高职（专科）学校	4086	3896	190.00
普通高中	1630	1741	-110.75
普通初中	893	924	-30.30
职业高中	782	816	-34.17
小学	709	596	112.58

附表 8　2010～2015 年内蒙古自治区民族教育发展统计

附表 8-1　2010～2011 年内蒙古自治区民族教育发展统计

指标名称	2011 年	2010 年	增减值	增减幅度（%）
1. 少数民族学校情况（含用少数民族语言文字授课学校）				
1-1 学校数（所）				
小学	344	356	-12	-3.37
普通中学	179	195	-16	-8.21
初中	126	140	-14	-10.00
高中	53	55	-2	-3.64
职业高中	20	20	0	0.00
幼儿园学前班	137	196	-59	-30.10
1-2 少数民族毕业生数（人）				
研究生	1371	1143	228	19.95
普通高等教育	24683	22647	2036	8.99
成人高等教育	5865	5226	639	12.23
普通中等专业学校	7428	7202	226	3.14
成人中等专业学校	3530	5357	-1827	-34.10
小学	62537	64010	-1473	-2.30
普通中学	105561	116257	-10696	-9.20
初中	59263	68671	-9408	-13.70

续表

指标名称	2011 年	2010 年	增减值	增减幅度（%）
高中	46298	47586	−1288	−2.71
职业高中	7884	7238	646	8.93
幼儿园	41073	38515	2558	6.64
1–3 少数民族招生数（人）				
研究生	1563	1687	−124	−7.35
普通高等教育	29004	32439	−3435	−10.59
成人高等教育	8120	5580	2540	45.52
普通中等专业学校	9055	11925	−2870	−24.07
成人中等专业学校	5691	3236	2455	75.87
小学	64113	59001	5112	8.66
普通中学	109840	115428	−5588	−4.84
初中	65476	67304	−1828	−2.72
高中	44364	48124	−3760	−7.81
职业高中	9520	10715	−1195	−11.15
幼儿园学前班	56156	53607	2549	4.75
1–4 少数民族在校生数（人）				
研究生	4609	4504	105	2.33
普通高等教育	102485	100315	2170	2.16
成人高等教育	15432	13590	1842	13.55
普通中等专业学校	31949	32335	−386	−1.19
成人中等专业学校	8733	3933	4800	122.04
小学	353383	354157	−774	−0.22
普通中学	329868	333601	−3733	−1.12
初中	191739	191973	−234	−0.12
高中	138129	141628	−3499	−2.47
职业高中	29481	38049	−8568	−22.52
幼儿园	98717	88478	10239	11.57
1–5 少数民族教职工数（人）				
普通高等学校	10377	10906	−529	−4.85
成人高等学校	114	170	−56	−32.94
普通中等专业学校	1099	1183	−84	−7.10
成人中等专业学校	612	652	−40	−6.13

续表

指标名称	2011 年	2010 年	增减值	增减幅度（%）
小学	34961	37962	－ 3001	－ 7. 91
普通中学	34920	31385	3535	11. 26
职业高中	2534	2343	191	8. 15
特殊教育学校	286	199	87	43. 72
幼儿园	7445	6299	1146	18. 19

1 － 6 少数民族专任教师数（人）

普通高等学校	6704	6337	367	5. 79
成人高等学校	53	61	－ 8	－ 13. 11
普通中等专业学校	761	735	26	3. 54
成人中等专业学校	471	490	－ 19	－ 3. 88
小学	32943	32311	632	1. 96
普通中学	24766	25220	－ 454	－ 1. 80
职业高中	1880	1772	108	6. 09
特殊教育学校	245	173	72	41. 62
幼儿园	5479	4739	740	15. 62

2. 中小学使用少数民族语言文字授课学校情况

2 － 1 学校数（所）

小学	302	318	－ 16	－ 5. 03
普通中学	150	165	－ 15	－ 9. 09
初中	104	116	－ 12	－ 10. 34
高中	46	49	－ 3	－ 6. 12
职业中学	19	19	0	0. 00
幼儿园	122	177	－ 55	－ 31. 07

2 － 2 毕业生数（人）

小学	21951	24778	－ 2827	－ 11. 41
普通中学	27795	42941	－ 15146	－ 35. 27
初中	13982	25797	－ 11815	－ 45. 80
高中	13813	17144	－ 3331	－ 19. 43
职业高中	3786	1421	2365	166. 43
幼儿园学前班	18624	16030	2594	16. 18

续表

指标名称	2011 年	2010 年	增减值	增减幅度（%）
2－3 招生数（人）				
小学	21109	21742	－633	－2.91
普通中学	30711	43226	－12515	－28.95
初中	19657	23776	－4119	－17.32
高中	11054	19450	－8396	－43.17
职业中学	3975	4276	－301	－7.04
高中	3975	2339	1636	69.94
幼儿园学前班	28171	20465	7706	37.65
2－4 在校生数（人）				
小学	120169	133308	－13139	－9.86
普通中学	96227	112360	－16133	－14.36
初中	54944	59563	－4619	－7.75
高中	41283	52797	－11514	－21.81
职业高中	5101	4981	120	2.41
幼儿园学前班	46589	36620	9969	27.22
2－5 教职工数（人）				
小学	18326	18481	－155	－0.84
普通中学	13866	15031	－1165	－7.75
初中	8672	9358	－686	－7.33
高中	5194	5673	－479	－8.44
职业中学	1024	842	182	21.62
高中	1024	842	182	21.62
幼儿园学前班	3788	2920	868	29.73
2－6 专任教师数（人）				
小学	13833	14606	－773	－5.29
普通中学	10111	11656	－1545	－13.25
初中	6373	7231	－858	－11.87
高中	3738	4425	－687	－15.53
职业高中	760	672	88	13.10
幼儿园学前班	2691	2189	502	22.93

附表 8 - 2 2012～2013 年内蒙古自治区民族教育发展统计

指标名称	2013 年	2012 年	增减值	增减幅度（%）
1. 少数民族学校情况（含用少数民族语言文字授课学校）				
1 - 1 学校数（所）				
小学	338	335	3	0.90
普通中学	177	175	2	1.14
初中	120	119	1	0.84
高中	57	56	1	1.79
职业高中	22	24	- 2	- 8.33
幼儿园学前班	205	168	37	22.02
1 - 2 少数民族毕业生数（人）				
研究生	1634	1412	222	15.72
普通高等教育	27301	27035	266	0.98
成人高等教育	7446	6575	871	13.25
普通中等专业学校	9200	9192	8	0.09
成人中等专业学校	3663	3714	- 51	- 1.37
小学	58013	60365	- 2352	- 3.90
普通中学	107456	107212	244	0.23
初中	61230	60452	778	1.29
高中	46226	46760	- 534	- 1.14
职业高中	9009	8876	133	1.50
幼儿园	49929	50507	- 578	- 1.14
1 - 3 少数民族招生数（人）				
研究生	1663	1628	35	2.15
普通高等教育	31817	29639	2178	7.35
成人高等教育	15127	13387	1740	13.00
普通中等专业学校	6597	7234	- 637	- 8.81
成人中等专业学校	1831	3905	- 2074	- 53.11
小学	64755	64083	672	1.05
普通中学	106233	108570	- 2337	- 2.15
初中	59554	62231	- 2677	- 4.30
高中	46679	46339	340	0.73
职业高中	7628	4468	3160	70.73

续表

指标名称	2013 年	2012 年	增减值	增减幅度（％）
幼儿园学前班	56014	56593	− 579	− 1.02
1−4 少数民族在校生数（人）				
研究生	5032	4970	62	1.25
普通高等教育	107290	105843	1447	1.37
成人高等教育	30255	23398	6857	29.31
普通中等专业学校	23952	27181	− 3229	− 11.88
成人中等专业学校	3876	6512	− 2636	− 40.48
小学	356044	352694	3350	0.95
普通中学	312029	324075	− 12046	− 3.72
初中	178876	187923	− 9047	− 4.81
高中	133153	136152	− 2999	− 2.20
职业高中	11671	13490	− 1819	− 13.48
幼儿园	124680	113207	11473	10.13
1−5 少数民族教职工数（人）				
普通高等学校	11027	10828	199	1.84
成人高等学校	117	117	0	0.00
普通中等专业学校	1025	1088	− 63	− 5.79
成人中等专业学校	683	634	49	7.73
小学	35652	35658	− 6	− 0.02
普通中学	35362	35421	− 59	− 0.17
职业高中	2905	3090	− 185	− 5.99
特殊教育学校	359	347	12	3.46
幼儿园	10368	9153	1215	13.27
1−6 少数民族专任教师数（人）				
普通高等学校	7217	7023	194	2.76
成人高等学校	53	53	0	0.00
普通中等专业学校	648	717	− 69	− 9.62
成人中等专业学校	531	506	25	4.94
小学	33142	33290	− 148	− 0.44
普通中学	25525	25320	205	0.81
职业高中	2261	2302	− 41	− 1.78

指标名称	2013 年	2012 年	增减值	增减幅度（％）
特殊教育学校	314	287	27	9.41
幼儿园	7214	6371	843	13.23

2. 中小学使用少数民族语言文字授课学校情况

2-1 学校数（所）

指标名称	2013 年	2012 年	增减值	增减幅度（％）
小学	305	296	9	3.04
普通中学	157	148	9	6.08
初中	105	99	6	6.06
高中	52	49	3	6.12
职业中学	22	22	0	0.00
幼儿园	1888	149	1739	1167.11

2-2 毕业生数（人）

指标名称	2013 年	2012 年	增减值	增减幅度（％）
小学	19597	20171	-574	-2.85
普通中学	34104	29135	4969	17.06
初中	18670	15456	3214	20.79
高中	15434	13679	1755	12.83
职业高中	930	1996	-1066	-53.41
幼儿园学前班	18398	17099	1299	7.60

2-3 招生数（人）

指标名称	2013 年	2012 年	增减值	增减幅度（％）
小学	19995	20913	-918	-4.39
普通中学	33535	29967	3568	11.91
初中	17962	18267	-305	-1.67
高中	15573	11700	3873	33.10
职业中学	770	560	210	37.50
高中	770	560	210	37.50
幼儿园学前班	20705	22237	-1532	-6.89

2-4 在校生数（人）

指标名称	2013 年	2012 年	增减值	增减幅度（％）
小学	117540	121095	-3555	-2.94
普通中学	89098	95243	-6145	-6.45
初中	53653	56875	-3222	-5.67

续表

指标名称	2013 年	2012 年	增减值	增减幅度（%）
高中	35445	38368	-2923	-7.62
职业高中	1907	2993	-1086	-36.28
幼儿园学前班	47663	46457	1206	2.60
2-5 教职工数（人）				
小学	17679	18656	-977	-5.24
普通中学	13197	14519	-1322	-9.11
初中	8081	8995	-914	-10.16
高中	5116	5524	-408	-7.39
职业中学	830	933	-103	-11.04
高中	830	933	-103	-11.04
幼儿园学前班	3971	4088	-117	-2.86
2-6 专任教师数（人）				
小学	14038	14193	-155	-1.09
普通中学	10307	10572	-265	-2.51
初中	6241	6535	-294	-4.50
高中	4066	4037	29	0.72
职业高中	609	620	-11	-1.77
幼儿园学前班	2932	3050	-118	-3.87

附表 8-3　2014～2015 年内蒙古自治区民族教育发展统计

指标名称	2015 年	2014 年	增减值	增减幅度（%）
1. 少数民族学校情况（含用少数民族语言文字授课学校）				
1-1 学校数（所）				
总计	882	842	40	4.75
小学	315	339	-24	-7.08
普通中学	183	180	3	1.67
初中	127	125	2	1.60
高中	56	55	1	1.82
职业高中	22	22	0	0.00
幼儿园	362	301	61	20.27

指标名称	2015 年	2014 年	增减值	增减幅度（%）
1-2 少数民族毕业生数（人）				
总计	273147	269762	3385	1.25
研究生	1617	1573	44	2.80
普通高等教育	26960	27791	-831	-2.99
成人高等教育	15066	13758	1308	9.51
普通中等专业学校	8187	6906	1281	18.55
成人中等专业学校	3672	2419	1253	51.80
小学	53508	57609	-4101	-7.12
普通中学	101689	100777	912	0.90
初中	58056	58977	-921	-1.56
高中	43633	41800	1833	4.39
职业高中	8437	7380	1057	14.32
学前教育	54011	51549	2462	4.78
1-3 少数民族招生数（人）				
总计	281347	292438	-7137	-2.44
研究生	1569	1702	-133	-7.81
普通高等教育	31198	30154	1044	3.46
成人高等教育	3954	14369	-10415	-72.48
普通中等专业学校	7604	6686	918	13.73
成人中等专业学校	3217	909	2308	253.91
小学	67773	65740	2033	3.09
普通中学	99993	106633	-6640	-6.23
初中	55524	60298	-4774	-7.92
高中	44469	46335	-1866	-4.03
职业高中	6376	5932	444	7.48
学前教育	63617	60313	3304	5.48
1-4 少数民族在校生数（人）				
总计	1028349	1008501	19848	1.97
研究生	5193	5130	63	1.23
普通高等教育	110346	107878	2468	2.29
成人高等教育	19065	30653	-11588	-37.80

续表

指标名称	2015 年	2014 年	增减值	增减幅度（%）
普通中等专业学校	21103	23812	−2709	−11.38
成人中等专业学校	5201	2940	2261	76.90
小学	378300	362478	15822	4.36
普通中学	310617	314353	−3736	−1.19
初中	174737	178108	−3371	−1.89
高中	135880	136245	−365	−0.27
职业高中	26308	20625	5683	27.55
学前教育	152216	140632	11584	8.24

1−5 少数民族教职工数（人）

指标名称	2015 年	2014 年	增减值	增减幅度（%）
总计	101552	100428	1124	1.12
普通高等学校	11703	11368	335	2.95
成人高等学校	127	117	10	8.55
普通中等专业学校	823	1032	−209	−20.25
成人中等专业学校	636	552	84	15.22
小学	34850	35510	−660	−1.86
普通中学	36018	36198	−180	−0.50
职业高中	2861	2890	−29	−1.00
特殊教育学校	455	411	44	10.71
幼儿园	14079	12350	1729	14.00

1−6 少数民族专任教师数（人）

指标名称	2015 年	2014 年	增减值	增减幅度（%）
总计	77673	78697	−1024	−1.30
普通高等学校	7840	7569	271	3.58
成人高等学校	62	53	9	16.98
普通中等专业学校	512	669	−157	−23.47
成人中等专业学校	513	455	58	12.75
小学	30485	32656	−2171	−6.65
普通中学	25841	25978	−137	−0.53
职业高中	2226	2293	−67	−2.92
特殊教育学校	378	351	27	7.69
幼儿园	9816	8673	1143	13.18

指标名称	2015 年	2014 年	增减值	增减幅度（%）
2. 中小学使用少数民族语言文字授课学校情况				
2－1 学校数（所）				
总计	781	767	14	1.83
小学	285	305	－20	－6.56
普通中学	160	160	0	0.00
初中	110	110	0	0.00
高中	50	50	0	0.00
职业中学	20	20	0	0.00
幼儿园	316	282	34	12.06
2－2 毕业生数（人）				
总计	68229	70052	－1823	－2.60
小学	19069	19865	－796	－4.01
普通中学	27102	28341	－1239	－4.37
初中	17229	18553	－1324	－7.14
高中	9873	9788	85	0.87
职业高中	997	622	375	60.29
学前教育	21061	21224	－163	－0.77
2－3 招生数（人）				
总计	74562	76942	－2380	－3.09
小学	21620	20343	1277	6.28
普通中学	30133	34352	－4219	－12.28
初中	17041	19194	－2153	－11.22
高中	13092	15158	－2066	－13.63
职业高中	853	446	407	91.26
学前教育	21956	21801	155	0.71
2－4 在校生数（人）				
总计	271102	266335	4767	1.79
小学	123996	117716	6280	5.33
普通中学	93117	94466	－1349	－1.43
初中	52877	54249	－1372	－2.53
高中	40240	40217	23	0.06

指标名称	2015 年	2014 年	增减值	增减幅度（%）
职业高中	2196	2007	189	9.42
学前教育	51793	52146	−353	−0.68
2−5 教职工数（人）				
总计	36726	36608	118	0.32
小学	16912	17364	−452	−2.60
普通中学	13160	13393	−233	−1.74
初中	8122	8160	−38	−0.47
高中	5038	5233	−195	−3.73
职业高中	908	762	146	19.16
幼儿园	5746	5089	657	12.91
2−6 专任教师数（人）				
总计	25874	26417	−543	−2.06
小学	11488	12619	−1131	−8.96
普通中学	9916	9612	304	3.16
初中	5865	5849	16	0.27
高中	4051	3763	288	7.65
职业高中	576	547	29	5.30
幼儿园	3894	3639	255	7.01

附表 9　2010～2015 年内蒙古自治区民办教育发展统计

附表 9−1　2010～2011 年内蒙古自治区民办教育发展统计

指标名称	2011 年	2010 年	增减值	增减幅度（%）
1. 学校数（所）				
普通高等学校	9	7	2	28.57
本科独立学院	2	2	0	0.00

续表

指标名称	2011 年	2010 年	增减值	增减幅度（%）
高职（专科）	7	5	2	40.00
高中阶段教育	115	77	38	49.35
高中阶段职业教育	82	77	5	6.49
普通中专	47	42	5	11.90
职业高中	35	35	0	0.00
完全中学	18	—	—	—
高级中学	9	—	—	—
十二年一贯制学校	6	—	—	—
义务教育	94	48	46	95.83
小学	43	48	−5	−10.42
初级中学	16	—	—	—
九年一贯制学校	35	—	—	—
幼儿教育	1595	1383	212	15.33
2. 毕业生数（人）				
普通高等教育	3503	3300	203	6.15
本科独立学院	—	—	0	
高职（专科）	3503	3300	203	6.15
高中阶段教育	14313	13364	949	7.10
高中阶段职业教育	9483	8632	851	9.86
普通中专	4607	4659	−52	−1.12
职业高中	4876	3973	903	22.73
普通高中	4830	4732	98	2.07
义务教育	17343	19979	−2636	−13.19
小学	7811	9547	−1736	−18.18
初中	9532	10432	−900	−8.63
幼儿教育	57977	41217	16760	40.66
3. 招生数（人）				
普通高等教育	5714	6453	−739	−11.45
本科独立学院	2860	2806	54	1.92
高职（专科）	2854	3647	−793	−21.74
高中阶段教育	15924	17094	−1170	−6.84

指标名称	2011 年	2010 年	增减值	增减幅度（%）
高中阶段职业教育	11051	12542	−1491	−11.89
普通中专	5441	5477	−36	−0.66
职业高中	5610	7065	−1455	−20.59
普通高中	4873	4552	321	7.05
义务教育	15944	15933	11	0.07
小学	5594	5477	117	2.14
初中	10350	10456	−106	−1.01
幼儿教育	82218	76849	5369	6.99
幼儿园	82218	76218	6000	7.87
学前班		631	−631	−100.00
4. 在校（注册）学生数（人）				
普通高等教育	20090	18000	2090	11.61
本科独立学院	9770	6924	2846	41.10
高职（专科）	10320	11076	−756	−6.83
高中阶段教育	43851	49097	−5246	−10.68
高中阶段职业教育	30442	34873	−4431	−12.71
普通中专	15045	17754	−2709	−15.26
职业高中	15397	17119	−1722	−10.06
普通高中	13409	14224	−815	−5.73
义务教育	68264	70730	−2466	−3.49
小学	37730	40161	−2431	−6.05
初中	30534	30569	−35	−0.11
幼儿教育	187150	144324	42826	29.67
5. 预计毕业生人数（人）				
普通高等教育	5717	3568	2149	60.23
本科独立学院	1876		1876	
高职（专科）	3841	3568	273	7.65
高中阶段教育	14270	14998	−728	−4.85
高中阶段职业教育	9780	10345	−565	−5.46
普通中专	5123	5894	−771	−13.08
职业高中	4657	4451	206	4.63

续表

指标名称	2011 年	2010 年	增减值	增减幅度（%）
普通高中	4490	4653	− 163	− 3.50
义务教育	17705	18309	− 604	− 3.30
小学	7793	7877	− 84	− 1.07
初中	9912	10432	− 520	− 4.98
6. 学校教职工人数（人）				
普通高等学校	1573	1524	49	3.22
本科独立学院	678	640	38	5.94
高职（专科）	895	884	11	1.24
高中阶段职业教育	2458	2298	160	6.96
普通中专	1423	1556	− 133	− 8.55
职业高中	1035	742	293	39.49
普通中学	4871	3538	1333	37.68
小学	1225	2981	− 1756	− 58.91
幼儿园	17888	13415	4473	33.34
7. 学校专任教师数（人）				
普通高等学校	942	915	27	2.95
本科独立学院	498	462	36	7.79
高职（专科）	444	453	− 9	− 1.99
高中阶段职业教育	1382	1276	106	8.31
普通中专	743	835	− 92	− 11.02
职业高中	639	441	198	44.90
普通中学	3612	2526	1086	42.99
小学	894	2182	− 1288	− 59.03
幼儿教育	10430	8179	2251	27.52

附表 9 - 2　2012 ~ 2013 年内蒙古自治区民办教育发展统计

指标名称	2013 年	2012 年	增减值	增减幅度（%）
1. 学校数（所）				
普通高等学校	10	10	0	0.00
本科独立学院	2	2	0	0.00
高职（专科）	8	8	0	0.00

· 211 ·

续表

指标名称	2013 年	2012 年	增减值	增减幅度（%）
高中阶段教育	103	107	-4	-3.74
高中阶段职业教育	71	75	-4	-5.33
普通中专	40	42	-2	-4.76
职业高中	31	33	-2	-6.06
完全中学	13	17	-4	-23.53
高级中学	8	7	1	14.29
十二年一贯制学校	9	8	1	12.50
义务教育	77	81	-4	-4.94
小学	32	35	-3	-8.57
初级中学	20	17	3	17.65
九年一贯制学校	25	29	-4	-13.79
幼儿园	2022	1928	94	4.88
2. 毕业生数（人）				
普通高等教育	5637	5615	22	0.39
本科独立学院	2204	1846	358	19.39
高职（专科）	3433	3769	-336	-8.91
高中阶段教育	13111	15296	-2185	-14.28
高中阶段职业教育	9328	10897	-1569	-14.40
普通高中	3783	4399	-616	-14.00
义务教育	16971	16773	198	1.18
小学	6687	6879	-192	-2.79
初中	10284	9894	390	3.94
幼儿教育	83373	76382	6991	9.15
3. 招生数（人）				
普通高等教育	6880	5042	1838	36.45
本科独立学院	3543	3036	507	16.70
高职（专科）	3337	2006	1331	66.35
高中阶段教育	14340	15657	-1317	-8.41
高中阶段职业教育	9568	10615	-1047	-9.86
普通高中	4772	5042	-270	-5.36
义务教育	15696	15512	184	1.19

指标名称	2013 年	2012 年	增减值	增减幅度（%）
小学	5206	5178	28	0.54
初中	10490	10334	156	1.51
学前教育	92886	93056	−170	−0.18
4. 在校（注册）学生数（人）				
普通高等教育	20463	19372	1091	5.63
本科独立学院	12224	10941	1283	11.73
高职（专科）	8239	8431	−192	−2.28
高中阶段教育	42988	44971	−1983	−4.41
高中阶段职业教育	29451	31851	−2400	−7.54
普通高中	13537	13120	417	3.18
义务教育	59175	64323	−5148	−8.00
小学	29961	33569	−3608	−10.75
初中	29214	30754	−1540	−5.01
学前教育	236225	223101	13124	5.88
5. 预计毕业生人数（人）				
普通高等教育	5697	5818	−121	−2.08
本科独立学院	2834	2260	574	25.40
高职（专科）	2863	3558	−695	−19.53
普通高中	3904	3812	92	2.41
义务教育	14657	16906	−2249	−13.30
小学	5484	10258	−4774	−46.54
初中	9173	6648	2525	37.98
6. 学校教职工人数（人）				
普通高等学校	1209	1623	−414	−25.51
本科独立学院	589	798	−209	−26.19
高职（专科）	620	825	−205	−24.85
高中阶段职业教育	2230	2254	−24	−1.06
普通中学	4730	4683	47	1.00
小学	958	1053	−95	−9.02
幼儿园	26348	22508	3840	17.06

指标名称	2013 年	2012 年	增减值	增减幅度（%）
7. 学校专任教师数（人）				
普通高等学校	711	967	− 256	− 26.47
本科独立学院	424	593	− 169	− 28.50
高职（专科）	287	374	− 87	− 23.26
高中阶段职业教育	1336	1267	69	5.45
普通中学	3473	3491	− 18	− 0.52
小学	670	733	− 63	− 8.59
幼儿园	14707	12968	1739	13.41

附表 9 − 3　2014～2015 年内蒙古自治区民办教育发展统计

指标名称	2015 年	2014 年	增减值	增减幅度（%）
1. 学校数（所）				
总计	2606	2423	183	7.55
普通高等学校	10	10	0	0.00
本科独立学院	2	2	0	0.00
高职（专科）	8	8	0	0.00
高中阶段教育	103	100	3	2.91
高中阶段职业教育	65	66	− 1	− 1.54
普通中专	39	40	− 1	− 2.56
职业高中	26	26	0	0.00
完全中学	17	15	2	11.76
高级中学	11	10	1	9.09
十二年一贯制学校	10	9	1	10.00
义务教育	72	71	1	1.39
小学	34	32	2	5.88
初级中学	18	18	0	0.00
九年一贯制学校	20	21	− 1	− 5.00
幼儿园	2421	2242	179	7.39
2. 毕业生数（人）				
总计	123505	119304	4201	3.52
普通高等教育	4636	5435	− 799	− 14.70

续表

指标名称	2015 年	2014 年	增减值	增减幅度（％）
本科独立学院	2784	2705	79	2.92
高职（专科）	1852	2730	－878	－32.16
高中阶段教育	13348	13866	－518	－3.74
高中阶段职业教育	8680	9942	－1262	－12.69
普通高中	4668	3924	744	18.96
义务教育	14384	14655	－271	－1.85
小学	5109	5475	－366	－6.68
初中	9275	9180	95	1.03
学前教育	91137	85348	5789	6.78
3. 招生数（人）				
总计	149302	137171	12131	8.84
普通高等教育	8052	7299	753	10.32
本科独立学院	4192	3882	310	7.99
高职（专科）	3860	3417	443	12.96
高中阶段教育	14720	13199	1521	11.52
高中阶段职业教育	8720	8936	－216	－2.42
普通高中	6000	4263	1737	40.75
义务教育	15018	15472	－454	－2.93
小学	4426	4261	165	3.87
初中	10592	11211	－619	－5.52
学前教育	111512	101201	10311	10.19
4. 在校（注册）学生数（人）				
总计	414376	388161	26215	6.75
普通高等教育	24793	22087	2706	12.25
本科独立学院	14679	13363	1316	9.85
高职（专科）	10114	8724	1390	15.93
高中阶段教育	38848	39565	－717	－1.81
高中阶段职业教育	23885	25919	－2034	－7.85
普通高中	14963	13646	1317	9.65
义务教育	59434	59577	－143	－0.24
小学	27779	28596	－817	－2.86

续表

指标名称	2015 年	2014 年	增减值	增减幅度（%）
初中	31655	30981	674	2.18
学前教育	291301	266932	24369	9.13

5. 预计毕业生人数（人）

指标名称	2015 年	2014 年	增减值	增减幅度（%）
总计	25689	24064	1625	6.75
普通高等教育	6216	4970	1246	25.07
本科独立学院	3114	2950	164	5.56
高职（专科）	3102	2020	1082	53.56
普通高中	4701	4706	− 5	− 0.11
义务教育	14772	14388	384	2.67
小学	4636	5105	− 469	− 9.19
初中	10136	9283	853	9.19

6. 教职工人数（人）

指标名称	2015 年	2014 年	增减值	增减幅度（%）
总计	43561	39384	4177	10.61
普通高等学校	1409	1312	97	7.39
本科独立学院	753	742	11	1.48
高职（专科）	656	570	86	15.09
高中阶段职业教育	2247	2353	− 106	− 4.50
普通中学	5030	4753	277	5.83
小学	1062	1013	49	4.84
幼儿园	33813	29953	3860	12.89

7. 专任教师数（人）

指标名称	2015 年	2014 年	增减值	增减幅度（%）
总计	25724	23389	2335	9.98
普通高等学校	926	854	72	8.43
本科独立学院	579	568	11	1.94
高职（专科）	347	286	61	21.33
高中阶段职业教育	1400	1438	− 38	− 2.64
普通中学	3747	3576	171	4.78
小学	725	700	25	3.57
幼儿园	18926	16821	2105	12.51

参考文献

［1］ Paul M. Romer. Increasing Returns and Long Run Growth ［J］. Journal of Political Economy，1986.

［2］ Amy Colbert，Reuven R. Levary，Michael C. Shaner. Determining the Relative Efficiency of MBA Programs Using DEA ［J］. Eupean Journal of Operational Research，2000（125）：656－669.

［3］ John F. Ryan. The Relationship between Institutional Expenditures and Degree Attainment ［J］. Research in Higher Education，2004，45（2）：97－115.

［4］ Mincer，Jacob. Schooling，Experience and Earning ［M］. New York：Columbia University Press，1974.

［5］ Peter Doeringer，Michael Piore. Internal Labor Markets and Manpower Analysis ［M］. Lexington，MA：D. C. Heath，1971.

［6］ Psacharopoulos. Returns to Investment in Education：A Global Update ［J］. World Development，1994，22（9）：1325－1343.

［7］ 蔡增正. 教育对经济增长贡献的计量分析——科教兴国战略的实证依据 ［J］. 经济研究，1999（2）.

［8］ 陈浩，薛声家. 教育投入对中国区域经济增长贡献的计量分析 ［J］. 经济与管理，2004（10）.

［9］ 康宁. 中国经济转型中高等教育资源配置的制度创新 ［M］. 北京：北京教育科学出版社，2005.

［10］ 李文彬，赵大立. 新经济增长理论的实证分析 ［J］. 山东经济，2001（2）.

［11］ 陆根尧. 经济增长中的人力资本效应——对中国高速增长区域的统计分析 ［J］. 统计研究，2002（10）.

［12］ 罗亚光. 高等教育资源概念界定及其功能分析 ［J］. 天府新论，2006

（3）．

　　［13］慕静．高等教育可持续发展的经济学分析［D］．天津大学博士学位论文，2005.

　　［14］牛树海，金凤君．科技资源配置的区域差异［J］．资源科学，2004（1）：61-67.

　　［15］邵争艳．中国区域高等教育资源优化配置评价与对策研究［D］．哈尔滨工程大学博士学位论文，2006.

　　［16］史仕新，金周英．教育促进经济发展的作用机制分析［J］．经济问题探索，2005（11）．

　　［17］宋华明，范先佐．高校教育资源优化与办学经济效益［J］．教育与经济，2005（3）．

　　［18］宋华明，范先佐．高等教育规模扩展：问题与对策［J］．教育科学，2006（1）．

　　［19］唐祥来．经济增长与教育发展水平之关系——一个比较分析［J］．安徽大学学报，2006（2）．

　　［20］王金营．中国和印度人力资本投资在经济增长中作用的比较研究［J］．教育与经济，2001（2）．

　　［21］许丽英．论教育补偿机制的构建——义务教育资源均衡配置的实现路径探讨［J］．教育发展研究，2010（19）．

　　［22］杨雅清，高志军，李景春．论优化区域高等教育结构与资源配置的途径［J］．河北科技师范学院学报（社会科学版），2005（4）．

　　［23］姚益龙，林相立．三省市教育对经济增长贡献实证比较——广东、上海、浙江 CD 模型检验［J］．中山大学学报（社会科学版），2005（1）．

　　［24］袁岳驷，胡建忠．论区域产业结构与教育结构的关系［J］．湖南师范大学教育科学学报，2003（2）．

　　［25］张炯，王飞全．关于高等教育资源若干问题的思考［J］．阴山学刊，2004（4）．

　　［26］周英章，金戈中．中国教育投资的经济增长效应实证分析［J］．教育与经济，2001（3）．

　　［27］阿弗里德·马歇尔．经济学原理［M］．廉运杰译．北京：华夏出版社，2005.

［28］安国启，邓希泉.2003 年高校毕业生就业状况分析［J］.中国青年研究，2003（11）：45－47.

［29］巴罗.政府证券是财富吗［J］.政治经济学杂志，1974（11）.

［30］班金虹.我国适龄学生享有高等教育资源机会的不平等性及其对策［J］.法制与社会，2007（2）：36－39.

［31］别敦荣.中美大学学术管理［M］.武汉：华中理工大学出版社，2000：113－119.

［32］蔡克勇.高等教育体制改革及综合效益分析［M］.北京：人民教育出版社，1997：168.

［33］蔡增正.教育对经济增长贡献的计量分析——科教兴国战略的实证依据［J］.经济研究，1999（2）.

［34］陈军.加拿大 21 世纪科技政策［J］.经济瞭望，2002（3）：16－18.

［35］陈寒冰.我国高等教育资源配置存在的问题及对策探究［J］.学术探索，2012（7）：18－33.

［36］陈诗波.国有科技资源产权结构分析及制度构建探讨［J］.中国科技论坛，2010，1：102－110.

［37］陈太平.高等教育资源的概念及其构成要素［J］.建材高教理论与实践，1996（3）.

［38］陈孝彬.教育管理学［M］.北京：北京师范大学出版社，1999.

［39］丁钢，创新.新世纪的教育使命［M］.北京：教育科学出版社，2000：253.

［40］董友河.河北省高等学校科技资源配置与博弈分析［D］.河北工业大学博士学位论文，2005.

［41］董泽芳，柯佑祥.高等教育区域化研究［J］.江苏高教，2007（5）：31－34.

［42］樊继轩.高等教育大众化初期我国教育资源的优化配置［J］.教育发展研究，2005（18）.

［43］范柏乃.城市技术创新透视：区域技术创新研究的一个新视角［M］.北京：机械工业出版社，2004：35－46.

［44］冯爱玲.高校新校区教育资源优化配置问题研究［D］.陕西师范大学硕士学位论文，2007.

［45］冯艳飞．中国高等教育产业研究［M］．北京：经济管理出版社，2004：230．

［46］高晓清．世界主要国家大学市场行为国际化及其启示［J］．江苏高教，2011（3）：29－34．

［47］格兰·琼斯．加拿大高等教育：不同体系与不同视角［M］．福州：福建教育出版社，2007．

［48］阎维方．美国高教管理的特点［J］．外国教育，1998（3）：14－19．

［49］胡井丹等．30部必读的经济学经典［M］．北京：北京工业大学出版社，2006．

［50］蒋自强等．经济思想通史［M］．杭州：浙江大学出版社，2003．

［51］晋利珍．国内外学者劳动力市场分割理论研究述评——兼论对研究反福利依赖的启示［J］．生产力研究，2011（1）：22－29．

［52］李冬梅，李石柱．我国区域科技资源配置效率情况评价［J］．北京机械工业学院学报，2003（1）：51－55．

［53］李洪天．关于我国高等教育的经济效益和个人收益率的研究［D］．河海大学硕士学位论文，2000．

［54］李华．高校教育资源整合面临的问题及对策［J］．科技情报开发与经济，2007（13）：237－238．

［55］李明．高等教育科技资源的配置与市场机制的关系［J］．教育与经济，2002（1）：51－53．

［56］李舜．区域教育可持续发展研究［D］．云南师范大学硕士学位论文，2002．

［57］刘晓红．国外高等教育评估制度对我国高教评估的启迪［J］．北京理工大学学报，2004（1）：25－27．

［58］龙献忠．论高等教育治理视野下的政府角色转变［J］．现代大学教育，2004（1）：23－29．

［59］吕昭河．对加入世贸后中国高等教育资源市场配置的思考［J］．软科学，2002（6）．

［60］罗亚光．高等教育资源概念界定及其功能分析［J］．天府新论，2006（3）：14－18．

［61］明文梅．新时期西部地区高校师资队伍建设研究［D］．内蒙古大学

硕士学位论文，2005.

[62] 潘懋元．公平与效率高等教育决策的依据［J］．北京大学教育评论，2003（1）：78－83.

[63] 彭湃．大学、政府与市场：高等教育三角关系模式探析［J］．高等教育研究，2006（9）：11－16.

[64] 曲恒昌，曾晓东．西方教育经济学研究［M］．北京：北京师范大学出版社，2000.

[65] 任力．内生增长理论研究最新进展［J］．经济学动态，2006（5）.

[66] 邵争艳．中国区域高等教育资源优化配置评价与对策研究［D］．哈尔滨工程大学博士学位论文，2006.

[67] 盛昭翰，朱乔．DEA 理论、方法与应用［M］．北京：科学出版社，1996：31－33.

[68] 舒尔茨．论人力资本投资［M］．吴珠华等译．北京：北京经济学院出版社，1990.

[69] 唐方杰．"经济学帝国"的建造者——贝克尔［J］．社会科学，1993（3）.

[70] 吴培新．经济增长理论的突破性进展（上）——评卢卡斯《论经济发展的机制》［J］．外国经济与管理，1995（4）.

[71] 田宗远．论高校规模结构质量和效益［J］．遵义师范学院学报，2004（2）：107－109.

[72] 王胜今，赵俊芳．我国高等教育大众化十年盘点与省思［J］．高等教育研究，2009（4）：14－19.

[73] 王孙禺，袁本涛．科学发展观与高等教育的发展［J］．中国高教研究，2015（8）：13－18.

[74] 威廉·配第．赋税论［M］．北京：中国社会科学出版社，2010.

[75] 魏权龄．数据包络分析［M］．北京：科学出版社，2004：259－266.

[76] 魏守华，吴贵生．区域科技资源配置效率研究［J］．科学研究，2005（4）：67－73.

[77] 文部科学省．文部科学白皮书［M］．日本：财务省印刷局，2003.

[78] 文部科学省．我国的文教施策［M］．日本：财务省印刷局，2000.

[79] 吴菲菲．对高等教育资源优化配置问题的几点思考［J］．内蒙古师范

大学学报（教育科学版），2006（9）．

　　［80］吴瑛，杨宏进．科技资源配置效率度量模型［J］．科学学与科学技术管理，2007（9）：28－32．

　　［81］夏丽萍．高等教育资源配置研究［D］．四川大学博士学位论文，2006．

　　［82］谢安邦．高等教育资源配置中的公平和效率［J］．高等教育研究，1998（4）：12－17．

　　［83］熊彼特．经济发展理论［M］．北京：经济管理出版社，2002．

　　［84］徐同文．论区域高等教育的特殊战略地位［J］．临沂师范学院学报，2003（2）：22－24．

　　［85］徐晓霞．中国科技资源的现状及开发利用中存在的问题［J］．资源科学，2003（5）：83－85．

　　［86］徐欣．我国高等教育科技资源配置评价及优化对策研究［J］．哈尔滨工程大学硕士学位论文，2010．

　　［87］徐欣．我国高校科技资源配置评价及优化对策研究［D］．哈尔滨工程大学硕士学位论文，2014．

　　［88］许杰论．政府对大学进行宏观调控的新角度［J］．清华大学教育研究，2003（12）：18－22．

　　［89］许士荣．公平和效率：我国高等教育资源配置的两难选择［J］．高教与经济，2010（2）：2－7．

　　［90］亚当·斯密．国民财富的性质和原因的研究（上卷）［M］．郭大力等译．北京：商务印书馆，1979．

　　［91］严全治，赵利娟．加拿大高等教育科技资源配置及效益［J］．高校教育管理，2011（5）：42－46．

　　［92］严全治．美国大学科技资源配置及效益比较［J］．教育研究，2003（3）：14－17．

　　［93］杨冬丽．论高等教育资源优化配置与产业化［J］．经济经纬，2007，5：28－30．

　　［94］杨家本．系统工程概论［M］．武汉：武汉理工大学出版社，2002．

　　［95］叶茂林．教育与经济增长的关系研究［J］．数量经济技术经济研究，2002（9）．

［96］伊兰伯格·史密斯．现代劳动经济学——理论与公共政策［M］．北京：中国人民大学出版社，1999.

［97］余宏亮．高等教育资源优化配置模式及路径选择［J］．教育与职业，2009（14）：23 – 27.

［98］张建忠．企业集团创新、蜕变与成长［M］．北京：社会科学文献出版社，2003：56 – 78.

［99］张绪华．我国科技资源配置的实证分析与效率评价［D］．华中农业大学博士学位论文，2011.

［100］赵文华．高等教育系统论［M］．桂林：广西师范大学出版社，2001：79.

［101］赵振红．高等教育资源浪费与对策［J］．辽宁教育研究，2007（2）：46 – 48.

［102］赵镇．黑龙江省高等教育科技资源配置评价及优化对策研究［D］．哈尔滨工程大学博士学位论文，2006.

［103］郑富芝，范文耀．高等教育发展政策国别报告［M］．北京：教育科学出版社，2002：95.

［104］周济．以人为本，人才强校［Z］．教育部直属高校工作咨询委员会第十四次全体会议参阅文件，2004 – 01 – 07.

［105］周江．黑龙江省高教资源优化配置研究［J］．科学研究，2007（3）：40 – 42.